MINISTÈRE DE LA GUERRE.

DIRECTION DES AFFAIRES DE L'ALGÉRIE

CATALOGUE

EXPLICATIF ET RAISONNÉ

DE L'EXPOSITION PERMANENTE

DES

PRODUITS DE L'ALGÉRIE

(RUE DE GRENELLE SAINT-GERMAIN, 107),

suivi du

CATALOGUE MÉTHODIQUE

DES PRODUITS ALGÉRIENS

À L'EXPOSITION UNIVERSELLE DE PARIS

EN 1855.

PRIX : UN FRANC.

PARIS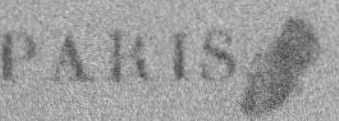

TYPOGRAPHIE DE FIRMIN DIDOT FRÈRES,

IMPRIMEURS DE L'INSTITUT,

RUE JACOB, 56.

1855.

CATALOGUE

EXPOSITIONS ALGÉRIENNES.

Paris. — Typographie de Firmin Didot frères, rue Jacob, 56.

MINISTÈRE DE LA GUERRE.

DIRECTION DES AFFAIRES DE L'ALGÉRIE.

CATALOGUE

EXPLICATIF ET RAISONNÉ

DE L'EXPOSITION PERMANENTE

DES

PRODUITS DE L'ALGÉRIE

(RUE DE GRENELLE SAINT-GERMAIN, 107),

suivi du

CATALOGUE MÉTHODIQUE

DES PRODUITS ALGÉRIENS

A L'EXPOSITION UNIVERSELLE DE PARIS

EN 1855.

PARIS,

TYPOGRAPHIE DE FIRMIN DIDOT FRÈRES

IMPRIMEURS DE L'INSTITUT

RUE JACOB, 56

1855

AVANT-PROPOS.

L'Exposition permanente des produits de l'Algérie ne fut d'abord qu'une modeste collection d'échantillons réunis dans une dépendance du ministère de la guerre pour l'instruction des employés et de quelques curieux. Après l'Exposition de Londres, qui mit en lumière, aux yeux du monde producteur, les richesses de l'Algérie, cette collection fut transférée et réorganisée dans une maison particulière de la rue de Bourgogne. Dès ce jour, ouverte au public, elle ne tarda pas à acquérir une popularité qui en détermina le rapide accroissement par l'affluence des dons particuliers et des envois de l'administration algérienne, au point que bientôt elle déborda dans un local insuffisant. Inspiré par une vive sollicitude pour les intérêts et les progrès de la colonie, M. le maréchal Vaillant, ministre de la guerre, a voulu procurer à ce musée agricole et industriel une installation digne des richesses qu'il contient déjà et de celles que lui réserve une production pour ainsi dire sans limites. Disposées dans les plus belles conditions de jour et d'espace, les salles affectées à l'Exposition algérienne, depuis les derniers mois de 1854, dans l'hôtel Sesmaisons, rue de Grenelle-Saint-Germain, répondent parfaitement à cette double destination : tableau du présent, appel à l'avenir.

Un catalogue explicatif et raisonné manquait. Entrepris sous les auspices et à l'aide du concours, des conseils et des documents du département de la guerre, ce travail a été exécuté avec le soin que méritait l'importance même de l'œuvre, et toute l'exactitude que comportait un premier essai dont l'étendue et la nouveauté n'étaient pas les seules difficultés.

Quelques indications sur l'ordre suivi dans le classement des échantillons et leur distribution dans les salles trouveront ici leur place naturelle.

Le classement du catalogue répond au numérotage des échantillons. Pour l'un et l'autre on a adopté les grandes divisions suivies par l'administration des douanes dans ses publications : Matières animales, Matières végétales, Matières minérales, Fabrications; divisions aussi simples que naturelles. On y a cependant introduit quelques modifications qui ont paru convenables pour faciliter les recherches des visiteurs et accroître l'enseignement qui ressort de la comparaison des produits.

Ainsi le kermès et la cochenille, classés par la douane au nombre des fabrications, ont dû constituer un groupe nouveau de matières animales, en même temps que l'indigo a été placé dans la série des teintures végétales. D'autres produits fabriqués, en assez grand nombre, ont été replacés à côté des matières premières, l'Algérie ne les exposant pas pour le mérite industriel du travail, mais comme formes et emplois des matières premières, destinés à mettre celles-ci en relief. Par cette considération, on a rapproché des cocons et des soies grèges les tissus de soie; des cotons en laine les cotons filés et tissés; des tabacs en feuille les tabacs fabriqués; des bois les meubles; des métaux les ouvrages en fer et en acier. L'œil et l'esprit suivent ainsi l'unité de l'objet dans la variété successive de ses transformations.

Dans les subdivisions, on a généralement conservé l'ordre de la douane, sauf sur quelques points où l'enchaînement logique n'apparaissant pas clairement, un autre ordre a paru préférable. Cependant les fabrications indigènes ont été groupées toutes ensemble pour ne pas rompre l'unité matérielle de cette partie de l'exposition rassemblée dans une même salle.

Les trois provinces ont été systématiquement classées dans l'ordre suivant : Alger, Oran, Constantine, qui est celui adopté dans toutes les publications du ministère de la guerre, comme étant l'expression de la vérité historique. C'est dans cet ordre, en effet, qu'a eu lieu l'occupation des trois provinces de l'Algérie.

Dans chaque province l'énumération des produits se conforme, autant que possible pour chaque exposant, et pour chacun de ses lots, quand il en a plusieurs, à l'ordre chronologique : la suite des échantillons rappelle ainsi l'histoire même de la production et peut s'accroître d'année en année sans troubler l'ordre préexistant. A rang égal d'ancienneté on a adopté pour les exposants, et, quand on l'a pu, même pour les localités, l'ordre alphabétique, qui est le plus commode pour les classements comme pour les recherches.

Ajoutons enfin que le présent catalogue ne se borne pas à l'inventaire des produits qui figurent dans les salles de l'Exposition; il comprend même ceux qui manquent, soit à raison de leur nature comme les animaux vivants, soit parce que des échantillons n'en ont pas encore été recueillis ou envoyés. On a voulu par là faire de ce travail un tableau complet, quoique très-sommaire, de la production algérienne, et signaler au zèle des amis de l'Algérie les lacunes à combler.

Il convient d'expliquer maintenant la distribution que le local a fait adopter pour le placement matériel des échantillons. Elle est tout autre que celle du catalogue.

Ce local comprend six grandes salles et deux petites. Des six premières, trois sont distribuées sur la cour intérieure au nord, les trois autres ont vue sur le jardin, au midi. On les désigne dans l'ordre même où on peut les parcourir, par les lettres A, B, C, D, E, F. Les deux annexes portent les lettres G et H.

Le bas de l'escalier qui conduit aux salles est orné d'une belle colonne de marbre onyx, dit albâtre antique, dont une inscription à la main fait connaître la curieuse origine.

La salle A, la première en entrant, est consacrée à tous les produits ligneux (bois, liéges, écorces, etc...) ; aux fruits, tiges et filaments végétaux à ouvrer (autres que le coton) ; aux tabacs en feuilles et fabriqués, enfin aux teintures. On l'appelle la salle des bois.

La salle B, la seconde sur la cour, contient les grains et farines, les légumes secs, les productions liquides (huiles et boissons), les sucs végétaux, les cires et miels, les fourrages. On l'appelle la salle des grains.

La salle C, la troisième en suivant sur la cour, est réservée aux matières minérales métalliques et non métalliques, brutes et ouvrées. Quelques vues des principaux établissements métallurgiques de l'Algérie la décorent et complètent l'enseignement. C'est la salle des minéraux.

Elle communique avec la salle D, sur le jardin, celle-ci occupée exclusivement par l'industrie indigène. Des gravures représentant les types et costumes des différentes populations de l'Algérie en sont la décoration naturelle. Salle des indigènes.

La salle E, qui vient après, contient les soies, depuis le cocon en bruyère jusqu'aux tissus damassés. On l'a remplie avec des meubles algériens. Salle des soies.

La sixième est réservée aux cotons, aux laines et à une partie des cochenilles qui n'a pu trouver place dans la première. C'est la salle des cotons.

Enfin des tapis indigènes décorent les murs de toutes les salles.

Des deux annexes, l'une à l'est, salle G, est destinée à recevoir la bibliothèque, les cartes et les objets d'histoire naturelle, dont elle possède dès à présent quelques éléments. L'autre, salle H, à l'ouest, deviendra la salle des arts. Elle est ornée déjà d'un certain nombre de dessins, tableaux et gravures représentant des sujets algériens.

On voit, par cette simple description, que l'Exposition permanente des produits de l'Algérie, interprétée par le présent catalogue, constitue une véritable encyclopédie algérienne : c'est l'Algérie rendue visible et palpable à tous. A ceux qui doutaient d'elle, la jeune colonie de la France répond en leur faisant toucher du doigt les trésors de son agriculture et les promesses de son industrie ; à ceux mieux renseignés qui avaient pressenti ses destinées, elle met en main des justifications irréfragables de leur foi et de leurs espérances. Par ses succès, au sortir de longues et rudes épreuves, elle permet de prévoir les triomphes que lui réservent des temps plus calmes. Trophée d'honneur pour l'Algérie, cette Exposition est encore un hommage à la France dont les sympathies et l'appui ont préparé une situation prospère. Enfin, pour la France comme pour l'Algérie, c'est la consécration d'une conquête à jamais glorieuse par la colonisation, qui couronne et récompense de longs sacrifices, et devient, dans un pays où notre domination n'est plus contestée, la noble ambition du gouvernement de l'Empereur.

Une exposition permanente des produits de l'Algérie a été, en 1854, organisée à Alger par les soins de M. le général Randon, gouverneur général. Cette exposition sera l'auxiliaire de celle de Paris. Elle sera comme l'entrepôt par où passeront les produits de la colonie destinés au musée de la rue de Grenelle.

Les salles de l'Exposition permanente des produits algériens sont ouvertes au public tous les jeudis, de midi à quatre heures. On entre sur la présentation de cartes qui sont délivrées par le ministère de la guerre.

PLAN ET TABLE DES CATALOGUES.

A. CATALOGUE DE L'EXPOSITION PERMANENTE.

B. CATALOGUE DE L'EXPOSITION UNIVERSELLE.

EXPOSITION PERMANENTE.

SECTION I.

MATIÈRES ANIMALES.

Cette section comprend six classes :

I. Animaux vivants. II. Produits et dépouilles d'animaux. III. Pêche. IV. Substances propres à la médecine et à la parfumerie. V. Matières dures à tailler. VI. Teintures animales.

I. ANIMAUX VIVANTS OU MORTS.

Parmi les espèces animales qui ont acquis en Algérie, à un titre quelconque, une valeur de consommation ou de commerce, les unes sont domestiques, les autres encore sauvages.

ESPÈCES DOMESTIQUES.

Les espèces domestiques sont les suivantes : chameaux, chevaux, ânes, mulets, bœufs, moutons et demmams, chèvres, cochons, chiens, poules, canards, oies, dindons, pintades, paons, pigeons, faucons, abeilles, vers à soie.

Chameaux.

Bien que l'espèce domestique soit celle à une bosse, dromadaire des naturalistes, le nom de chameau (en arabe *djemel*) a prévalu. C'est la bête de somme habituelle des Arabes du Sahara : dans le Tell, le cheval, le mulet, l'âne et le bœuf partagent ce rôle avec le chameau. Dans la période de guerre, l'armée française a souvent utilisé cet animal pour le transport des vivres et des bagages ; des compagnies entières de soldats montés sur chameaux ont été organisées avec succès, comme autrefois en Égypte lors de l'expédition française.

Le chameau est le serviteur le plus précieux de l'Arabe, qui peut, monté sur son dos, franchir les vastes solitudes du Sahara et du désert. Une charge de 300 à 350 kilog. ne l'empêche pas de faire 60 kilomètres en une traite, 25 à 30 lieues par jour. Quand on ne l'emploie pas, on le met au pâturage, où il se nourrit des végétaux les plus coriaces et les plus secs ; quand on l'emploie, on ajoute à sa nourriture un peu d'orge, de fèves, de dattes et de farine délayée. Son organisation particulière de ruminant lui permet de se passer de nourriture pendant plusieurs jours, de boisson pendant des mois entiers. Divers services accessoires ajoutent au mérite du chameau. On met à profit, outre le lait de la femelle, la viande, le poil, la graisse, la peau. (Voir Produits et dépouilles d'animaux, page 24.)

Au sud de l'Algérie et dans le désert existe une variété particulière de chameau, dite *mehari*, dromadaire coureur, beaucoup plus estimé que le type ordinaire, à cause de la rapidité de sa course. «Plus svelte dans ses formes, le mehari (1), disent les Arabes, a les oreilles élégantes de la gazelle, la souple encolure de l'autruche, le ventre évidé du sloughi (lévrier); sa tête est sèche et gracieusement attachée à son cou; ses yeux sont noirs, beaux et saillants; ses lèvres longues et fermes cachent bien ses dents; sa bosse est petite; mais la partie de sa poitrine qui doit porter à terre lorsqu'il s'accroupit est forte et protubérante; le tronçon de sa queue est court; ses membres, très-secs dans leur partie inférieure, sont bien fournis de muscles, à partir du jarret et du genou jusqu'au trone, et la face plantaire de ses pieds n'est pas large et n'est point empâtée; enfin ses crins sont rares sur l'encolure, et ses poils, toujours fauves, sont fins comme ceux de la gerboise. — Dans le désert, le mehari est au chameau ce que, chez nous, le cheval de course est au cheval de trait.»

Le prix d'un chameau ordinaire varie de 90 à 150 fr.; la chamelle se vend 200 fr. en moyenne. Le mehari vaut jusqu'à 700 et 800 fr. C'est au nombre des chameaux que se mesure la richesse des Arabes du Sahara : les grands des tribus en possèdent souvent jusqu'à quatre cents, groupés par troupeaux de cent têtes. Le nombre des chameaux de l'Algérie est évalué à 213,321.

Le chameau, approprié exclusivement à l'existence arabe et aux régions sablonneuses, n'est pas entré dans le commerce européen. Quelques individus seulement ont été transportés en Europe pour les ménageries, ou pour essais de naturalisation.

Chevaux.

Le *cheval* est plus que le serviteur, il est le compagnon de l'Arabe. Longtemps la race barbe, qui est celle de l'Algérie, fut considérée comme une dégénérescence de la race arabe. L'observation plus exacte des faits, des renseignements pris aux meilleures sources, des recherches historiques approfondies, surtout les livres du général Daumas et ses persévérantes informations auprès de l'ex-émir Abd-el-Kader, ont rendu des mérites et des origines de la race barbe un témoignage beaucoup plus favorable; et il est admis aujourd'hui que, descendant en droite ligne de la race numide si renommée dans l'antiquité, elle est de tout point au niveau de la race arabe, si même elle en est distincte.

Il faut cependant reconnaître que la guerre sans trêve que les Arabes ont eu à soutenir, notamment depuis 1839 jusqu'en 1846, en a amené l'appauvrissement momentané, préparé d'ailleurs et favorisé par l'ignorance et l'incurie de la plupart des tribus. Pour relever la race barbe chez les indigènes, pour l'introduire chez les colons, l'administration a fondé diverses institutions qui concourent toutes à ce but par des moyens divers. Trois dépôts d'étalons ont été créés, à Blidah, à Mostaganem, à l'Alélik, près de Bône, un par province. Les juments des tribus, celles des colons, y sont saillies gratuitement, après vérification de leur mérite et inscription sur un registre destiné à constater les généalogies. Pendant la saison d'été, des étalons sont détachés en diverses stations dans les centres européens et dans les tribus; le service s'y fait suivant les mêmes règles. Avec les chevaux fournis par les tribus elles-mêmes diverses annexes ont été fondées

______

(1) *Itinéraire du Sahara au pays des Nègres*, page 155, par MM. E. Daumas et A. de Chancel. Voir aussi le curieux mémoire sur le chameau, par le général Daumas, inséré dans le Bulletin de la Société zoologique d'acclimatation, livr. de janvier 1855.

au cœur même du territoire indigène. Des courses ont lieu annuellement à Alger, à Oran ou Mostaganem, et à Constantine, suivies de distributions de primes considérables aux vainqueurs européens et indigènes. Dans les concours annuels de l'agriculture, des prix sont également accordés aux sujets les plus distingués en chevaux, juments, poulains et pouliches. Enfin, une décision du ministre de la guerre a affecté, en 1855, une somme de 12,000 fr. à des prix réservés aux étalons des tribus.

Voici le portrait que font les Arabes du cheval de race, le *buveur d'air, qui peut la faim, qui peut la soif* (*Chevaux du Sahara*, p. 29):

« Bien proportionné, il a les oreilles courtes et mobiles, les os lourds et minces, les joues dépourvues de chair, les naseaux larges comme la gueule du lion; les yeux beaux, noirs et à fleur de tête, l'encolure longue, le poitrail avancé, le garrot saillant, les reins ramassés, les hanches fortes, les côtes de devant longues et celles de derrière courtes, le ventre évidé, la croupe arrondie, les testicules serrés et bien sortis, les rayons supérieurs longs comme ceux de l'autruche et garnis de muscles comme ceux du chameau, les saphènes peu apparentes, la corne noire, d'une seule couleur, les crins fins et fournis, la chair dure, la queue très-grosse à sa naissance, déliée à son extrémité. » Cette conformation prédispose en même temps à la vigueur et à la légèreté. Sobres, dociles, doux, patients, courageux, sûrs de jambe à travers les chemins les plus difficiles et par les courses les plus rapides, infatigables enfin, les chevaux barbes réunissent toutes les qualités de solidité et de fond que l'on recherche dans les chevaux de guerre : l'expédition de Crimée en a donné la preuve éclatante. Dans le Tell, Arabes et colons les emploient volontiers au labour; ils entrent dans les attelages des rouliers européens. Pour répondre à tous les besoins, ils ont seulement à acquérir plus de taille, mérite que l'on a quelquefois recherché dans des croisements, et qu'une nourriture plus régulière et plus abondante suffira probablement à procurer. Après l'herbe des champs, l'orge est leur principale nourriture : ce grain remplace l'avoine préférée en Europe, et qui serait trop échauffante, du moins en été.

Le cheval est l'objet de transactions multipliées. La cavalerie française en Algérie se remonte exclusivement dans la race indigène, dont l'expérience a démontré la supériorité sur le cheval d'Europe pour supporter les chaleurs du climat, non moins que les fatigues et les privations de la guerre.

La population chevaline de l'Algérie est évaluée à 5,525 têtes chez les Européens, 131,035 chez les indigènes; total 136,560 animaux, non compris les 20,000 chevaux des régiments de cavalerie en Algérie et en Orient. Dans ces nombres, on compte 2,217 étalons, dont 314 réellement supérieurs et hors ligne. L'État en possède 716, les tribus 160, les particuliers 1,931. — Ces 2,207 étalons doivent pourvoir à la fécondation de 62,000 juments adultes reconnues bonnes pour la reproduction, et qui sont ainsi réparties : province d'Alger, 14,423, province d'Oran, 14,835; province de Constantine, 32,272, soit 1 étalon pour 27 ou 28 juments. En spéculant sur la production de ces 60 à 70,000 juments, en ne calculant même que sur 5 poulains par jument, on arrive à la production de 300 à 350,000 chevaux. Avec ces ressources hippiques on a à remonter 4 régiments de chasseurs d'Afrique, à 6 escadrons; 3 régiments de France qui ont été envoyés en Algérie pour remplacer les régiments partis pour la Crimée; les cavaliers arabes au service de la France (*kialis*), nos goums et tout le personnel des officiers supérieurs et d'état-major, ainsi que la population civile; on doit enfin concourir à régénérer les races d'Europe; emplois réguliers de 20,000 chevaux.

Quant à présent, la production suffisant à peine aux besoins, l'exportation se réduit à peu de chose. En 1854, il a été exporté seulement 68 têtes pour la France, 989 à l'étranger, total : 1,048.

Besoins de la France. En 1853, la France a importé 20,928 têtes de l'espèce chevaline, d'une valeur de 12,977,058 francs (1).

Anes.

Les ânes d'Algérie, de petite taille, rendent les plus grands services aux Européens comme aux indigènes. Ils parviennent, avec leur fardeau, dans les lieux les plus difficilement accès, transportent les matériaux sur les routes, et cheminent à pleine charge à travers les rues des villes, qu'ils ont puissamment aidé à construire. On les y trouve campant par troupes sur des stations réservées, où on les loue pour porter les marchandises, les voyageurs et leurs bagages. Le roulage les associe quelquefois pour le trait aux chevaux et aux mulets. L'Arabe les attelle à la charrue. Le dépôt d'étalons de Mostaganem possède de magnifiques baudets qui ont été acquis par l'administration pour relever la taille et la force de l'espèce du pays et concourir à la multiplication des mulets. Dans les concours agricoles de l'Algérie, il y a des prix accordés aux étalons de l'espèce asine, — Le prix des ânes, qui, avant notre conquête, était de 10 à 12 fr., s'est élevé entre 50 et 70.

La population asine de l'Algérie est évaluée à 3,000 chez les Européens seulement.

Besoins de la France. En 1853, la France a importé 453 ânes ou ânesses, d'une valeur de 23,760 fr.

Mulets.

Dans toute l'Algérie, et principalement dans la province de Constantine, on élève un assez grand nombre de *mulets*, petits de taille, mais vifs, alertes et robustes. Ces animaux, qui ont été si précieux pour le transport des bagages dans la période de guerre, ne le sont pas moins dans la période de paix; ils sont employés comme bêtes de somme et de trait, et même pour la selle. Ils forment de très-bons attelages pour le roulage européen. Plus durs à la fatigue et à la chaleur, plus sobres que les chevaux, les mulets demandent moins de soins, et valent souvent davantage. La population mulassière de l'Algérie est évaluée à 5,140 têtes aux Européens, 109,000 aux indigènes, total 114,560.

Besoins de la France. En 1853, la France a importé 503 mules ou mulets, d'une valeur de 217,080 fr.

Bœufs.

L'espèce *bovine* de l'Algérie se distingue par ses proportions petites, mais élégantes. Le poids moyen de viande nette dans les bœufs descend

(1) Dans tout le cours du présent catalogue les indications relatives aux besoins de la France se rapportent aux importations du commerce spécial, exprimées en valeurs actuelles. Cette mention ne révèle pas la prétention de voir l'Algérie suffire à tous les besoins de la métropole; mais elle constate l'intérêt de l'une et de l'autre à une intervention plus ou moins étendue. En effet, l'expérience de quatre ans révolus, accomplis depuis la loi du 11 janvier 1851, qui a ouvert le débouché national aux produits naturels et agricoles de l'Algérie, a constaté que l'assimilation douanière a été aussi profitable à la France qu'à sa colonie. Rapprocher les besoins de la France des ressources actuelles ou possibles de l'Algérie, c'est donc rendre service aux deux pays.

souvent à 100 kil., et rarement il atteint 200, à moins que les animaux ne soient engraissés. Comme le déchet est en moyenne de 45 à 50 p. 100, le poids brut varie entre 200 et 400 kil. Quoique manquant de taille, ces bêtes sont d'une rare perfection de formes. Corps petit, trapu, assez long; côtes rondes; garrot épais; poitrail large et bien sorti; abdomen peu développé; flanc court; épine dorso-lombaire large et bien soutenue; croupe bien musclée; fesses et cuisses charnues et descendant près des jarrets; tête moyenne; cornes relevées, arquées; pelage maure, fin et luisant; jambes et tête noirâtres; côtes et dos fauves, grisâtres ou rouges. On voit assez souvent des animaux à robe pie. Sous des apparences de peu de volume, ces animaux sont pleins de vigueur et forts pour leur taille; sobres d'ailleurs, durs à la fatigue et à la chaleur, répondant en un mot, à un degré remarquable, aux conditions du milieu matériel où ils vivent. Aussi les tendances primitives à les réformer par le croisement ont-elles généralement fait place à des vues d'amélioration de la race par elle-même au moyen de soins bien entendus, d'une nourriture plus régulière et plus abondante dans l'arrière-saison, d'abris contre les intempéries, autant de précautions généralement négligées par les indigènes. Les encouragements accordés dans les concours agricoles aux races du pays favorisent ces tendances. Bien qu'habituellement très maigres, les bœufs algériens prennent facilement la graisse, pour peu que la saison ou la prévoyance de l'homme leur procure une nourriture abondante. Par l'engraissement, on obtient un poids net de 230 à 250 kil. d'une viande substantielle et de bonne qualité. Les propriétés lactifères sont aussi peu développées que possible; la vache de l'Arabe ne lui donne guère que 3/4 de litre à 1 litre 1/2 de lait par jour; l'Européen en obtient, avec de meilleurs soins, de 2 à 4 litres. On cite comme remarquables les vaches qui produisent 6 litres par jour; quelques-unes, citées comme phénoménales, vont jusqu'à 12 et 14 litres. Pour accroître la production du lait, les colons ont introduit en certains lieux la race suisse, qui a peu réussi; ailleurs la race bretonne, beaucoup mieux prédisposée par son organisation, ses habitudes et sa taille à la vie libre dans les pacages d'Afrique; elle y a donné en effet des résultats assez satisfaisants.

Le bœuf est, chez l'indigène arabe ou kabyle, l'animal de labour par excellence. Suivant les habitudes de leur pays natal, les colons l'adoptent ou lui préfèrent le cheval. Pour le travail, une race importée d'Espagne jouit dans la province d'Oran d'une estime particulière. Les indigènes emploient aussi le bœuf comme bête de somme; on le charge de *tellis* ou sacs disposés sur son dos à la façon de besaces. — Avant la conquête, le bœuf d'Afrique se vendait 20 à 30 fr. pièce; mais depuis lors son prix s'est successivement élevé, comme celui de la viande. Dans l'est, à Bône, il ne se vend encore que de 20 à 35 fr. le quintal métrique brut sur pied; mais ailleurs le prix monte à 45 et 50 fr., ce qui met le prix d'un bœuf ordinaire de 120 à 150 fr. — En 1854, il a été exporté d'Algérie 361 bêtes bovines en France et 1,984 à l'étranger; total 2,345.

La population bovine de l'Algérie est évaluée : chez les Européens à 16,906 bœufs et 4,440 vaches; chez les indigènes à 1,031,738 têtes, tant mâles que femelles; total 1,053,084.

Besoins de la France. En 1853, la France a importé 58,847 têtes de l'espèce bovine, d'une valeur de 14,476,910 fr.

Buffles. Quelques couples de buffles ont été importés d'Italie dans la Métidja; mais cet essai n'a pas eu de suite.

Moutons. — Demmams.

L'*espèce ovine* de l'Algérie ne procède pas d'un type uniforme. Dans le même troupeau, et surtout dans la même localité, existent souvent des variétés nombreuses que la guerre et les razzias ont mêlées, dont les croisements, livrés à la seule nature, augmentent la confusion. Généralement la taille est forte, la conformation assez belle; mais les jambes sont longues, le corps mince et élancé, souvent dépourvu de laine à la tête, aux membres et au ventre. La plupart des animaux ont deux et quatre cornes, quelques-uns six. Dans la province de Constantine se voit l'espèce de moutons à large queue, nommés *moutons de Barbarie*; le poids de cette large queue atteint fréquemment 4 à 5 kil., et forme une pelote de graisse que les Arabes mangent avec délices. Dans certaines oasis du sud, le mouton du Tell est remplacé par une espèce du même genre, sans cornes, nommée *demmam*, qui a la peau tachetée de noir et de blanc, le poil court comme celui de la gazelle. Les demmams deviennent excessivement gras; les femelles donnent en abondance un lait excellent et on en mange la viande comme celle du mouton.

Dans le Sahara et dans le Tell, les troupeaux de moutons sont considérables; ils constituent la plus importante richesse des tribus pastorales, une des mieux appropriées aux conditions du pays. Le sol fertile en plantes substantielles et aromatiques, le climat chaud et sec, le sel dont la terre et les plantes sont partout imprégnées, prédestinent l'Algérie à l'éducation des bêtes à laine. En même temps, une longue acclimatation a déjà rendu très-rustique la race indigène, qui se prête avec la plus grande facilité aux migrations périodiques des tribus du sud au nord et du nord au sud, mais l'incurie des Arabes à l'égard de cette source principale de leur fortune est extrême. Nul soin n'est apporté au choix des béliers, à la monte, à l'agnelage, à l'élève des jeunes bêtes, à l'entretien des animaux adultes; aussi les indigènes n'obtiennent-ils, pour la laine, la viande et le lait, que des résultats bien inférieurs à ce que le climat permettrait, et les troupeaux sont-ils décimés tous les ans par les grandes et froides pluies d'automne et d'hiver. Des prix distribués dans les concours agricoles des trois provinces excitent les indigènes et les Européens à l'amélioration de leurs troupeaux. Une commission, choisie par le ministre de la guerre parmi les notabilités de la science agricole, a été invitée à formuler son avis sur les moyens les plus propres à réaliser cette réforme, dont l'urgence et l'importance sont unanimement reconnues. Les applications pratiques proposées dans le rapport que cette commission a rédigé sont soumises en ce moment à l'étude de l'administration algérienne.—La population ovine de l'Algérie est évaluée à 25,689 têtes chez les Européens; 6,850,205 chez les indigènes; total 6,875,894.— En 1854, l'Algérie a exporté en France 38,362 bêtes ovines; à l'étranger, 6,305; total, 44,667.

Besoins de la France. En 1853, la France a importé 191,526 têtes de l'espèce ovine, d'une valeur de 5,471,414 fr.

Chèvres.

Dans les troupeaux de moutons de l'Algérie, les *chèvres* figurent toujours en certain nombre. Elles sont petites, basses sur jambes, à poil noir ou blanc et très-long. Les chevriers de Malte ont introduit en Algérie les chèvres de leur île pour la fourniture du lait dans les villes. Tandis qu'une chèvre ordinaire vaut 10 à 15 francs, une chèvre maltaise se paye 40 à 50 fr., quelquefois jusqu'à 80 fr. Les ravages que causent les chèvres dans les bois ont détourné l'administration d'en encourager l'élève. On songe en ce moment à faire une exception pour une partie du troupeau de boucs et chèvres d'Angora que l'ancien émir Abd-el-Kader a offert au ministre de la guerre, qui en a fait don à la Société zoologique d'acclimatation. La qualité précieuse du poil de ces animaux justifie une faveur spéciale.

La population caprine de l'Algérie est évaluée à 13,551 têtes chez les Européens ; 3,484,902 chez les indigènes ; total 3,498,453.

Besoins de la France. En 1853, la France a importé 9,019 boucs ou chèvres, d'une valeur de 81,171 fr.

Porcs.

La viande de *porc* étant interdite par le Coran, les Européens ont dû introduire cet animal domestique, dont l'éducation et l'engraissement restent leur monopole. Chacun a importé les variétés de son pays dont il connaissait le mérite : de là une grande diversité de races. On a tenté aussi des croisements avec les races anglaises perfectionnées, au moyen de sujets acquis par les colons à l'ancien Institut agronomique de Versailles. La production est encore loin de suffire à la consommation, comme l'attestent les quantités considérables de graisse, lard et jambon importées d'Europe. Le porc sauvage ou sanglier est commun ; on en parlera un peu plus loin. La population porcine de l'Algérie est évaluée à 7,957 têtes, chez les Européens exclusivement.

Besoins de la France. En 1853, la France a importé 284,343 têtes de l'espèce porcine, d'une valeur de 6,214,760 fr.

Chiens.

Outre les variétés communes de chien (*kelb*) préposées à la garde des bestiaux et des douars, les indigènes élèvent une espèce de lévrier nommé *sloughi*, entouré de la plus grande faveur. C'est le chien des chasses et des fêtes. Le sloughi du Sahara est de beaucoup supérieur à celui du Tell ; il est de couleur fauve, haut de taille, il a le museau effilé, le front large, les oreilles courtes, le cou musculeux, les muscles de la croupe très-prononcés, pas de ventre, les membres secs, les tendons bien détachés, le jarret près de terre, la face plantaire peu développée, sèche, les rayons supérieurs très-longs, le palais et la langue noirs, les poils très-doux. Le sloughi n'est pas objet de commerce : on le donne aux amis, aux parents, aux marabouts. — Les Européens ont introduit les chiens de garde, de chasse, et autres variétés d'Europe.

Besoins de la France. En 1853, la France a importé 594 chiens, d'une valeur de 23,760 fr.

Faucons.

Comme rival du sloughi, il convient de nommer le *faucon*, avec lequel les nobles du Sahara chassent encore de nos jours, comme jadis les seigneurs en Europe. Le faucon (*thair el hoor*) est de couleur jaune foncé, il a le bec court et fort, les cuisses grosses, bien musclées, les ongles très-acérés : il est très-rare. On le prend et on le dresse par les procédés de la vénerie du moyen âge. L'oiseau de race peut tuer le lièvre, le lapin, le petit de la gazelle, le habar, oiseau gros comme la cigogne, le pigeon, la tourterelle. Le faucon n'est pas objet de vente, on le donne ; on l'échange contre un chameau de 100 boudjous ou 180 fr., quelquefois contre un cheval. Les nobles seuls chassent au faucon. Les chasses sont des rendez-vous de 25 à 30 personnes, où des paris sont engagés.

Poules, Canards, Dindons, Oies, Pintades, Paons, Pigeons.

En fait de volaille, les indigènes n'élevaient que la *poule* et le *pigeon*. La poule bédouine, précieuse comme couveuse, pond des œufs fort petits et peu nombreux. Les colons ont introduit la poule espagnole, beaucoup plus grosse et très-bonne pondeuse, ainsi que le *canard*, le *dindon*, l'*oie*, la *pintade*, le *paon*. Tous ces volatiles prospèrent aussi bien qu'en Europe. La poule rôtie ou cuite au riz n'est pas rare sur la table des colons ; préparée au couscousson, elle est le mets favori des indigènes. Aux pigeons, qui peuplent déjà bien des colombiers, on donne, ainsi qu'aux poules, des grains de millet et de sorgho, cultivés spécialement pour cet emploi.

Besoins de la France. En 1855, la France a importé pour 159,955 fr. de volailles (réunies dans les comptes de la douane avec le gibier et les tortues).

Abeilles. V. *Miel et Cire*, page 37.

Vers à soie. V. *Soies*, page 52.

ESPÈCES NON DOMESTIQUES.

Parmi les animaux d'Algérie non domestiques qui sont de quelque profit à l'homme, soit comme objet de chasse et d'histoire naturelle, soit pour leurs emplois alimentaires ou industriels, on peut citer les suivants :

Dans la classe des MAMMIFÈRES : lion, panthère, hyène, chacal, renard, cerf, antilope, gazelle, mouflon à manchettes, porc-épic, sanglier, singe, lièvre, lapin, etc. ;

Dans la classe des OISEAUX : l'autruche, et les nombreuses espèces de gibier-plume ;

Dans la classe des REPTILES : les tortues de terre, les caméléons ;

Dans les INVERTÉBRÉS : les sangsues et les sauterelles.

Les POISSONS sont compris dans un chapitre à part, la PÊCHE, page 39.

Lions.

Le *lion*, dont il survit encore d'assez nombreux couples dans les régions boisées de Constantine, est beaucoup plus rare dans les provinces d'Alger et d'Oran et inconnu dans le désert. Les Arabes le prennent dans des pièges, les colons et les officiers français le chassent volontiers au fusil ; l'un de ceux-ci, Jules Gérard, s'est rendu célèbre comme tueur de lions. La peau du lion est fort recherchée, mais se trouve rarement dans le commerce. Le jeune lion s'apprivoise facilement.

Panthères.

La *panthère*, sans être commune, est moins rare que le lion dans l'ouest et au centre. Il y en a deux espèces ou variétés, pareilles quant au pelage, différentes quant à la taille. On chasse la panthère comme le lion ; mais elle est moins dangereuse, et, vivant du produit de ses chasses fait peu de ravages. Sa peau est également fort recherchée.

Hyènes.

L'*hyène* est fort commune, mais peu dangereuse, et sa dépouille a peu de valeur commerciale. On la prend vivante pour la ménagerie, ou la chasse pour en débarrasser les chiens, le seul animal vivant qu'elle attaque. Elle s'apprivoise facilement et devient familière et inoffensive, contrairement au préjugé régnant.

Chacals.

Le *chacal*, qui tient du loup et du renard, cause de grands dommages aux jardins, dont il dévore les fruits et les légumes, surtout les melons ; aux vignes, dont il mange les raisins avec avidité ; aux troupeaux de moutons et de cochons, dont il enlève de jour et de nuit quelques têtes. On le chasse au fusil ou au lévrier pour mettre fin à ses ravages, et aussi pour sa peau qui est estimée comme tapis de pied.

L'administration accorde des primes pour la destruction des animaux précédents, suivant le tarif suivant :

Un lion ou une lionne.	40 f.
Un lionceau de un à six mois.	15
Une panthère.	40
Jeunes panthères de un à six mois.	15
Une hyène.	5
Jeunes hyènes de un à six mois.	1 50 c.
Chacals de tout âge.	1 50

Renards.

Le *renard* africain est moitié plus petit que celui d'Europe. Moins nuisible que ce dernier, il vit exclusivement du produit de sa chasse, c'est-à-dire de petits oiseaux, de gerboises, de lézards et de serpents. On le chasse pour sa dépouille.

Cerfs.

Le *cerf* d'Afrique est un peu moins grand que celui de France ; son pelage est plus fauve et plus rude. On ne le rencontre en Algérie que dans la province de Constantine, et dans trois cercles à l'est de cette province, ceux de Bône, de la Calle et de Tébessa. Les Arabes le chassent à l'affût. On cite des chasseurs qui en ont tué des centaines.

Antilopes.

L'*antilope* d'Algérie est nomade comme les tribus du sud, qu'elle suit dans leurs déplacements ; elle a les cornes annelées à double courbure, la pointe en arrière. Sa taille est à peu près celle d'un veau d'un an ou dix-huit mois, son pelage est fauve ; la queue est courte et terminée par une touffe de poils noirs. Ces mammifères voyagent par troupeaux de plusieurs centaines, et se tiennent toujours dans un pays découvert. Leur vitesse et leur fond sont tels, qu'il n'est pas de lévriers qui puissent les atteindre, et que les chevaux les plus vigoureux ne sauraient les forcer. Les cavaliers arabes se réunissent en troupes pour les chasser, en s'embusquant dans les plis du terrain

Gazelles.

La *gazelle* est commune en Algérie ; on en trouve deux espèces : celle du Sahara et celle du Tell. La première, beaucoup plus petite et d'un pelage plus fauve, change de quartiers suivant les saisons, à la différence de la seconde. Les Arabes chassent au lévrier, par plaisir, les troupeaux de gazelles. Les Européens leur font la guerre pour leur chair. Les sujets pris vivants sont conservés avec soin pour leur beauté, et se domestiquent facilement.

Mouflons à manchettes.

Le *mouflon à manchettes* (*leroui* des Arabes) est une espèce de bouc sauvage, propre à l'Algérie. Le poil varie du fauve rousâtre au brun roux ; quelquefois il est foncé et ras comme celui de la gazelle ; le dessous du corps et les parties internes des membres sont de couleur blanche ; des poils de 15 à 20 cent. et plus de long couvrent les parties antérieures du corps et des membres. C'est cette disposition remarquable du poil qui a fait donner à cet animal le nom de mouton à manchettes. La queue, longue seulement de 18 à 20 cent., est terminée par un pinceau de poil comme chez les gazelles. Les cornes sont volumineuses, très-rapprochées à leur base, et séparées à peine par un peu de poil ; elles sont recourbées, divergentes, dirigées en dehors, s'écartant l'une de l'autre moins rapidement que chez le mouton ordinaire ; leur longueur est souvent de 50 cent., leur surface est couverte de rides peu marquées. Le mouton à manchettes subit très-bien la domesticité ; on en a vu aller chaque jour brouter dans la campagne, et, après s'être repus, rentrer le soir au logis. On le chasse dans le Djebel Amour, où il vit. On le trouve au nord et au sud de Bou-çada ; on en élève à Bordj-bou-Aréridj, d'où le ministre de la guerre se propose d'en faire venir quelques individus pour tenter leur naturalisation en France. La chair de mouton est un régal pour les Arabes.

Sangliers.

Le *sanglier* abonde dans les trois provinces de l'Algérie. Il y en a de deux variétés, le sanglier de bois et le sanglier de marais. Le premier est le plus grand et le plus méchant. Les Arabes, qui n'en mangent pas, le chassent pour protéger leurs récoltes ou par amusement. Les Européens le recherchent de plus pour sa chair. La chasse est quelquefois si abondante que le sanglier ne se vend pas dans les boucheries plus cher que le bœuf ou le mouton. Les marcassins se domestiquent très-bien ; on en voit dans tous les camps.

Porcs-épics.

Le *porc-épic* habite en Algérie, souvent dans les mêmes terrains que l'hyène et le chacal. Il existe à Constantine plusieurs clubs ou sociétés de chasseurs de porc-épics, que les Arabes appellent *hatchetchia* parce qu'ils fument le *hachich* (voir Sucs végétaux, page 15) en guise de tabac. Ils font par an deux ou trois campagnes de chasse, aidés de chiens griffons.

Singes.

Le *singe* habite les gorges de la Chiffa et les côtes de la Kabylie ; il marande dans les jardins, et c'est uniquement pour se préserver de ses ravages qu'on le chasse quelquefois. Pris vivant, il enrichit les ménageries.

Lièvres.

Le *lièvre* d'Afrique est d'un tiers plus petit que celui d'Europe ; il est si commun, que dans les expéditions du sud et de l'est les soldats en prenaient à la main des quantités considérables, soit pendant les marches, soit même dans les bivouacs. Avant la conquête, un lièvre valait 10 sous pièce.

Lapins.

Le *lapin* pullule dans les provinces d'Oran et d'Alger ; celle de Constantine n'en a qu'à ses limites du côté de l'ouest.

Divers.

On pourrait encore, dans l'ordre des mammifères, citer l'once, le lynx, le *léopard*, le *chat sauvage*, le *raton*, le *hérisson*, la *loutre*, la *gerboise*, les petits rongeurs, ainsi que quelques autres; soit rareté de l'espèce pour les uns, soit défaut d'emploi utile pour les autres, ils ne peuvent figurer dans les produits commerciaux de l'Algérie, les seuls dont nous nous occupons.

Autruches.

Les *autruches* sont communes dans le Sahara algérien et dans le désert. On trouve ces énormes oiseaux voyageant par couples ou par groupes de quatre à cinq couples; après la pluie, ils se réunissent en troupeaux de deux à trois cents. Les Arabes les chassent soit à courre, à cheval et au lévrier, soit à l'affût, au fusil. On utilise la graisse de l'autruche et toutes les parties de sa dépouille. (Voir PRODUITS ET DÉPOUILLES D'ANIMAUX, p. 24). Les autruches s'accoutument facilement à la vie domestique, et se laissent monter par les enfants.

Gibier de plume.

Les espèces de gibier de plume les plus communes sont : les *alouettes*, les *perdrix rouges* (les grises sont inconnues), que les Arabes prennent vivantes et vendent à bas prix aux Européens; dans les premiers temps de la conquête une perdrix coûtait 10 centimes; les *cailles*, les *poules de Carthage*, les *gangas*, les *pluviers*, les *vanneaux*, les *tourterelles*, et les nombreuses tribus du gibier d'eau. La simple énumération des espèces de cette dernière catégorie que l'on a constatées sur le lac ou sur les bords du lac *Fezzara*, dans la province de Constantine, les unes en tout temps, les autres à l'époque des passages, donnera une idée des richesses de l'Algérie sous ce rapport.

Avocette isabelle.	Courlis (grand) cendré.
Bécassine ordinaire.	— corlieu.
— sourde.	Cygne à bec jaune ou sauvage.
Bécasseau cocorli.	— tuberculé ou domestique.
Barge à queue noire.	Échasse à manteau noir.
Canard tadorne.	Foulque macroule.
— casarca.	Flamant rose.
— sauvage (col vert).	Guêpier ordinaire.
— à chipeau ou siffleur.	Ganga-unibande.
— siffleur.	Gallinule ou poule d'eau ordinaire.
— souchet.	Gallinule marouette.
— sarcelle d'été.	— de genêt.
— sarcelle d'hiver.	Grèbe huppé.
— marbré.	— à joues grises.
— eider.	— oreillard.
— à tête grise.	— castagneux.
— macreuse.	Goéland bourgmestre.
— double macreuse.	Héron cendré.
— couronné.	— crabier.
— siffleur huppé.	— blanc.
— garrot.	— pourpré.
— morillon.	— bihoreau.
— à iris blanc.	— véracy ou garde-bœufs.
Chevalier bécasseau ou cul blanc.	Hirondelle de mer (tschegrava).
— semi-palmé.	Harle (grand).
Cigogne blanche.	— huppé.
Cormoran nigaud.	Martin-pêcheur d'Europe.
— (grand).	Macareux moine.
— larguy.	Mouette blanche.
— pygmée.	Outarde blanche.

Oie hyperborée ou de neige.
— cendrée.
— sauvage ou vulgaire.
— bernache.
Pélican blanc.
Perdrix rouge.
Pluvier à collier.
Poule d'eau ordinaire ou gallinule.
— à manteau vert.
— sultane ou talère porphyrion.

Phalarope hyperboré.
Plongeon imbrin.
— lumme ou à gorge noire.
Pingoin macroptère.
Piette (grande).
Râle d'eau.
Spatule blanche.
Talère porphyrion ou poule sultane.
Vanneau huppé.

Parmi les oiseaux, les plus communs sur le lac sont, en toutes saisons, les grèbes, les petits plongeurs, l'échasse à manteau noir, les hérons, les poules d'eau, les cygnes, et, au temps du passage, les oies et les canards. Les oies, sept espèces de canards, les bécasses, les bécassines, les poules d'eau, l'échasse, sont bons à manger, et doivent être comptés comme une utile ressource à ce point de vue. Les espèces non comestibles fournissent de l'huile animale. Mais le produit le plus important, le seul exploitable sur une large échelle, est celui des fourrures. (Voir PRODUITS ET DÉPOUILLES D'ANIMAUX, page 24.)

Besoins de la France (en gibier). Voir, pour l'importation, article *Volailles*, page 19.

Tortues.

Les *tortues de terre*, qui sont très-communes, sont recueillies par les colons pour en faire des bouillons estimés. Quelques-uns d'entre eux en font commerce, et les expédient en caisses aux marchands de comestibles et de curiosités d'Europe. Les soldats les élèvent en domesticité. On utilise la carapace pour des ouvrages communs de tabletterie.

Besoins de la France. L'importation des tortues est réunie à celle de la volaille. Voir page 19.

Caméléons.

Le *caméléon*, aussi commun et non moins inoffensif que la tortue, devient très-souvent le compagnon de foyer du colon. Comme la tortue, il est l'objet d'un petit commerce d'exportation, pour les collections d'histoire naturelle, où il se fait remarquer par sa coloration changeante, ses formes anguleuses et disgracieuses, sa démarche lente, la mobilité de ses yeux brillants, qui roulent en tout sens, indépendants l'un de l'autre; enfin par la longueur extraordinaire de sa langue.

Sangsues.

Les *sangsues* d'Algérie sont l'objet d'une exploitation importante. Presque tous les marais de ce pays, et notamment ceux qui avoisinent Teniet-el-Had, Aumale, Tiaret, Mascara, Sidi-bel-Abbès, Constantine, la Calle, etc., contiennent un nombre considérable de sangsues, dont la pêche et l'expédition en France sont d'un précieux secours à l'art médical. Les espèces indigènes susceptibles d'être pêchées sont les suivantes : 1° l'*Hirudo medicinalis*, Linn. (*Jatrobdella* de Blainville), variété grise et verte; 2° l'*H. troctina*, Johns (*Sanguisuga interrupta* de Moquin-Tandon), appelée *dragon* ou *sangsue d'Afrique*. Outre ces espèces, les aqueducs et les réservoirs d'eau vive renferment une autre espèce de sangsue très-commune (*Hæmopis sanguisuga* de Moquin-Tandon), ou *sangsue de cheval*, que l'absence de dents rend impropre à la médecine; elle ne peut entamer par la succion que la membrane muqueuse des animaux, sur laquelle elle se fixe avec ténacité pendant plusieurs jours.

La pêche des sangsues est presque exclusivement exercée par les indigènes, qui s'emparent sans discernement de tout ce qu'ils peuvent atteindre, et dévastent les marais au lieu de les exploiter régulièrement. C'est ainsi que les marchés de Goléah et de Boufarik sont, presque en tout temps, pourvus de ces annélides dont un tiers à peine se compose de sangsues dites *marchandes* : quant au reste, il est constitué par des *filets* sans valeur commerciale, faute d'un développement suffisant ; et par des *vaches*, rejetées presque aussi unanimement pour leur grosseur : double cause de ruine et de dépeuplement des marais algériens. Cependant chaque individu produit en moyenne quinze à vingt petites sangsues (on sait qu'elles sont hermaphrodites) ; la durée du développement pour acquérir le poids d'un gramme, exigé au minimum par le commerce, est de deux à trois années. L'administration se préoccupe des mesures à prendre pour réglementer l'exercice de cette industrie, de manière à conserver à l'Algérie et à la science une ressource dont fait ressortir tout le prix l'épuisement successif des marais de France, d'Italie, de Belgique, de Hongrie, et bientôt peut-être de ceux de Turquie.

En 1854, l'Algérie a exporté en France 876,200 sangsues, et à l'étranger 62,000, total 938,400. Au mois d'avril 1855, le prix des sangsues d'Algérie à Marseille était de 65 à 70 fr. le kilog., ou de 100 fr. le 1,000, soit 10 cent. pièce.

Besoins de la France. En 1853, la France a importé 11,448,000 sangsues, d'une valeur de 2,060,640 francs.

Sauterelles.

Les *sauterelles*, dont les essaims s'abattent de temps à autre sur les plaines du Tell, servent de nourriture aux habitants pauvres des oasis, qui les font griller et les assaisonnent de diverses façons, entières ou réduites en poudre.

II. PRODUITS ET DÉPOUILLES D'ANIMAUX.

Les produits et dépouilles d'animaux, qui sont en Algérie l'objet d'une industrie ou d'un commerce, se classent dans les catégories suivantes :

Lait. — Beurre. — Fromages. — Œufs. — Poils. — Laines. — Pelleteries ; fourrures. — Peaux, cuirs. — Viandes. — Graisses ; suifs. — Issues, tendons, déchets. — Soies. — Cires.

Les os, sabots et cornes de bétail sont classés dans les MATIÈRES DURES A TAILLER, page 47.

Lait.

Les tribus pastorales de l'Algérie, riches en troupeaux, font du lait la base de leur alimentation. Le lait de chèvre, de vache, de chamelle, est préféré à celui de brebis qu'on laisse presque en entier aux agneaux. On nourrit de lait même les poulains en le donnant pur ou mêlé à de la farine d'orge et de dattes. — Dans la banlieue des villes, la production du lait est devenue une fructueuse et importante spéculation. Les chevriers maltais surtout conduisent dans les rues des troupeaux de chèvres qu'ils font paître dans les pacages les plus arides ; les colons européens ont fondé des vacheries dont le lait se vend 40 à 50 cent. le litre, le beurre 4 à 5 fr. le kil. On a vu que les vaches indigènes fournissent peu de lait ; qu'elles ne se laissent même traire que difficilement et par les femmes arabes ; pour les remplacer, les colons ont introduit, comme vaches laitières, des espèces étrangères, surtout les suisses et les bretonnes, ces dernières avec plus d'un succès. Les vaches espagnoles, remarquables par leur vigueur au travail, sont presque aussi médiocres laitières que les indigènes.—Sous le nom de *leben*, le lait aigre entre dans la consommation habituelle des indigènes.

Besoins de la France. En 1853, la France a importé 12,677 kil. de lait, d'une valeur de 2,282 fr.

Beurre.

Avec le lait de vache les indigènes font un beurre qui est blanc et de goût fort médiocre, par la faute de la fabrication et non par celle du lait, lequel est gras et de bonne qualité. On verse le lait dans une peau de chèvre cousue qu'on suspend à deux piquets et qu'on frappe et presse de manière à agiter fortement le contenu. Une partie du sérum suinte à travers la peau ; la matière butyreuse se prend, mais se mêle aussi avec la matière caséeuse ; de là cette nuance blanche et la fadeur du goût. Le beurre rance (*dehan*) mêlé au lait est donné aux juments après la parturition pour les fortifier. — Le beurre arabe figure comme article de vente sur les marchés indigènes : le prix roule autour de 2 fr. le kil.

Besoins de la France. En 1853, la France a importé 1,727,231 kil. de beurre frais ou salé, d'une valeur de 2,551,949 fr.

Fromages.

On fait aussi des fromages qui sont de qualité inférieure pour les mêmes causes. On se sert parfois pour coaguler le lait, en guise de présure, des fleurs de l'artichaut sauvage ; souvent on le laisse se cailler spontanément. Il est ensuite mis dans des formes tressées avec des feuilles de palmier nain, où on le presse légèrement. On le consomme frais ou sec. Dans ce dernier état, sous le nom de *klila*, c'est un objet de commerce au Sahara. Les tribus nomades en importent sur les marchés du Tell. Pour l'usage des caravanes on fabrique des fromages de chèvre, secs et durs comme des pierres, qu'en certaines oasis on pile et mélange avec de la farine de maïs, le tout délayé avec du lait ou de l'eau. — Les Européens n'ont essayé que rarement la fabrication du fromage, dont les chaleurs du pays font juger la conservation plus difficile ; cependant des fromages façon mont Dor furent remarqués à l'exposition agricole d'Alger en 1851, et les fromages d'Europe, entre autres le Gruyère et le Hollande, qui sont très-populaires en Algérie, s'y conservent en toute saison, avec quelques soins faciles. On en a importé, en 1854, 674,567 kil., dont 592,606 de France et 81,961 de l'étranger.

Besoins de la France. En 1853, la France a importé 5,174,255 kil. de fromages, d'une valeur de 5,998,272 fr.

Œufs.

Le commerce des œufs n'est qu'une ressource de ménage : il ne constitue pas une industrie spéciale. Les œufs de poules bédouines se vendent de 50 à 60 cent. la douzaine sur les marchés européens. Les œufs des poules espagnoles, beaucoup plus gros, valent quelquefois 10 et 15 cent. pièce. L'Espagne en importe une certaine quantité dans la province d'Oran. — Les œufs d'autruche, nus ou enjolivés de toute espèce d'ornements, sont, depuis la conquête, l'objet d'un commerce suivi qui doit les faire classer parmi les articles d'industrie ou d'histoire naturelle.

Besoins de la France. En 1853, la France a importé 1,123,630 kil. d'œufs, d'une valeur de 1,011,267 fr.

Poils.

Le poil de chameau sert à de nombreux usages. Pur ou le plus souvent mélangé avec la laine, on en fait des cordes, des étoffes pour tentes, des tapis, des sacs. La corde de poil de chameau qui fixe le haïk autour de la tête est un des traits caractéristiques du costume arabe et kabyle. — Les soies des sangliers, les poils de lapin et de lièvre, sont recueillis par le commerce en vue des mêmes emplois industriels qu'en Europe, où s'en exporte du reste la plus grande partie.

Besoins de la France. En 1853, la France a importé 566,622 kil. de poils divers, d'une valeur de 4,207,342 fr. Le poil de chameau compte pour 7,334 kil., valant 4,400 fr.

Laines.

FAITS HISTORIQUES. De tout temps l'Afrique du nord, habitée par des tribus nomades, riches en troupeaux de moutons, a été un pays de production de *laine*. Au moyen âge, dans les traités des puissances maritimes de la Méditerranée avec les États barbaresques, la laine figure comme un des principaux articles d'exportation. Il est admis aujourd'hui que des plateaux de l'Atlas sont sorties à l'origine ces belles races de moutons qui, importées en Espagne par les Maures, créèrent plus tard la race des mérinos, devenus depuis si célèbres. L'histoire du passé autorise donc l'espoir de reconstituer en Algérie des troupeaux dont le lainage rivalise avec les plus estimés d'Europe. Nous avons dit plus haut, ANIMAUX VIVANTS, p. 17, les facilités qu'offrent la beauté du climat, la richesse du pays en végétation substantielle et aromatique, les imprégnations salines du sol et des plantes. C'est aux hommes à profiter des dons de la nature.

LAINES INDIGÈNES. Abandonnées à l'ignorance et à l'incurie des Arabes, mélangées confusément par les guerres et les razzias, les laines d'Algérie allient à de précieuses qualités naturelles qui les font rechercher en France pour la fabrication des étoffes communes, de nombreux et graves défauts, qui vont en s'aggravant de l'est à l'ouest, moindres à Constantine qu'à Médéah, moindres à Médéah qu'à Tlemcen.

Dans la province de Constantine, deux types prédominent. Dans l'un, les laines sont fortes, crineuses et les plus blanches de l'Algérie : on ne leur reproche qu'un peu de jarre. Essentiellement propres aux matelas, elles ne sont dépassées par aucunes rivales pour cet emploi. Dans le second type, les laines sont moins longues sans être courtes, fortes, jarreuses, dures : dans les qualités communes, elles conviennent également pour la carde et pour le peigne. Les meilleures parties des laines de ce genre que produit la province de Constantine, un tiers environ de la production, servent à la fabrication du drap commun, dans le prix de 5 à 6 fr. le mètre. Le reste contribue à la fabrication des étoffes de qualité inférieure que produit le département de l'Aveyron. Certaines parties de choix ont été peignées avec succès.

Les laines de la province d'Alger sont des laines de carde, ayant une analogie marquée avec celles d'Aragon en Espagne. On leur reproche d'être claires, jarreuses, larges, ouvertes; mais en retour elles sont d'un brin plus fin que toutes autres de l'Algérie. Les parties les plus fines, un tiers environ de la production, sont employées à la fabrication des draps communs en nouveautés, dans le prix de 7 à 8 fr. le mètre. Les fabricants des draps de troupes répugnent à s'en servir, en ce qu'elles donnent peu de clos aux étoffes. Le reste contribue à la fabrication des étoffes à bon marché de Rodez, Saint-Affrique, Saint-Geniez, Lodève, etc.

Dans la province d'Oran on retrouve des laines ondulées et courtes, des laines droites et longues. Dans les laines courtes les plus belles on constate de la finesse, de la longueur (7 à 8 c. sans être étirées), du tassé, de la douceur et de l'élasticité. Les plus communes sont grossières, laides, crêpues, jarreuses et crineuses. Ici les brins, au lieu d'être parallèles, sont mêlés, ne formant pas de mèche, et ayant un commencement de feutrage. Leur longueur, sans être étirés, est de 10 c. environ ; elles sont blanches ou de couleur. Un tiers environ de la production est employé comme laine à matelas ; le reste sert à la fabrication des étoffes communes (y compris les couvertures) que produit le midi de la France.

On voit quel Algérie possède les deux types de laine que réclament nos manufactures : les laines de carde, courtes, frisées, de moyenne finesse, propres à la draperie commune, celle qui fait le fond de la consommation ; les laines de peigne, longues, lisses, propres à la fabrication des étoffes rases. Celles-ci surtout manquent à la France ; aussi la vente des laines longues d'Algérie est-elle très-courante et avantageuse.

Si dans beaucoup de toisons le brin manque de douceur et de finesse, si la jarre y est trop commune, si les toisons sont souvent sales et chargées de corps étrangers, la faute en est en partie au système d'éducation arabe, en partie à des fraudes coupables. Les troupeaux ne sont jamais abrités ; ils ont à supporter la chaleur, le froid, les pluies, les marches forcées, même les privations partielles de nourriture ; car l'Arabe ne récolte pas de foin, et, quand le soleil a desséché les pâturages, le mouton est réduit à brouter ce qui reste de tiges maigres et dures à la surface du sol ; mais, en compensation, dressées à cette vie en plein air et aventureuse, les bêtes crines participent à la vigueur et à la rusticité des chevaux et des bêtes bovines ; les laines ont toutes du nerf et de l'élasticité. En outre, les agneaux ne sont pas tondus, ce qui favorise la formation du poil jarreux, et la tonte sur les bêtes adultes est pratiquée par un procédé barbare, avec une faucille qui écorche le mouton et gâte la toison. Les saillies se font au hasard dans les troupeaux, sans être précédées d'aucun choix dans les béliers. Enfin, soit pratique traditionnelle, soit, prétendent les Arabes, pour n'être pas dupes de quelques marchands européens qui les trompent sur le poids, des fraudes coupables se pratiquent, soit en faisant courir les moutons avant sur le sable pour alourdir leur toison, soit par des mélanges directs de terre, ce qui les discrédite dans le commerce. D'année en année, ces dernières fraudes, sévèrement surveillées et punies par l'autorité française, diminuent, et ne tarderont pas à disparaître à peu près entièrement. Mais les autres défauts, dus à un mauvais système d'éducation, ne peuvent être corrigés que par des soins mieux entendus à obtenir tant des Arabes que des Européens qui ont entrepris la production des laines.

LAINES DES COLONS. Ces Européens sont en très-petit nombre. Une bergerie modèle a été fondée à El-Arrouch par l'un d'eux. À Blidah, un autre a essayé les croisements avec les races de Bourgogne ; deux autres, dans la province d'Oran, avec la race mérinos. Ces essais, bien qu'encouragés par des primes, par l'introduction des béliers de race perfectionnée, par des prix alloués dans les expositions agricoles, n'ont pas trouvé de nombreux imitateurs, et les résultats ne sont pas encore assez authentiquement constatés pour que l'administration puisse leur accorder sans réserve un patronage officiel.

FAITS ÉCONOMIQUES. — *Poids des toisons.* Le poids en suint moyen varie de 1 kil. 500 à 2 kil. On en trouve cependant qui pèsent 2 kil. 500 gr. Au lavage, elles perdent énormément. Si celles de la province de Constantine rendent 55 à 60 p. 100, celles d'Alger ne rendent que 50 à 52, et celles d'Oran 45 à 50. — *Prix.* Entre indigènes, les laines se vendent à la toison : 1 fr. à 1 fr. 50 c. dans le Tell, 40 et 50 c. dans les oasis du Sahara. La loi douanière du 11 janvier 1851 a eu pour effet de relever le prix des laines en Algérie au niveau des qualités similaires de France, sauf la différence des frais de transport. Auparavant, la toison s'obtenait fréquemment pour 75 c. à 1 fr. Les Européens, qui achètent au poids, payent des prix fort variables suivant les années et les localités ; en moyenne, 140 à 150 fr. les 100 kil. dans l'est, 120 à 130 au centre, 90 à 100 dans l'ouest. En 1854, ces prix avaient sensiblement renchéri, et les laines de Constantine ont monté à 200 fr. les 100 kil., les autres en proportion. La toison s'est vendue à Laghouat jusqu'à 3 fr. — *Quantités produites.* En adoptant l'évaluation de 6 à 7 millions de bêtes ovines, dont 5 à 6 millions pouvant être tondues, on peut évaluer à 10 millions de kilogr. environ la production annuelle des laines. — *Emplois.* La moitié environ de cette production reste dans la consommation locale, où elle reçoit toutes les transformations que peuvent lui donner les industries domestiques, la laine étant la matière première universellement adoptée par les indigènes pour les vêtements, les ameublements, les tentes. (Voir FABRICATIONS, page 178.) — *Exportation.* L'autre moitié est exportée, soit en Tunisie et au Maroc, en échange des produits manufacturés de l'industrie de ces deux pays, soit en Europe, par Marseille principalement. En 1854, l'exportation a été, à destination de France, de 1,554,872 kil., à destination de l'étranger, 2,215 kil. ; total, 1,557,087 kil. seulement ; mais l'année précédente, le chiffre total avait été de 4,346,000 kil. La quantité moyenne disponible dans les années ordinaires est de 4 à 5 millions ; le développement donné à l'élève des moutons permettrait d'accroître indéfiniment ce chiffre, car l'Algérie comprend une étendue de 39 millions d'hectares.

Besoins de la France. En 1855, la France a importé pour sa consommation 24,607,943 kil. de laines en masse, valant 47,969,696 fr., plus 214,261 fr. de laines peignées, et 599,561 fr. de déchets de laine.

La collection de l'exposition comprend des laines en suint, lavées, filées et peignées.

1. Laloü Bernis. Collection d'échantillons de laines des diverses tribus de l'Algérie. — (1 cartons contenant 1,488 échantillons sur 715 feuilles.)

M. Bernis, vétérinaire en chef de l'armée d'Afrique, a reçu mission de M. le gouverneur général de visiter les troupeaux de toutes les régions de l'Algérie, pour constater la situation de cette branche de la production agricole, et proposer ses vues sur les moyens de l'améliorer. L'examen du rapport de M. Bernis a été confié à une commission composée ainsi qu'il suit : MM. Yvart, inspecteur général des écoles vétérinaires de France, président ; Gareau, député au corps législatif, propriétaire-éleveur ; Seydoux, [éleveur] manufacturier ; Moll, professeur d'agriculture au Conservatoire des arts et métiers ; Baudement, professeur de zootechnie au même établissement ; Magne, professeur à l'École vétérinaire d'Alfort ; Bernardie, manufacturier ; Lenseigne, négociant en laines. Le rapport de la commission ci-dessus, confié à M. Baudement, formule, dans le but d'améliorer l'espèce ovine de cette contrée, diverses propositions, en ce moment soumises à l'étude de l'administration supérieure de l'Algérie.

a. Laine lavée. — Caby, de Milah, province d'Alger. — Voir n. 367, 371, 620, 652, 716 et suiv.

b. Laine de croissement, 1854. — Le même. Voir ibid.

4. Laines provenant de 1er et 2e croisements avec des brebis indigènes, 1853, de
M. Goby, de Blidah, peignées et filées par M. Davin, rue Albouy, 13, à Paris.
5. Laines de 1er et de 2e croisement de brebis de Bourgogne avec des brebis indigènes,
1853, de M. Goby, de Blidah, peignées et filées par M. Davin, rue Albouy, 13, à Paris.

L'amélioration des laines est un des nombreux perfectionnements agricoles dont M. Goby, ancien maire de Blidah, a tenté l'introduction en Algérie.

6. Laines 1re qualité, de Médéah, province d'Alger.
7. Laine commune indigène. — Dupré de Saint-Maur, à Arbal, prov. d'Oran. — Voir
n. 130, 131, 343, 778 et suiv.
8. Laine de 1er croisement, 1850. — Le même. — Voir *ibid*.
9. Laine fine mérinos, 1850. — Le même. — Voir *ibid*.
10. Laine fine mérinos, 1851, 6 bocaux. — Le même. — Voir *ibid*.

Dans sa ferme d'Arbal, honorée par le gouvernement, à raison de nombreuses et importantes expériences agricoles, du titre de ferme-modèle, M. Dupré de Saint-Maur a tenté l'amélioration des laines, de concert avec M. Bonfort, négociant d'Oran. Leurs troupeaux, distribués, partie à Arbal, partie à Tensalmet, près de Misserghin, ont été distingués par de nombreuses récompenses dans les concours provinciaux.

11. Laine indigène, 1854. — Adam, au Tlélat, province d'Oran. — Voir n. 12, 95, 136,
154, 211, 228, 238, 262, 810 et suiv.

L'établissement agricole du Tlélat, fondé en 1847, dans la commune de Sainte-Barbe, à 16 kil. d'Oran, possède en 1855 un troupeau de 1,400 moutons. Voir n° 95.

12. Laine métis, 1854. — Le même. — Voir n. 11, 95, 136, etc.
13. Laine de Tiaret, province d'Oran, 1849.
14. Laine de 1re qualité, de Bouçada, province de Constantine.
15. Laine de 2e qualité. — Même provenance.
16. Laine de 3e qualité. — Même provenance.
17. Laine, 1849. Tribu des Haractas, province de Constantine.
18. Laine de Tébessa, province de Constantine.
19. Laine filée au fuseau par la femme de Si-Amar-Smiz, à Constantine.

« Les fils exposés sont de divers numéros. Leur qualité et leur régularité démontrent toute l'habileté de la main qui les a filés et son habitude au maniement du fuseau. Le jury central, comme témoignage de satisfaction, décerne à la femme de Si-Amar-Smiz une médaille de bronze. » (Rapport du jury de 1849.)

20. Laine d'Algérie en suint.
21. Laine lavée d'Algérie, 4 bocaux.
22. Laine d'Algérie peignée par la maison N., de Roubaix, qui en emploie 500 kil. par
jour.
23. Laine 1re qualité, du haut Chélif, peignée à la mécanique : 7 f. 50 c. le kil.
24. Laine 2e qualité, du haut Chélif, peignée à la mécanique : 6 f. 75 c. le kil.
25. Laine 3e qualité, du haut Chélif, peignée à la mécanique : 6 f. 75 c. le kil.
26. Laine peignée 3e qualité.

Pelleteries, Fourrures.

Les dépouilles des lions, des panthères, sont fort recherchées ; mais, gardées comme souvenir ou offertes à titre de don, elles sont rares dans le commerce. Les dépouilles des chacals, d'une valeur très-minime, sont au contraire fort communes. Les fourrures des oiseaux d'eau constituent une des branches les plus importantes de la pelleterie algérienne. Elle tire un excellent parti des dépouilles des cygnes, de trois espèces de grèbes, du plongeur à gorge noire, du flamant, et même des poules d'eau et du canard siffleur. Le grèbe s'emploie surtout dans la toilette des femmes, où il est d'un effet charmant. Celui du lac Fezzara est, pour sa nuance du plus beau blanc, supérieur au grèbe de Genève, le seul qu'il rencontre en concurrence sur les marchés européens. La mode s'est particulièrement emparée de cette fourrure, qui vaut, brute et avant toute préparation, de 0 fr. 75 c. à 1 fr. 75 c., suivant ses qualités particulières. Le cygne se vend en moyenne 25 fr. La faveur publique recherche moins les autres fourrures, qui ne sont pas cotées d'une manière fixe dans les prix courants du commerce. Pendant les années 1852 et 1853, il s'est vendu plus de quarante mille de ces fourrures à Bône, ce qui représente une valeur brute de 40 à 50,000 fr., et de 120,000 fr. à l'exportation, les peaux étant préparées. La vogue dont le grèbe avait joui à son apparition a un peu baissé, mais la faute en est, d'un côté à des préparations imparfaites, de l'autre à l'état de guerre avec la Russie, pays vers lequel était dirigée la majeure partie des articles expédiés.

Besoins de la France. En 1853, la France a importé pour 4,236,644 fr. de pelleteries de toute espèce.

Peaux, Cuirs.

Les *peaux* des bœufs, moutons et chèvres reçoivent de l'industrie locale les préparations qui les transforment, ou sont achetées par le commerce et expédiées, tantôt fraîches, tantôt sèches, en Europe. L'exportation de 1854 a été de 894,240 kil., d'une valeur de 1,176,295 fr. La peau de chameau, que l'industrie européenne n'achèterait pas, est utilisée par les indigènes, soit à recouvrir le bois des selles, soit en semelles pour chaussures. Les peaux de bouc et de chèvre font des outres, dont l'emploi est très-multiplié dans la vie arabe. Avec la face plantaire des autruches, les Chamba consolident leurs chaussures; ils en mettent un morceau sous la pointe, un autre sous le talon, et la semelle devient ainsi d'un très-bon usage.

Besoins de la France. En 1853, la France a importé pour 38,527,697 fr. de peaux, dont 14,936,565 fr. pour les seules peaux de chevreaux, très-recherchées par la ganterie.

Plumes.

Les *dépouilles entières* d'autruche sont l'objet d'un trafic important dans le Sahara. Avec les *plumes*, les blanches comme les noires, les chefs arabes décorent leurs grands chapeaux de paille (*medols*); des tribus entières se distinguent par cet insigne. Les grandes plumes blanches, recherchées par le commerce, sont placées aux extrémités des ailes. La dépouille du mâle est préférée à celle de la femelle. Les plumes se vendent dans les ksours, à Tuggurt, à Laghouat et chez les Beni-Mzab, qui, au moment de l'achat des grains, font parvenir les dépouilles d'autruche jusque sur le littoral. Une dépouille de mâle se vend, chez les Ouled-Sidi-Cheikh, de 4 à 5 douros (22 à 27 fr.), et celle de la femelle, de 10 à 15 fr. Les plumes se vendent séparément: les noires, 12 fr. le kil.; les blanches, 3 fr. pièce.

Besoins de la France. En 1853, la France a importé 104,390 kil. de plumes de toute espèce, d'une valeur de 703,639 fr. L'Algérie compte dans cette importation pour 284 kil. de plumes blanches d'autruche, à 190 fr. le kil., et 216 kil. de plumes noires, à 10 fr. le kil.

Viandes.

Les viandes fraîches se vendaient, en avril 1855, aux prix suivants:

	Bœuf.	Veau.	Mouton.	Porc frais.
Alger (le kil.).	1 20	1 20	1 40	1 60
Blidah.........	1 20	1 20	1 20	1 40
Oran..........	1 40	1 40	1 50	1 40

Tlemcen....	1 »	1 »	1 00	1 20
Constantine...	1 »	1 »	1 10	1 70
Philippeville..	1 »	1 10	1 »	1 30
Bône........	» 70	» 70	» 80	1 40

La production locale ne suffisant pas à la consommation en ce qui concerne la viande de porc, l'industrie des salaisons faisant d'ailleurs défaut, l'Algérie importe du dehors de grandes quantités de préparations de porc. En 1854, le chiffre s'est élevé à 459,023 kil., dont 315,915 kil. de la France, et 143,108 kil. de l'étranger. — La viande de mouton est la plus habituellement consommée ; c'est avec un mouton rôti tout entier que se donne la *diffa* (repas de l'hospitalité). Les Arabes aiment également le bouc, la chèvre et le chevreau. Quant aux bœufs, on ne les tue que dans de rares occasions. Dans le Sahara, les tribus font sécher la viande pour la conserver.

Pour les biscuits-viande, voir FARINEUX ALIMENTAIRES, page 58.

Graisses.

La *graisse de porc* étant interdite par le Coran, celle d'oie étant inconnue, les indigènes n'emploient dans leur cuisine, en fait de graisses, que celles de chameau et d'autruche. La bosse du chameau est une réserve de graisse dont le volume mesure, aux yeux des Arabes, la résistance de l'animal à la fatigue et aux privations de nourriture. S'il succombe, la provision profite au propriétaire, qui souvent engraisse le chameau dans sa vieillesse. La graisse de l'autruche est employée pour préparer les aliments, le couscousson, par exemple ; on la mange également avec du pain. Elle sert, en outre, comme remède dans un grand nombre de maladies. La graisse d'autruche se vend dans les marchés, et on en fait aussi provision dans les tentes de distinction pour donner aux pauvres comme remède. On échange un pot de graisse d'autruche contre trois pots de beurre. — Les colons ont introduit l'usage de la graisse de porc ou saindoux ; mais la production locale étant de beaucoup inférieure à la consommation, il en est importé de l'étranger des quantités considérables. En 1854, l'importation a été, de France en Algérie, 237,030 kil. ; de l'étranger, 117,268 kil. ; total, 354,298 kil.

Besoins de la France. En 1853, la France a importé 533,563 kil. de saindoux, d'une valeur de 613,597 fr.

Suifs.

La plus grande partie du *suif* des moutons et des bœufs d'Algérie est exportée ; les envois de 1854 ont atteint 270,690 kil., dont le prix moyen est de 110 à 120 fr. le quintal métrique sur les marchés du littoral. Depuis quelques années, des fabriques de chandelles algériennes ont été installées ; elles vendent leurs produits de 16 à 18 fr. la caisse de 12 kil. 1/2, soit 1 fr. 20 à 1 fr. 30 le kil.

Besoins de la France. En 1853, la France a importé 937,030 kil. de suifs, d'une valeur de 1,049,473 fr., dont 209,468 kil. lui sont venus de l'Algérie. De la même provenance, il a été importé 436 kil. de graisse de cheval.

Issues, Tendons, Débris.

Ces matières reçoivent les mêmes préparations qu'en Europe, par les soins de la triperie indigène et européenne, industrie distincte de la boucherie. Deux emplois propres à l'Algérie sont celui des tendons de l'autruche, dont les Arabes font des lanières pour coudre les selles, raccommoder les objets en cuir, etc., et celui des excréments de chameau, qui servent de combustible aux tribus.

Besoins de la France. En fait d'oreillons, de nerfs de bœuf et de boyaux, la France, en 1853, a importé 1,291,766 kil., d'une valeur de 412,312 fr. L'Algérie compte pour 2,171 kil. de boyaux, valant 1,085 fr.

Soies.

La production de la *soie* en Algérie est une conquête de la colonisation, car les dernières traces que les Maures d'Afrique conservaient d'un art qui les avait illustrés et enrichis en Espagne disparaissaient tous les ans, sous le gouvernement oppresseur et ruineux des deys, lorsque arrivèrent les Français en 1830. Admirablement favorisée par le climat, encouragée par l'intervention active de l'administration, cette branche d'industrie agricole pénètre plus profondément d'année en année dans les habitudes de la population européenne, et tend à renaître dans la population mauresque dont les jardins occupent la banlieue des villes.

CONDITIONS NATURELLES. Le mûrier prospère en Algérie, même sans irrigation, dans tous les sols, à toutes les expositions, à toutes les altitudes. Nul autre arbre ne croît aussi vigoureusement; des écussons de greffe donnent fréquemment dans la première année des jets de 3 à 4 mètres; en coupant ce jet à 1 mètre de hauteur, dès l'année suivante l'arbre est prêt à mettre en place, avec une tige qui a 10 à 15 cent. de circonférence; à six ou sept ans de plantation, elle peut porter 40 à 50 kilogr. de feuilles, qui ne sont que bien rarement atteintes par les gelées du printemps. — Quant aux vers à soie, moins qu'en aucun autre pays du bassin méditerranéen, ils ont à souffrir du froid, des orages, des variations de temps, rares accidents du printemps d'Afrique. Le climat leur assure à peu près toujours une tiède température, une brise de mer dont l'aérage naturel prévient les touffes; toutes les meilleures conditions de réussite.

QUALITÉS INDUSTRIELLES. De nombreux et compétents témoignages, émanés des chambres de commerce et des manufacturiers de France, ont constaté la qualité supérieure des soies algériennes. Nous les rappelons ici comme document d'un haut intérêt historique et industriel.

Dès 1842, la chambre de commerce de Lyon déclarait « qu'avec des « soins assidus, l'Algérie produirait des soies que les fabriques françaises « emploieraient avec avantage. »

A la même date, un négociant d'Avignon, qui s'était chargé de filer les cocons, s'exprimait ainsi : « Ils ont été filés à quatre cocons; le tirage s'est effectué à merveille, et le petit brin ou fil obtenu, quoique très-fin, était si résistant et si nerveux, qu'il s'est déroulé jusqu'à la dernière extrémité sans jamais casser, et sans donner presque d'autre déchet que celui du ver mort. Les fileuses adroites, comme les connaisseurs qui ont assisté à l'opération, ont été enchantés de la bonne réussite; tous sont demeurés convaincus que le rendement est excellent, que la soie obtenue égale et surpasse les plus belles qualités de France que nous obtenons dans la contrée de Saint-Jean du Gard. »

En 1846, la chambre de commerce de Lyon confirmait, à propos des soies de Philippeville, son jugement antérieur. « La nature de cocons dont cette soie est le produit est bonne; elle a beaucoup d'analogie avec celle des contrées de Provence : avec des filatures perfectionnées, on obtiendrait des soies d'une aussi bonne nature et d'un brin aussi suivi que celles des filatures indigènes (de France). Après un examen comparé des cravates tramées avec la soie de Philippeville et des cravates tramées avec la soie française, la chaîne des unes et des autres étant en organsins de France, la chambre de commerce se plaît à reconnaître que le premier de ces deux produits ne laisse rien à désirer comparativement au second. »

En 1849, les soies grèges de cinq années, filées à la pépinière centrale du gouvernement, figurèrent avec honneur à l'exposition de Paris, et en 1851 à celle de Londres.

Entre ces deux dates, en 1851, la chambre de commerce de Lyon constatait une qualité des soies de l'Algérie qui lui avait d'abord échappé. « Quant à la grège soumise à notre appréciation, porte le rapport, nous nous sommes convaincus plus que jamais, par son examen très-minutieux, que l'Algérie était dans les meilleures conditions pour produire des qualités de soie très-supérieures. Ainsi, malgré les imperfections inhérentes à une industrie naissante, les soies de nos départements africains sont remarquables par leur peu de duvet. On peut dire qu'elles seront classées au premier rang dès que l'art de la filature sera, en Algérie, au niveau de ce qu'il est en France. Plusieurs de nos départements français, réputés pour leur industrie, filent des soies irréprochables, quant à la régularité, au nerf, à l'élasticité ; et cependant leurs produits soyeux ne peuvent pas s'appliquer à tous les emplois, parce qu'ils ont un duvet qu'il paraît jusqu'à présent impossible d'éviter. D'autres localités, mieux partagées sous le rapport de la nature des cocons, sans faire des soies mieux filées, produisent des qualités peu duveteuses ; elles sont, pour cela, propres aux emplois les plus délicats, et réputées comme étant de premier ordre. L'Algérie peut prétendre à ce que ses produits soient classés parmi ceux de tout premier choix... » — A l'exposition de Londres, les soies de M. Hardy ont obtenu la médaille de prix.

En 1854, comme application nouvelle qui exige les qualités supérieures, on a employé avec succès les soies d'Algérie à la fabrication des peluches de chapeau.

ENCOURAGEMENTS. Pour développer en Algérie l'industrie séricicole, l'administration a pris un ensemble de mesures que le succès a couronnées. Le mûrier occupe le premier rang dans les pépinières officielles. Les nombreux sujets qui en sortent, donnés gratuitement ou vendus à très-bas prix (30 c. le pied), vont ombrager et enrichir les routes et le territoire des communes et les propriétés particulières. De 1842 à 1852, il est sorti de la seule pépinière centrale 237,000 mûriers à haute tige de trois à quatre ans. On distribue aux mêmes conditions, après des expériences prolongées sur un grand nombre de variétés de vers à soie, la graine des races qui ont paru le mieux réussir ; en 1853, il en a été délivré 762 onces. Les récoltes sont achetées par l'administration suivant un classement fait par une commission, et le prix en est payé comptant. Ces cocons sont filés dans deux filatures installées à cet effet, l'une à la pépinière centrale, l'autre à la pépinière de Bône. Les soies grèges sont ensuite vendues au compte de l'État sur les marchés de France. Du reste, cette intervention directe, motivée par des circonstances passagères, n'est que transitoire, et déjà l'administration a pris des mesures pour remettre l'opération industrielle et commerciale à l'industrie privée, tout en maintenant pendant quelques années encore un prix de faveur aux colons, au moyen d'une indemnité allouée aux filateurs. Enfin, dans tous les concours agricoles des primes sont réservées aux plus beaux lots de cocons.

FAITS ÉCONOMIQUES.—*Rendement.* En moyenne, 35 à 40 kil. par once (30 gr.) de vers à soie. On a cité des succès exceptionnels de 64 kil.; ceux de 45 à 55 ne sont pas rares; avec des soins mieux entendus que l'expérience enseignera, ils deviendront le rendement normal. — *Production.* La province d'Alger, qui ne produisait en 1848 que 987 kil. de cocons, en a récolté 9,323 kil. en 1852, 12,703 kil. en 1853. Mais en 1854, des intempéries exceptionnelles ont réduit la récolte à 7,836 kil. Par suite, le montant des achats officiels, qui était pour Alger de 54,408 fr. en 1853, est tombé à 33,521 fr. 31 cent. pour 1854. A Oran, au contraire, le progrès s'est soutenu, et la récolte de 1854 a atteint le chiffre de 1,312 kil. 500 gr., en progrès de 744 kil. 600 gr. sur celui de l'année précédente. La province de Constantine a souffert du mauvais temps comme celle d'Alger. — *Prix.* Les cocons sont classés en trois qualités payées 5 fr., 4 fr., 3 fr. le kil.; les cocons non marchands sont payés 1 fr. Ces prix représentent, en sus du prix commercial, une légère prime à titre d'encouragement. — Le prix des soies est celui des plus belles qualités des Cévennes; dans les bonnes années elles se sont vendues 80 à 82 fr. 75 c. le kil. sur la place de Lyon. — *Exportation.* En 1853, l'Algérie a exporté 4,514 kil. de soies, 1,063 kil. seulement en 1854, pour la cause ci-dessus signalée.

Besoins de la France. En 1853, la France a importé, en cocons et en soies gréges seulement, 2,084,860 kil., valant 76,336,232 f.; plus 1,935,193 kil. d'autres produits soyeux (doupions, soies moulinées, soies teintes, bourres en masse écrues, soies-bourres), valant 79,003,845 fr.; enfin, 24,167 kil. de graines de vers à soie, valant 4,350,060 fr. En tout, 4,044,220 kil. de matières soyeuses, brutes ou préparées, valant 159,690,237 fr.

Ver à soie dit bombyx cynthia. — En 1854, un premier essai a été tenté à la pépinière centrale pour l'éducation du *bombyx cynthia,* espèce de ver à soie qui croît sur le chêne, importée de Chine par M. de Montigny, consul de France, et dont la Société zoologique d'acclimatation, dépositaire de la graine, a confié quelques grammes à M. Hardy, directeur de l'établissement du Hamma. Les premiers résultats ont encouragé à poursuivre les expériences en 1855. On peut dès à présent affirmer que l'insecte accomplit en Algérie avec une grande facilité toutes les phases de son existence, et y file un cocon de matière soyeuse; on peut ajouter que le ricin s'y reproduisant spontanément et végétant avec vigueur sans aucun soin de culture, la nourriture du ver y sera aussi facile qu'assurée; mais on ne peut rien affirmer encore ni sur le prix de revient de cette nature de produit, ni sur son prix commercial et ses emplois industriels. Il est cependant permis d'augurer que la fabrique européenne ne restera pas au-dessous de la fabrique chinoise dans l'art de préparer la matière première, qui devra ainsi acquérir une valeur vénale proportionnée aux services qu'elle rendra.

Les collections de l'exposition permanente comprennent, outre les cocons, des soies gréges filées en Algérie, des tissus de soie de même provenance et d'autres fabriqués en France.

27. Cocons géants de Syrie, race primitive, éducation de 1854. — Pépinière centrale.
28. Cocons race de Syrie, n. 1, 1853. — La même.
29. Cocons race de Syrie, n. 2, 1853. — La même.

30. Cocons race de Syrie, n. 3, 1853. — La même.
31. Cocons race milanaise, 1853. — La même.
32. Cocons race de la pépinière centrale, 1853. — La même.
33. Cocons race Dimerdech, 1853. — La même.
34. Soie jaune du Vivarais, 10ᵉ année d'introduction. — Filature de la pépinière centrale.
35. Soie grége. — Filature de la pépinière centrale.
36. Soie blanche ordinaire des Cévennes, 10ᵉ année d'introduction. — Même filature
37. Soies grèges des colons algériens. — Même filature, 1849.
38. Soie grège des cocons de madame veuve Maréchal, à Mustapha supérieur. — Même filature, 1848, 24 flottes jaunes et blanches.
39. Soie grège filée à la pépinière centrale.
40. Soies grèges des colons algériens. — Même filature, 1850.
41. Soie grège filée à la pépinière centrale.
42, 43. Soie grège 4/5 cocons, de la province d'Alger. — Même filature.

Le jury de Paris, en 1849, résuma ainsi son jugement sur les cocons et les soies exposés par M. Hardy, dont la plupart figurent dans les numéros précédents : « Ces flottes... ont conservé toutes leurs qualités essentielles et ne laissent aucun doute sur la bonne réussite des éducations futures et sur l'excellente direction donnée par M. Hardy, non-seulement à la filature d'Alger, qui file aujourd'hui presque toutes les soies récoltées en Algérie, mais encore à la culture du mûrier et à l'éducation du ver à soie. Soumises à toutes les épreuves que la fabrication de Paris fait subir aux grèges des meilleures filatures de France, ces soies ont été tout aussi bien au dévidage et n'ont pas fourni plus de déchet que leurs similaires des Cévennes. A l'ourdissage et au tissage, elles ont donné les mêmes résultats, et les échantillons qui en proviennent sont tout aussi beaux, tout aussi réguliers que tout ce qui se fait avec les grèges les plus estimées. Ce résultat explique au jury la demande faite par une de nos meilleures fabriques de la Drôme (qui avait acheté à Lyon les soies de 1848) de tout le produit de la filature centrale de 1849, qu'elle fait filer à trois cocons fixes. » Les soies de la filature centrale ont été distinguées par une médaille d'honneur à l'exposition de Londres.

44. Soie grège, 1847. — Morin, à El-Biar. — Voir n. 362, 379, 710 et suiv. — Ment. hon. à Londres.
45. Cocons blancs, 1850. — Le même. — Voir *ibid.*
46. Cocons jaunes, 1850. — Le même. — Voir *ibid.*
47. Soie grège, 1850. — Le même. — Voir *ibid.*

Le jury de 1849 apprécia ainsi les soies de M. Morin : « Ce colon a envoyé dix-huit flottes de soie grège provenant de son éducation de 1847, et filée à la filature centrale du gouvernement, à Alger. Cette soie, d'une belle nuance pour le jaune, ordinaire pour le blanc, présente un brin ferme et de bonne qualité ; deux flottes blanches surtout sont remarquables. En 1849, M. Morin a récolté 90 kil. de cocons. Le jury central, considérant que ces débuts ont de l'importance pour un pays où tout est à faire, donne à M. Morin pour l'ensemble de ses produits la médaille de bronze. » Depuis lors, les succès agricoles de M. Morin lui ont valu la croix d'honneur.

48. Soie grège, 1847. — Gilles, à Birmandreis. — Voir n. 124, 363.

Le jury de 1849 apprécia ainsi la soie de M. Gilles : « Ce colon a envoyé quelques flottes de soie grège d'un beau jaune, race d'Alais. Cette soie est remarquable par son élasticité, sa régularité et son brillant, et bien que, comme les autres, elle ait eu à souffrir du grand air, du soleil et de la poussière de l'exposition, elle n'en a pas moins conservé beaucoup de nerf et de brillant ; elle a une grande analogie avec les produits similaires des hautes Cévennes, elle offre même plus de fermeté, comparativement ; d'où il faut conclure que les bonnes races de vers à soie, loin de dégénérer, s'améliorent en Algérie. Le jury central décerne à M. Gilles une médaille de bronze. »

49. Soie grège, 1848, 5 flottes jaunes et blanches. — Mazères, à Deli-Ibrahim.

Le jury de 1849 apprécia ainsi les soies de M. Mazères : « Ce colon, dont les défrichements , plantations et cultures, dirigés avec beaucoup de soin et d'habileté , ont servi de modèles aux colons ses voisins, expose cinq flottes de soies gréges, dont trois blanches et deux jaunes, filées à la pépinière centrale en 1847. Ces soies, d'un titre élevé et nerveuses, laissent entrevoir les soins qui ont dû être donnés à l'éducation dont elles proviennent. Il s'y trouve des gros fils et des mariages, ce qui tient à la filature, et elles ont souffert de leur exposition au soleil et à la poussière. En 1849, M. Mazéres a obtenu 28 kil. 400 gr. de cocons, qui ont produit 3 kil. 300 gr. de soie filée. Le jury donne à M. Mazéres une mention honorable. »

50. Cocons blancs, 1849. — Chuffart, à Birmandreis. Voir n. 125.

Le jury de 1849 a apprécié ainsi cet échantillon : « M. Chuffart a envoyé un buisson de cocons de son éducation de 1849. Ces cocons, filés à la pépinière centrale des Champs-Élysées, à Paris, à 4/5 cocons , ont donné une soie nerveuse et d'un blanc magnifique, du titre de 14 et 14 1/2 deniers. Si les cocons, au lieu d'avoir été étouffés au four et desséchés outre mesure , avaient été étouffés dans de bonnes conditions de vapeur, cette soie eût présenté tous les caractères de la plus grande richesse. »

51. Soie grége, 1852. — Labat père, magnanier-filateur, à Alger.
52. Cocons blancs de Syrie, 1853. — Chérot père, à Bou-Ismaël. — Voir n. 320, 335, 488, 489, 493.
53. Cocons jaunes de Syrie, 1853. — Le même.
54. Cocons jaunes, 1843. — Moreau, à Bône.
55. Cocons jaunes, 1848. — Le même.
56. Soie grége, 1848. — Le même.
57. Soie filée à la filature de la pépinière de Bône, 1852. — Cocons du même.
58. Soie filée par M. Roche à la pépinière de Bône. — Cocons de Moreau.

Le jury de 1849 apprécia ainsi les cocons et les soies de M. Moreau : « La soie filée à l'ancienne méthode est mal filée ; elle remonte à six années, et a perdu presque toutes ses qualités. — Les cocons ne sont pas de belle provenance, et cependant ils dénotent beaucoup de soin dans l'éducation. Si M. Moreau employait de la graine d'Alais, de Milan ou Cora , il obtiendrait vraisemblablement de très-beaux résultats. Sa notice prouve qu'il fait ses expériences avec beaucoup de soin. Il est le premier qui, à Bône, ait fait de la soie : il ne s'est pas borné à utiliser les quelques vieux mûriers existant auprès de Bône; il a planté, défriché, assaini, clos, et à une époque où la plaine de Bône présentait un tout autre aspect qu'aujourd'hui, et n'était encore qu'un foyer de miasmes délétères. Le jury central lui décerne la médaille d'argent. »

59. Cocons, 2e prix, 1851. — Jost, à Constantine.
60. Cocons, 1er prix, 1851 — Delay, à Philippeville. V. 590.
61. Cocons, 2e prix, 1852. — Le même.
62. Cocons, autres échantillons. — Le même.
63. Cocons, 3e prix, 1852. — Pouziniac, à Philippeville.
64. Cocons, 1er prix, 1853. — La même.
65. Cocons, 4e prix, 1852. — Madame Hertz, à Constantine.
66. Cocons jaunes, 1er prix, 1852. — Quinement, à Constantine.
66 bis. Cocons blancs, 1er prix, 1852. — Le même.
67. Soie filée à la pépinière de Bône, 1852. — Cocons de madame Cluny, de Bône.
68. Soie filée à la pépinière de Bône, 1852. — Cocons de Touiller, de Bône.
69. Cocons jaunes. — Madame Lambert, à Philippeville.
70. Cocons jaunes. — Ferrero, à Saint-Antoine.
71. Cocons jaunes. — Debard, à El-Arrouch.
72. Cocons jaunes, 1853. — Madame Laurent, à El-Arrouch.
73. Cocons blancs, 1853. — La même.
74. Cocons jaunes, 1853. — Pelletier, à El-Arrouch. — Rendement de 43 kil. 600 à l'once.
75. Cocons jaunes, 1854. — Blanc, à Bône.
76. Soie grége filée à la pépinière de Bône par une orpheline.

Une filature à vapeur a été annexée à la pépinière du gouvernement, à Bône, et file les cocons de la province. Elle recrute ses élèves fileuses parmi les orphelines.

77. Soie grége de 1re qualité, filée à la pépinière de Bône, 1853. Cocons de la province de Constantine.

78. Cocons obtenus d'une éducation en plein air qui a duré deux mois (du 20 avril au 30 juin 1853), éducation contrariée par une température élevée, des vents constants et beaucoup d'humidité. — Sohn, à Aboukir.

78 bis. Soie grège t/s cocons, éducation de la province d'Oran. — Filature centrale.

79. Foulards fabriqués à Saint-Louis, prov. d'Oran, avec les soies algériennes filées par le fabricant. — Costérizan, de Saint-Louis.

80. Cocons jaunes, 1854. — Moreau, à Constantine.

81. Cocons jaunes, 1854. — Schittenheim, à Constantine.

82, 83, 84, 85, 86. Cocons algériens de diverses provenances.

87, 88, 89. Soies jaunes et blanches de diverses provenances.

90. Soies d'Algérie en tissus; éducation et tissus de la pépinière centrale.

91. Epreuves de soies.

Cire, Miel.

Nous réunissons sous un même titre ces deux produits de même origine, l'un industriel, l'autre alimentaire.

La multiplication spontanée des abeilles et leur éducation trouvent dans l'Afrique septentrionale les conditions naturelles les plus favorables. Les froids rigoureux y sont très-rares ; les montagnes et les coteaux, comme les plaines, sont couverts de plantes aromatiques variées qui se succèdent toute l'année ; les arbres résineux y abondent ; la chaleur et la nourriture ne risquent donc jamais de faire défaut aux abeilles. Aussi trouve-t-on a toute époque des témoignages authentiques des soins dont elles furent l'objet, et de l'estime accordée au double produit que l'homme retire de leur travail, le miel et la cire.

Faits historiques. Les Romains tiraient de la Numidie une grande partie des cires nécessaires à leur consommation. La *cire punique*, composée de 20 parties de cire et d'une partie de soude, était renommée pour les peintures à l'encaustique. Au moyen âge, la cire était un des principaux articles du commerce de l'Afrique du nord avec les cités maritimes de la Méditerranée. C'est à la ville de Bougie, capitale de la Kabylie, principal entrepôt du commerce de la cire, que les *bougies* doivent leur nom. Sous les deys le gouvernement s'était réservé le monopole de ce commerce, et les Kabyles étaient tenus de lui vendre leur cire à un prix fixé d'avance. L'exportation annuelle montait à 200 ou 300,000 fr. Cependant, en vertu de ses privilèges, la compagnie française de la Calle participait au commerce de la cire. Les indigènes en apportaient pour elle une centaine de quintaux sur le marché de la Calle, 300 à 400 sur celui de Bône, et autant à Collo ; le tout au prix fixé de 180 fr. le quintal.

Éducations indigènes. Cette industrie et ce commerce se sont continués de nos jours. L'éducation des abeilles et l'exploitation de leurs produits sont pratiqués avec succès dans toute l'Algérie, principalement par les Maures et les Kabyles, plus encore que par les Arabes ; conséquences naturelles des habitudes sédentaires des premiers, nomades des seconds. On tire d'abord parti des abeilles sauvages qui nichent et travaillent dans les fentes des rochers et les creux des arbres. Elles fournissent une grande partie de la cire et du miel que consomment les indigènes, et ces produits sont d'aussi bonne qualité que ceux de l'éducation domestique. Les abeilles sauvages fournissent encore la plupart des essaims recueillis pour remplacer ceux qui périssent étouffés dans les ruches lors des récoltes. L'insecte est pareil à l'espèce de France, mais un peu plus petit. Au dire de certains colons, les abeilles d'Afrique sont plus faciles à gouverner que celles de France ; mais cette opinion n'est pas partagée par tous les éducateurs. Les ruches qui servent aux éducations domestiques sont faites d'une ou plusieurs pièces, en paille, jones, tiges de férules ou autres ombellifères, d'autres fois en écorce de chêne-liége ou en tiges d'agavé (vulgairement *aloès*), de forme cylindrique ou quadrangulaire. On les établit par groupes dans les champs et les jardins, à l'abri d'un bouquet d'arbres ou d'une haie, autant que possible à l'exposition du soleil levant. — La récolte se fait le plus ordinairement au printemps, plus rarement en été et en automne : le miel du printemps est d'excellente qualité. Soit maladresse, soit à cause de la facilité de renouveler les essaims, les indigènes étouffent et détruisent la plupart des abeilles pour récolter les produits. — Pour la préparation de la cire, les Kabyles font d'abord bouillir la cire extraite des ruches, dégagée de son miel ; puis ils la soumettent à l'action du pressoir. Après cette opération, elle est versée dans un vase en terre qui contient de l'eau froide. La cire fondue monte à la surface du vase, on la laisse figer, et, recueillie dans des moules de bois travaillés dans les tribus, elle est livrée au commerce, sous forme de pains jaunes. Quelques tribus savent la blanchir. Les arrivages ont lieu en septembre, octobre et novembre. — Ressources accessoires pour les tribus riches, le miel et la cire sont pour les tribus pauvres un précieux complément de leurs moyens d'existence. Le miel entre pour une large part dans la préparation des aliments ; on en assaisonne les galettes de pâte frite qui s'ajoutent au couscoussou pour former les repas. Chez les Kabyles, où le blé est cher, la galette est souvent remplacée par une omelette que l'on arrose largement de miel. Sur les marchés, le miel se vend en rayons ou gâteaux.

Éducations européennes. Les colons ont adopté l'industrie apicole, toutefois avec une tiédeur qu'expliquent l'inexpérience des uns, et chez d'autres l'ambition de profits plus élevés à tirer des plantes commerciales. Il y a cependant quelques exemples d'éducations considérables auxquelles l'administration s'est empressée de prêter son appui.

Les premiers encouragements remontent à 1843. Cette année, M. Lavielle, médecin à Châtillon-sur-Loing, signalé par le préfet du Loiret comme ayant fait de sérieuses études sur l'apiculture, proposa au ministre de la guerre de créer en Algérie un *rucher normal*. Dans ce but une concession de 20 hectares lui fut accordée au territoire de Joinville, près de Blidah. En 1845, ce colon avait installé le matériel nécessaire pour un rucher de 200 essaims. Ses travaux ayant démontré la possibilité d'une fructueuse spéculation dans cette direction, une indemnité de 1,000 francs lui fut accordée. Presque en même temps M. Claude, pharmacien aide-major, fondait à Boufarik un rucher considérable, pour lequel il reçut aussi des encouragements.

Faits économiques. — *Rendement*. Il est constant que les abeilles d'Algérie, quelle que soit la forme de leurs ruches, travaillent jusqu'à ce qu'elles les aient remplies. Rien ne suspend leur activité, ni les pluies, ni les sécheresses, quoique les contre-temps atmosphériques en fassent périr quelques-unes. En juillet et août les essaims réussissent aussi bien qu'au printemps. En même temps, telle est la richesse et la variété de la flore algérienne, que les abeilles, quel que soit le nombre des ruches, trouvent à butiner abondamment en toute saison. Un essaim, rencontré par M. Claude dans ses excursions, lui fournit dès la première année 17 ruches, lesquelles essaimèrent si abondamment dans les premiers mois de 1844 qu'à la fin d'août de cette année son éducation comprenait 98 ruches parfaitement peuplées et en bon état. Ces 98 ruches, malgré les retards apportés dans la récolte, malgré l'ignorance des agents chargés de l'opération, produisirent néanmoins 825 kil. de miel et 37 kil. de cire. D'autres colons présentent d'autres résultats, tout en apportant de nouvelles preuves des bénéfices à recueillir de l'apiculture. Ainsi les Trappistes de Staouëli, qui possédaient, en mars 1854, 63 ruches, en avaient obtenu 165 essaims, 147 kil. de miel, 33 kil. de cire. L'ensemble des expériences autorise à conclure que chaque ruche peut produire en moyenne 8 à 10 kil. de miel, sans nuire à la réserve nécessaire aux abeilles. Quant à la cire, dont la proportion au miel dans les îles de la Méditerranée varie du 15° au 20°, les chiffres qui précèdent permettent d'espérer davantage en Algérie. — *Production.* Les progrès de l'apiculture se résument dans les chiffres suivants pour le département d'Alger. En 1850, le nombre des ruches créées par les colons dans le département d'Alger était de 190; en 1851, il était de 367. Des colons des provinces d'Oran et de Constantine ont aussi installé des ruches sur leurs propriétés. Quant au chiffre absolu de la production, concentrée presque tout entière entre les mains des indigènes, les données manquent. — *Prix.* Les prix du miel et de la cire sont extrêmement variables comme ceux de tous les produits algériens. Le miel varie de 150 à 500 fr. les 100 kil.; on peut adopter une moyenne de 2 fr. le kil. sur le littoral. La cire varie de 250 à 600 fr.; sur le littoral, la moyenne s'écarte peu de 3 fr. 20 cent. le kil. — *Exportation.* En 1854, l'Algérie a exporté en France 58,162 kil. de cire, à l'étranger 10,740 kil., total 68,902 kil., d'une valeur de 137,940 fr.

Besoins de la France. En 1853, la France a importé 164,839 kil. de cire brute, d'une valeur de 535,727 fr.; 170 kil. de cire blanche, valant 760 fr.; 4,674 kil. de miel, valant 5,340 fr.; 612 ruches et essaims, valant 9,180 fr.

92, 92 bis. Miel; flacon de 1853; autre de 1854. — Trappe de Staouëli. — Voir n. 128.

La production du miel n'est qu'une des moindres branches de l'importante exploitation de la Trappe de Staouëli, près d'Alger.

93. Miel, 1853. — Muley Mohammed, à Tlemcen.

Il possède 20 ruches, produisant 200 kil. de miel et 100 kil. de cire par an.

94. Cire, 1848. — Maklouf Khalfoun, à Oran. — Voir n. 102, 120, 237, 350-352, 420.

Cet exposant est un israélite d'Oran, qui a donné le premier exemple dans cette province de la culture européenne dans les fermes indigènes. Ses succès agricoles lui ont valu de nombreuses distinctions dans les concours de la province.

95. Cire jaune, 1853. — Adam, au Tlélat. — Voir n. 11, 12, 136, 154, 211, 238, 262.
96. Cire en pains, produit local : 3 f. le kil. — Musulmans de Tlemcen.

Un des nombreux objets à l'exposition permanente par les musulmans de Tlemcen. Voir INDUSTRIES INDIGÈNES, page 184.

97. Cire, 1853. — Souvay, à Gastonville.
98. Cire, 1857. — Picquart, à Gastonville.
99. Cire blanche d'Algérie. Divers échantillons.
100. Cierges algériens fabriqués avec de la cire indigène.

III. PÊCHE.

Parmi les produits de la pêche algérienne, les uns proviennent de la mer qui baigne les côtes sur une étendue de 1,000 kilomètres, les autres des nombreux lacs et cours d'eau de l'intérieur. Ceux qui ont acquis une valeur alimentaire, industrielle ou commerciale, sont : les POISSONS frais, salés ou conservés ; les HUITRES ; divers CRUSTACÉS, le CORAIL.

Poissons.

La pêche des *poissons de mer* qui fréquentent les parages de l'Algérie constitue une des industries premières de tous les ports de la côte ; elle est exercée par des étrangers plus que par les Français. Entre les poissons de passage, le thon abonde en quantité extraordinaire. Trois madragues ont été autorisées pour le pêcher : l'une à Sidi-Ferruch ; l'autre à Arzew ; la troisième dans la baie du cap Falcon. Les sardines sont aussi très-abondantes et ont donné naissance à une industrie spéciale auprès d'Alger pour leur préparation et leur conserve. A Philippeville, des essais heureux ont été tentés pour la salaison et la conservation des poissons en général.

Dans les eaux douces, le barbeau et l'anguille sont les espèces les plus appréciées. L'abondance des poissons dans le lac Fezzara, en même temps que celle des oiseaux aquatiques, a suggéré à MM. Arnaud et Roche, industriels de Bône, l'idée de les utiliser pour la fabrication d'une huile qui a figuré avec honneur aux expositions provinciales. Outre le barbeau et l'anguille, le lac Fezzara contient des aloses et des mulets. Les deux premières espèces séjournent constamment dans le lac ; les deux dernières descendent au printemps la mer dans les cours d'eau et remontent au commencement de l'automne. Ce n'est qu'entre ces deux époques qu'on les trouve dans le lac et dans les eaux qui s'y jettent. La dorade et le loup y viennent dans les mêmes circonstances, mais en petit nombre et fort rarement. En temps ordinaire, la pêche est difficile sur le lac Fezzara ; mais elle est d'une simplicité primitive et d'une extrême abondance au moment où le poisson vient sur les bords, ou passe dans les cours d'eau affluents, pour frayer, ou mieux encore à l'époque où il redescend au lac après le froid. Alors, pour en remplir des sacs, il suffit de plonger ses engins dans les ruisseaux et de brouiller légèrement l'eau au-devant de l'ouverture. Les filets et les procédés les plus ordinaires, notamment des pêcheries fixées et établies sur les ruisseaux aboutissants, procureraient sans peine, ni main-d'œuvre considérable, des quantités énormes de poissons. L'espèce la plus abondante, dans ces eaux, est le barbeau ; mais la chair en est d'une qualité tout à fait inférieure, à peine acceptée par la population pauvre. L'anguille est estimée ; cependant sur les marchés du littoral, à côté du poisson de mer, elle obtient peu de faveur et se vend presque toujours à vil prix. Le mulet et l'alose supportent la comparaison. Toutefois, comme en raison de la température élevée et des difficultés des communications ces poissons ne peuvent être transportés bien au loin, il s'ensuit qu'ils sont d'un médiocre intérêt pour l'alimentation publique, jusqu'à l'établissement de moyens perfectionnés de transport. En revanche, l'abondance et l'état adipeux du poisson, particulièrement du barbeau, sont tels qu'il y aurait d'incontestables avantages à en exploiter la pêche pour extraire l'huile, qui est propre à divers usages industriels, ainsi qu'on a déjà commencé à le faire.

101. 2 boîtes de conserve de sardines. — Ferdinand Verrier, à Alger.

Crustacés.

Les *homards, langoustes, crevettes, crabes, écrevisses de mer*, sont communs dans les eaux du littoral, et figurent habituellement et à prix modéré sur les tables et dans les collections.

Huîtres.

Un banc d'*huîtres* est exploité dans la rade de Sidi-Ferruch pour la consommation d'Alger.

Corail.

Le *corail* est un polypier adhérent aux rochers sous-marins, présentant l'aspect d'un arbrisseau de 30 à 40 cent. de haut, sans feuilles ni menues branches.

La pêche du corail est une industrie organisée sur les côtes d'Afrique depuis bien des siècles. La France en a le privilége dans les eaux de l'Algérie, en vertu de son droit de souveraineté qui a confirmé en le transformant un régime établi par d'anciens traités ; elle a de plus des droits particuliers sur la pêche du corail dans les eaux de Tunis, en vertu de deux traités avec le bey de cette régence.

FAITS HISTORIQUES.—*Avant la conquête.* De temps immémorial la pêche du corail s'est faite sur les côtes d'Italie, de Corse, de Sicile, de Sardaigne, comme sur celles d'Afrique ; mais, depuis 7 à 800 ans, la supériorité des bancs du corail d'Afrique est reconnue. Au commencement du douzième siècle, cette industrie faisait prospérer une ville nommée *Mers-el-Djoun*, en Tunisie. Dans le traité que les Pisans conclurent en 1167 avec le maître de Tunis, le principal objet fut la cession du corail ; pour l'exploiter, ils formèrent un établissement à Tabarque. Vers l'an 1300, il est fait mention des pêcheries de Bône. Plus tard, la pêche passa dans les mains des Catalans, qui, en 1439, payaient, à raison de cette industrie, des redevances à l'État de Tunis. En 1446, la pêche des côtes de cette régence, qui s'étendaient alors jusqu'à Bougie, était affermée à un Barcelonais. En 1551, les Génois péchaient à Bône ; les bancs, qui paraissent aujourd'hui épuisés, s'exploitaient vis-à-vis la Casbah. L'illustre marin André Doria ne dédaignait pas d'être fermier de la pêche. Vers la même époque, Charles-Quint ayant donné à la maison Lomellini, de Gênes, l'île de Tabarque, que lui avait cédée Soliman II pour la rançon du fameux corsaire Draguet, l'établissement génois s'y transféra, et la pêche en devint un des principaux objets. Lorsqu'en 1741 les Tunisiens le détruisirent, il employait à la pêche 34 barques et 272 matelots.

La France y intervint au seizième siècle. En 1551, une nef marseillaise, montée par un patron corse, se mêlait aux co-railleurs génois, et ce ne fut pas probablement longtemps la seule ; car dix ans plus tard, en 1561, on voit deux négociants de Marseille, Thomas Linches et Carlin Didier, agissant en vertu d'une convention avec les tribus de la Mazoule et d'un privilége de Soliman II, former dans l'anse du Bastion de France, à 12 lieues E. de Bône, à 3 lieues O. de la Calle, un premier établissement pour la pêche du corail. Linches et Didier se ruinèrent dans cette création, un des premiers jalons de la tradition française dans l'Afrique du nord. Mais comme le corail des côtes d'Afrique était très-supérieur à celui des mers d'Italie, une autre compagnie française se présenta, et étendit les opérations de cette pêche, en fondant successivement des comptoirs au cap Roux, à Bône, Collo, Djijelly et Bougie.

En 1594, le centre des opérations fut transporté à la Calle.

La pêche du corail fut définitivement acquise aux Français par le traité du 20 mai 1604, préparé à Alger par Savary de Brèves, et conclu à Constantinople avec Amurat III.

Sous Louis XIII, en 1619, le duc de Guise, gouverneur de la Provence, racheta la concession, et lui donna un nouveau développement par l'intermédiaire d'un agent habilement choisi, le nommé Sanson Napollon.

Dix ans après, le cardinal de Richelieu envoya en Barbarie plusieurs agents, et, en 1640, il tentait de fonder un nouvel établissement à Stora.

Après le traité conclu le 7 juillet 1640 par le sieur Cosquiel, à qui Louis XIII assura le titre de capitaine-consul, la redevance à payer au pacha d'Alger est évaluée à 7 ou 8,000 écus.

En 1694, sous Louis XIV, une subvention annuelle de 40,000 livres est accordée à une compagnie qui accepte pour dix ans la concession de la pêche, au moyen d'une redevance de 195,000 livres par année.

Sous Louis XV, en 1719, la Compagnie des Indes succède à la Compagnie française. L'Asie Mineure et l'Inde étaient alors les principaux débouchés pour le corail.

A la Compagnie des Indes succéda la Société Auriol de Marseille, et plus tard, en 1741, une autre société, sous le nom de *Compagnie d'Afrique*. Délivrée, par la destruction de l'établissement génois de Tabarca, opérée par les Tunisiens, de la seule concurrence qu'elle eût à redouter, cette compagnie donna à la pêche du corail une organisation régulière et permanente.

Tous les matelots de cette compagnie étaient provençaux. Ses barques se construisaient à Marseille : chacune était montée de 7 hommes, qui retournaient chez eux pendant l'intervalle d'une pêche à l'autre, ou bien étaient répartis dans 18 baraques qui composaient l'établissement de la Calle. Pendant ce temps de repos, les bateaux étaient tirés à terre, et on procédait à leur réparation sous des chantiers couverts. La compagnie équipait la barque et fournissait au prix coûtant les vivres, les agrès et les engins de pêche. Le corail était consigné dans ses magasins, et divisé en trois qualités, qui se comptaient au prix :

	La livre poids de table.	Le kilogramme.
La première	12 fr.	28 fr. 57 c.
La seconde	8	19 05
La troisième	4	9 52

Au bout de la campagne, on réglait sur ce pied, et le produit, défalcation faite de tous les frais, se divisait en 25 parts, dont 8 au patron, 4 au second, 10 à 5 matelots, 3 au bateau.

La pêche annuelle d'un bateau était évaluée à 1,200 livres, au prix moyen de 8 francs.. 9,600 fr.

Les frais de pêche, y compris la nourriture de l'équipage, revenaient à.................................... 5,850 fr.

Les parts étaient donc : pour

Le patron........................ 1,200		
Le second........................ 600		3,750 fr.
Les 5 matelots, à 300 fr. chacun........ 1,500		
Le bateau........................ 450		

La compagnie n'avait pas plus de 40 à 50 bateaux.

Le bénéfice immédiat d'une vingtaine de mille francs était le moindre : elle se dédommageait en vendant 15 à 20 francs aux fabriques de Provence, à qui tout le produit était réservé, le corail qu'elle recevait à 8 ; elle obtenait ainsi un bénéfice de 300 à 400,000 francs, pour une avance inférieure à cette somme.

Cette paisible prospérité fut troublée en 1789 par suite de l'admission des corailleurs corses aux pêcheries; soit défaut d'habileté, soit toute autre cause, la compagnie éprouva des pertes notables. Cependant elle ne tarda pas à ressaisir le cours de ses bénéfices. Les services furent si bien établis que, lors de la dissolution de toutes les compagnies par l'Assemblée constituante, celle d'Afrique fut seule maintenue.

Mais elle fut atteinte par un décret du 21 juillet 1791, qui déclara libre le commerce de la Barbarie, ce qui lui enleva une partie de son privilège; elle fut encore obligée la même année d'admettre 56 gondoles corses à faire une pêche de 55 jours, moyennant les redevances en nature. Le produit de ces pêches corses fut vendu à Livourne, premier coup porté aux manufactures de Marseille et de Cassis, suivi de beaucoup d'autres.

Le 19 pluviôse an II (janvier 1794), la *Compagnie d'Afrique* subit le sort commun et fut supprimée. Les étrangers furent appelés à concourir à la pêche du corail. Des 40 gondoles de la Compagnie, on passa brusquement à 200. Les produits s'élevèrent à 1,200,000 francs en l'an V; à 2 millions en l'an VI. Alors commencèrent à paraître les coralines napolitaines et génoises.

En 1798, par suite de la guerre avec Alger, les agents français furent emmenés en captivité, les propriétés des concessions saisies : l'exploitation fut suspendue.

La paix avec Alger, signée au mois de décembre 1801, fut suivie, l'été d'après, du rétablissement de la pêche, et la mission de la diriger fut confiée par le gouvernement consulaire à M. Raimbert, ancien employé des concessions.

M. Raimbert fixa sa résidence à Tabarque, où notre droit n'était pas plus contesté qu'à la Calle, et convoqua également les populations françaises et italiennes. Les Corses, les Napolitains, les Génois reparurent en nombre. Six Français seulement prirent part à la pêche. Les corailleurs provençaux, déroutés en l'absence d'une direction à laquelle ils étaient habitués, n'obtinrent aucun succès; tout l'avantage demeura à leurs rivaux. Découragés, ils ne tentèrent pas une seconde épreuve.

On constata que ce chômage de la pêche pendant quatre années avait singulièrement profité au corail. Les tiges avaient une grosseur inaccoutumée, avec cet aspect lisse et ferme que les êtres les plus vigoureux perdent en vieillissant. On reconnut que la végétation sous-marine avait aussi sa maturité et ses chances d'épuisement, et devait être aménagée comme celle des bois.

En 1806, le bey de Constantine admit, à l'instigation de l'Angleterre, devenue maîtresse de Malte, la concurrence des Maltais, des Juifs, des Espagnols sur les marchés, où jusque-là les Français seuls avaient le droit d'acheter.

En 1807, le dey d'Alger vendit à l'Angleterre nos concessions de la côte, moyennant une redevance annuelle de 267,500 francs. Cette puissance, préoccupée de l'approvisionnement de ses garnisons de Malte et de Gibraltar, et plus tard de ses armées d'Espagne, abandonna la pêche du corail aux marines grecque, sicilienne, sarde et espagnole, moyennant une prestation ainsi fixée : 200 piastres (1,070 fr.) plus 2 rottles de corail (15 kil. 600) pour la saison d'été, du 1er avril au 30 septembre, et 90 piastres (481 fr. 50 cent.) plus une rottle (7 kil. 80) pour la saison d'hiver, du 1er octobre au 31 mars.

Cet état de choses dura dix ans; pendant ce temps les marines italiennes prirent une place qui n'était plus disputée. Et ce qui consolida cette transformation d'habitudes, les fabriques de corail s'établirent dans les villes d'Italie, à Livourne particulièrement.

La convention du 26 décembre 1817, à la suite de la paix générale, remit la France en possession de la pêche du corail, et fixa la redevance à payer au bey à 60,000 fr. seulement. Un nouveau traité du 24 juillet 1830 la porta à 200,000 fr., ce qui occasionna en 5 ans une perte de 300,000 fr. au gouvernement qui avait fait exploiter les concessions en régie. Les prestations étaient, il est vrai, sans distinction de la nationalité des navires, réduites à 160 piastres (856 fr.) pour la saison d'été, et 321 fr. pour la saison d'hiver, plus deux rotties de corail pour la première saison, une pour la seconde. En 1817, 240 bateaux prirent part à la pêche ; et elle se soutint malgré les attaques dirigées contre les coralines, de 1820 à 1824, par les indigènes et les corsaires tunisiens.

Dans cette période de 10 ans le mouvement annuel de la pêche se résume en moyenne en 174 bateaux, dont 21 français et 153 étrangers ; en 29,952 kil. de corail pêché, soit une moyenne de 172 kil. par bateau. La pêche occupait 17 à 1,800 matelots, et mettait en circulation une matière première de 1,500,000 fr., le prix moyen du corail brut étant alors de 50 fr. le kil.

Dans le cours de cette période, de nouvelles combinaisons furent essayées. En 1822, le privilège fut accordé à une maison de Marseille. Les corailleurs français restèrent soumis de nouveau à la prestation commune, destinée à l'acquit des *tismes* ou redevances payées au dey ; mais une prime d'encouragement leur fut allouée. En 1826, le gouvernement prononça la suppression totale du droit de pêche sur les bateaux français ainsi que le maintien de l'ancien droit sur les bateaux étrangers.

La pêche de 1827 fut arrêtée par la déclaration de guerre, suivie bientôt après de l'incendie de nos établissements de la Calle. Cependant, de 1827 à 1831, quelques pêcheurs aventureux affrontèrent les dangers de l'hostilité des indigènes, se réfugiant, suivant les cas, à Tabarque ou sur quelque autre point de la côte de Tunis.

Après la conquête. En 1830 et 1831, les droits de pêche furent réduits de moitié ; mais les premiers embarras inséparables de l'occupation rendirent la perception à peu près nulle, ou elle ne fut pas constatée. Elle ne reprit régulièrement qu'en 1832.

Le 31 mars 1832, l'intendant civil rétablit l'ancien droit de 216 piastres pour la saison d'été, de 98 pour la saison d'hiver ; soit 1,160 fr. pour l'été, 535 fr. pour l'hiver, et 1,695 fr. 60 cent. pour l'année entière. C'est à cette année que se rapporte un des traités avec le bey de Tunis, qui a été mentionné plus haut. Les navires français furent affranchis de toute prestation. Malgré cette faveur les corailleurs sardes, génois, napolitains, parurent seuls sur la côte algérienne, et la pêche devint presque exclusivement étrangère. Il en fut de même de la fabrication du corail, qui, à Marseille, où elle avait fleuri, ne fit que languir et s'amoindrir de plus en plus.

Après 13 ans de pratique de ce système, la prestation fut fixée à 800 fr. par an, sans distinction de la saison d'été et de la saison d'hiver, par ordonnance du 9 novembre 1844. Aux termes de la même ordonnance, les bateaux sardes armés, commandés et équipés par des Sardes et pêchant exclusivement dans les eaux tunisiennes, étaient tenus d'acquitter les droits de pêche fixés par le traité du 24 octobre 1832, et n'avaient à payer que le supplément nécessaire pour compléter la redevance de 800 fr.

Un seul chébeck de l'État a été affecté à la police de la pêche, jusqu'en 1852, où la découverte de bancs nouveaux de corail sur la côte occidentale de l'Algérie a déterminé l'affectation d'un second navire au service de surveillance.

Dans les deux périodes que caractérisent ces deux systèmes, voici les résultats comparés.

1re période. Taxe forte. — Moyenne annuelle de 159 coralines, dont 3 à 4 françaises, 19 sardes, 88 napolitaines, 48 toscanes. Prestation de 168,327 fr.

2e période. Taxe faible. — Moyenne annuelle de 160 coralines, dont 3 à 4 françaises, 13 sardes, 105 napolitaines, 28 toscanes. Prestation de 123,760 fr.

Chaque barque étant montée par 10 hommes, y compris le patron, c'est au minimum 1,600 matelots que la pêche du corail dresse aux rudes épreuves d'une mer difficile et d'un métier plein de fatigues.

FAITS ÉCONOMIQUES. — *Frais de pêche.* On les évalue à un peu plus de 6,000 fr. par bateau, suivant l'état qui suit : Location de bateau, 500 fr. — Filets et cordes, 1,250 fr. — Biscuits de mer, 1,000 fr. — Autres comestibles, 150 fr. — Solde de l'équipage, 1,925 fr. — Prestation, 800 fr. — Magasinage, 60 fr. — Médecin, 33 fr. — Commission, 11 fr. — Consulat, 33 fr. — Carénage et autres frais, 180 fr. — *Production.* La récolte totale varie tous les ans entre des limites fort étendues, de 13,000 à 34,000 kil. ; elle roule en moyenne autour de 22,000 à 25,000 kil. ; soit environ 150 kil. par bateau, 4 à 500 kil. pour les plus favorisés. — *Prix.* La valeur du corail est encore plus variable. En 1826, époque où la mode l'avait abandonné, la douane ne l'estimait plus que 2 fr. le kil. brut. ; en 1853, où la faveur lui est un peu revenue, le prix d'estimation est de 25 fr. ; mais il est vendu aux fabriques étrangères sur le pied de 60 fr. le kil. Une récolte de 25,000 kil. représente à ce prix une valeur de 1,500,000 fr. ; 30,000 kil. valent 1,800,000 fr. Travaillé à Livourne, Gênes, Naples, Palerme, à Torre del Greco, au pied de l'Etna, le corail acquiert une valeur de 250 fr. par kil. Les 2 millions environ du produit brut donnent lieu, en comptant les plus-values des transports, à une création de 8 à 10 millions de valeurs.

Exportation. En 1854, l'Algérie a exporté 23,042 kil. de corail brut, dont 1,618 kil. en France et 21,424 à l'étranger. En 1853, l'exportation avait été de 27,155 kil. Ce produit n'étant pas exploité par l'industrie algérienne, le chiffre de l'exportation égale celui de la production, et confirme l'évaluation ci-dessus. Les pays d'exportation sont les mêmes que ceux d'où viennent les bateaux corailleurs : Deux-Siciles, Toscane, États sardes, Espagne. Le corail y est taillé et monté, et de là il se charge à Livourne, Gênes, Naples, pour Alexandrie, Constantinople et Alep. De ces villes on le transporte à Bagdad, d'où il arrive en Perse, dans les Indes et jusque dans la Chine. Dans ces contrées lointaines, les principaux dépôts sont Goa, Calcutta et Madras, d'où les caravanes le transportent à l'intérieur. L'intervention du commerce européen s'arrête à Bagdad.

Besoins de la France. Longtemps en vogue en France, sous François 1er, sous Louis XIV, ensuite délaissé, le corail reprit faveur sous Napoléon, grâce à mademoiselle Clary, de Marseille, d'abord reine de Naples et ensuite d'Espagne, qui porta la première parure de corail. Elle encouragea et protégea les fabriques, qui étaient depuis longtemps une des gloires et des fortunes de sa ville natale. En effet, Marseille possédait autrefois une manufacture royale de corail qui occupait 300 ouvriers, dont 200 travaillaient la matière la plus précieuse, et 100 ouvraient en ville celle de qualité inférieure. Vers la fin du siècle dernier, cette industrie faisait vivre 100 familles. Elle y a longtemps survécu à l'abandon du corail par la marine marchande. On comptait encore en 1843 trois fabriques occupant 400 ouvriers, dont moitié à Cassis, commune du littoral de Marseille, occupés à percer le corail, que d'autres taillaient à Marseille. Dédaigné sous la restauration et dans les premières années de la révolution de juillet, le corail a repris faveur depuis quelques années.

En 1853, l'importation en France a été de 9,097 kil. de corail brut, valant 227,425 fr., sur quoi l'Algérie lui a fourni 3,045 kil., et l'étranger 6,059 kil. En corail taillé la France a reçu en 1853 411 kil., valant 69,870 fr.

L'administration française a été depuis longtemps frappée de l'anomalie que présente l'industrie du corail, exercée exclusivement par des étrangers, qui seuls bénéficient d'une richesse naturelle que les côtes algériennes ont le privilège de fournir au monde entier. La patente de 800 fr. prélevée sur les pêcheurs n'est qu'une faible compensation des bénéfices dont se privent l'industrie et la marine nationale. Pénétré des nombreux avantages que procurerait en outre à la force maritime de la France l'éducation de 1,800 à 2,600 matelots par une pêche qui exige une grande pratique de la mer, le ministère de la guerre étudie activement les moyens de faire revivre les traditions nationales de l'ancienne France, en fait de pêche, d'exploitation et de fabrication du corail.

102. Corail d'Oran.—Offert par Maklouf Khalloun, d'Oran. — Voir n. 94, 124, 237, 250.
103. Corail de la Calle. — Loffredo, à Bône?
104. Corail de la Calle, conservé dans l'alcool. — Le même?

Le jury de 1849 publiait les renseignements suivants sur l'industrie de cet exposant : « M. Loffredo, armateur à Bône, se livre habituellement à la pêche du corail avec cinq barques montées par cinquante coralleurs. La saison de la pêche dure six mois, et chaque pêcheur reçoit en moyenne 250 francs. Chaque campagne produit environ 600 kil. de corail brut, qui représentent une valeur de 30,000 fr. Le jury, voulant récompenser le seul représentant d'une industrie qui est d'un produit si avantageux pour l'État (800 francs de patente sur 200 à 300 bateaux coralleurs), décerne à M. Loffredo une médaille de bronze. »

IV. SUBSTANCES PROPRES A LA MÉDECINE ET A LA PARFUMERIE.

Éponge.

L'*éponge* était autrefois pêchée sur les côtes de la régence d'Alger, comme sur celles de Tripoli ; elle est aujourd'hui délaissée.

Muse.

De civette ou *sebed*. (Voir COMPOSITIONS DIVERSES, page 181.)

Fumées de gazelle.

Les *fumées* de gazelle, séchées au soleil et réduites en poudre, donnent un goût et une odeur très-agréables au tabac que l'on fume en Algérie.

V. MATIÈRES DURES A TAILLER.

Os, Sabots et Cornes de bétail.

Dans ce groupe l'Algérie livre au commerce les os, *sabots et cornes de bétail*, article important pour les usages de la tabletterie et la fabrication du noir animal.

Besoins de la France. En 1853, la France a importé pour sa consommation 6,622,357 kil. d'os et sabots, sur lesquels l'Algérie compte pour 715,842. Elle a importé pour 1.585,829 kil. de cornes de bétail, dont l'Algérie lui a fourni 119,712. Valeur totale de l'importation en France des os, sabots et cornes de bétail, 2,434,551 fr.

Dépouilles de tortues.

On doit aussi mentionner une quantité non déterminée de *dépouilles de tortues* exportées vivantes, propres aux ouvrages en écaille.

Dents d'éléphant, ivoire.

Les *dents d'éléphant*, matière première de l'ivoire, pourraient devenir un objet de commerce pour l'Algérie, comme elles le sont pour la Tunisie et pour le Maroc, si les caravanes qui vont les acheter au Soudan prenaient la route la plus directe vers l'Europe.

Aiguillons de porc-épic.

Ces *aiguillons* forment d'excellents cure-dents et cure-ongles.

VI. TEINTURES ANIMALES.

Ce groupe doit comprendre la cochenille et le kermès.

Cochenille.

La cochenille est un insecte de l'ordre des hémiptères, qui, étant desséché, donne une couleur rouge très-appréciée dans l'industrie des teintures. Elle vit sur une plante grasse, le *cactus* ou nopal *cochenillifère*, dont les plantations portent le nom de nopaleries.

FAITS HISTORIQUES. La *cochenille* était depuis quelques années seulement importée du Mexique aux Canaries et en Espagne, lorsqu'en 1831 M. Simonnet, jeune chimiste français qui habitait Valence, conçut et réalisa le projet d'en doter l'Algérie. Ses éducations, soigneusement renouvelées sur de modestes proportions, pendant plusieurs années, en conservèrent la semence et fournirent en 1842 les moyens d'entreprendre à la pépinière centrale des expériences plus considérables, qui assurèrent pour toujours la conservation de cette nouvelle industrie agricole. En 1833, une nopalerie officielle fut fondée aux portes d'Alger; mais on dut y renoncer après deux ans d'exploitation, la dépense ayant paru tout à fait hors de rapport avec les résultats. Reprises en 1842 par M. Hardy, à la pépinière centrale, la culture du nopal et l'éducation de la cochenille ont été développées d'année en année; de l'établissement officiel, elles commencent à se répandre parmi les colons, surtout dans la province d'Alger. En 1853, on comptait dans cette seule province 14 nopaleries, contenant 61,500 plants qui, dès l'année suivante, pourraient être mis en rapport. A titre d'encouragement, l'administration distribue gratuitement des boutures de nopal, ainsi que des cochenilles mères; elle achète les récoltes au prix de 15 francs le kil.

Qualités industrielles. Le mérite des cochenilles algériennes a été l'objet de diverses appréciations qui doivent être rappelées ici.

La cochenille récoltée en Algérie en 1831 par M. Loze, directeur d'un premier essai officiel de cette époque, soumise au comité consultatif des arts manufacturiers, donna lieu à un rapport signé de MM. Gay-Lussac, Thénard, Savart et Darcet, qui constate : « 1° que cette cochenille est de moyenne grosseur et de qualité bonne, loyale et marchande ; 2° qu'elle a une si grande ressemblance avec celle qui nous vient du Mexique, qu'elle pourrait être vendue pour cette sorte si on lui donnait le même emballage ; 3° que les cochenilles de Mexique se vendent (en 1835), à Paris, de 22 à 28 fr. le kil., et que celles d'Alger, suivant l'échantillon fourni, se vendraient facilement 22 fr. le kil. »

Un lot de la première récolte de la pépinière centrale, en 1845, fut remis à M. Chevreul, membre de l'Institut et directeur des teintures aux Gobelins, qui formula ainsi ses conclusions : « La cochenille d'Alger est moins colorante que la cochenille zaccatilla (du Mexique), mais la différence est moindre pour l'écarlate que pour le cramoisi.... La cochenille zaccatilla coûtant (en 1848) 19 fr. 50 le kil., la valeur de la cochenille d'Alger sera de 15 fr. 60 c. lorsqu'il s'agira de faire du cramoisi. Mais s'il s'agissait de faire de l'écarlate, elle vaudrait 17 fr. 15 c. Maintenant, en prenant une moyenne, je pense que 16 fr. 35 c. représenteraient assez bien le prix du kil. C'est parce que j'ai été convaincu des avantages que la France pourra tôt ou tard retirer de la conquête de l'Algérie, que je suis entré dans des détails relativement aux essais d'un produit qui me paraît devoir être utile aux deux pays, s'il est l'objet d'une exploitation convenable. Je ne doute pas que la qualité n'en soit améliorée avec les soins qu'on apportera à la culture du cactus et à l'éducation de la cochenille. »

En 1849, des échantillons de diverses récoltes figurèrent à l'exposition de Paris ; le jury rendit hommage à leur qualité supérieure.

En 1850, la vente d'une partie de la récolte fut confiée à la chambre de commerce de Paris, qui s'éclaira de l'avis d'une commission dont M. Fere résuma ainsi les conclusions : « La cochenille récoltée en Algérie peut être classée dans le commerce comme tenant le milieu entre celle venant de Mexique, qui lui est inférieure, et celle des Canaries, qui lui est supérieure. Faite avec soin et discernement, cette culture prendra une grande extension en Algérie, et la qualité du produit s'améliorera......... Avec des soins tels qu'on en donne à la production de la cochenille aux îles Canaries, il n'est pas douteux qu'on n'arrive à rivaliser un jour avec les produits de ces derniers pays. »

Deux lots de cette même récolte ayant été soumis aux experts attachés au ministère de l'agriculture et du commerce, leur appréciation ne fut pas moins favorable..... « L'échantillon de cochenille dit *zaccatilla* est d'une qualité un peu inférieure aux belles sortes de zaccatillas des Honduras et des Canaries, mais d'une sorte égale aux bonnes sortes de ce pays. L'échantillon dit mesteque est d'une bonne qualité, égale à celle de la meilleure cochenille du Mexique, et même de Honduras, et peut se classer comme la bonne qualité des cochenilles des Canaries. L'échantillon est chargé d'un peu de grabiaux (petites mouches) et de poussière, ce qui nuit à son emploi.... Le rendement de ces cochenilles est excellent. En résumé, la production des cochenilles sera une ressource importante pour les colons, la consommation étant grande en France. »

FAITS ÉCONOMIQUES. D'après les observations recueillies à la pépinière centrale, les principaux faits économiques se résument dans les chiffres suivants. — *Rendement.* Il varie, suivant les soins, autour de 750 kil. en moyenne par hectare, et on peut obtenir cette récolte deux fois en 5 ans, soit 1,500 kil. pour les 5 ans, ou 300 kil. par an. — *Dépense.* La dépense moyenne sur 5 ans s'élève de 2,500 à 3,000 fr. par hectare et par an. Quand l'éducation de la cochenille sera plus connue, quand les colons pourront l'exercer en famille, avec leurs femmes et leurs enfants, cette dépense sera diminuée. — *Prix.* Le prix que paye l'administration est de 15 fr. le kil. Le prix commercial a subi de grandes variations. En 1826 la douane le portait à 30 fr., et à 12 fr. seulement en 1853. — *Bénéfice.* Au prix administratif de 15 fr., les 300 kil. de récolte annuelle rapporteront 4,500 fr., dont il faut déduire 2,500 à 3,000 fr. de frais ; reste 1,400 à 2,000 fr. de revenu net par hectare.

Besoins de la France. En 1853, la France a importé 228,520 kil. de cochenille, valant 5,525,284 fr.

105. Cochenille, 1848. — Simounet, à Alger. — Voir n. 354.

A M. Simounet revient l'honneur d'avoir importé en Algérie la cochenille, dont les générations peuplent aujourd'hui les nopaleries. Dès 1831 il introduisit de Valence à Alger quelques pieds de nopals, chargés de cochenille-mère, qu'il renouvela au moyen d'éducations annuelles. En 1842, il fit don d'une certaine quantité au directeur de la pépinière centrale, qui en a lui-même approvisionné tous les éducateurs.

106, 107. Cochenille mestèque, 1847. — Pépinière centrale.
108. Cochenille zaccatille, 1848. — La même. *
109. Cochenille mestèque, 1848. — La même.
110. Cochenille mestèque, 1850. — La même.
111. Cochenille zaccatille qui a servi à la reproduction, 1850. — La même.
112. Cochenille grise, 1853. — La même.
113, 115 *bis.* Cochenille mestèque, 1853. — La même.
114. Cochenille, 1850. — Boyer, à Mustapha.
115. Cochenille, 1853. — Le même.

M. Boyer est le premier colon qui ait entrepris sur une grande échelle l'éducation de la cochenille.

116. Cochenille, 1853. — Foucauld, de Birmandreis.
117. Cochenille sèche, 1853. — Valéro del Castillo, de Saint-Denis du Sig.
118. Cochenille sèche de Bône.
118 *bis.* Cochenille commune des quatre grosseurs réunies.
119. Feuille de nopal garnie de cochenille.

Kermès

Le *kermès*, ou graine d'écarlate, est un insecte de l'ordre des hémiptères, comme la cochenille, et qui, avant l'introduction de cette dernière en Europe, servait aux mêmes usages pour la teinture en rouge. Il vit sur une espèce particulière de chêne (*quercus coccifer*), que l'on a longtemps confondue avec le chêne vert (*quercus ilex*), d'où l'insecte a tiré son nom de *coccus ilicis.* Ce chêne abonde en Algérie, principalement dans les provinces d'Alger et d'Oran. Ni l'arbre ni l'insecte ne sont l'objet d'aucune culture. Au commencement du printemps, celui-ci se fixe sous l'épiderme des rameaux et des feuilles : là il se gonfle, et prend la forme d'une noix de galle de la grosseur d'un pois, couvert d'un duvet blanc assez long. La récolte se fait en juin, par les Arabes, qui la vendent, non au poids, mais dans de petits sachets. Le prix revient de 5 à 10 fr. le kil., suivant les années. L'Algérie exporte annuellement 2,000 kil. environ de kermès, qui, au prix officiel de 9 fr. le kil., représentent une valeur de

18,000 fr. La plus grande partie de la production reste dans le pays, où elle sert aux indigènes pour la teinture des étoffes en rouge, en place de la cochenille, dont ils connaissent peu l'emploi, et de la garance sauvage, moins estimée par eux que le kermès. Le kermès exporté sert à la teinture de quelques cosmétiques et préparations de distilleries et pharmacie.

Besoins de la France. En 1853, la France a importé 2,689 kil. de kermès, d'une valeur de 60,732 fr.

120. Kermès. — Offert par Maklouf Khalfoun d'Oran. — Voir n. 94, 102, 237, 350-352.
121. Kermès des environs de Tlemcen. — Offert par les musulmans de cette ville, 1854.

En résumé, l'Algérie, disposant d'une surface de 39 millions d'hectares, admirablement propres à l'éducation du bétail, est en mesure de donner à la production des matières animales les plus vastes proportions; et comme la France en importe annuellement pour 325 à 340 millions (non compris la cochenille et le kermès), l'Algérie peut prétendre à une part notable dans cet approvisionnement. Ses principaux articles de production animale sont ou doivent être : les chevaux, les bœufs, les moutons, les sangsues, les peaux brutes de toute espèce, les laines, les soies, les suifs, les os, sabots et cornes de bétail, les cires, le corail, les cochenilles. Ces seuls articles représentent, à l'importation de la France, une somme de plus de 200 millions.

SECTION II.

MATIÈRES VÉGÉTALES.

Cette section comprend neuf classes : I. Farineux alimentaires. II. Fruits de table et graines. III. Denrées coloniales. IV. Sucs végétaux. V. Espèces médicinales. VI. Bois communs et exotiques. VII. Fruits, tiges et filaments à ouvrer. VIII. Teintures et tannins. IX. Produits divers.

VII. FARINEUX ALIMENTAIRES.

Ce chapitre comprend cinq groupes : les céréales en grains ou en farines, les légumes secs farineux, les racines et tubercules farineux, les fécules, les pâtes alimentaires.

CÉRÉALES.

Dès l'antiquité, l'Afrique du nord était déjà renommée pour sa fertilité en grains. Dans la notice des dignités de l'empire, l'Afrique proconsulaire est représentée sous la figure d'une femme tenant un épi dans chaque main et debout sur deux vaisseaux chargés de blé. On sait que les Romains, après avoir soumis cette contrée, en firent le grenier de l'Italie, et ce surnom a survécu comme signe distinctif d'une aptitude spéciale. Dans un chapitre de son *Histoire naturelle*, intitulé : *De la fertilité du blé en Afrique*, Pline a réuni de nombreux témoignages d'une fécondité exceptionnelle. Un boisseau de blé, rapporte-t-il, en produisait jusqu'à 150. L'intendant de l'empereur Auguste lui envoya un pied de froment d'où sortaient près de 400 tiges, toutes provenant d'un seul grain. L'intendant de Néron lui envoya de même 360 tiges de froment produites par un seul grain. Ces exemples ne seraient pas difficiles à renouveler, s'ils avaient un autre intérêt que celui de la curiosité. Il y a peu d'années, un colon de Misserghin a offert à la société d'agriculture d'Oran un pied d'orge contenant 213 épis provenus d'un seul grain ; il a montré divers pieds de blé riches de 40 à 150 épis en très-beaux grains. La supériorité des conditions naturelles de production en Algérie se reconnaît surtout à l'ensemencement. Pour obtenir le maximum de récolte, il suffit de semer de 1 à 1 hectolitre 1/2 de blé par hectare, tant il talle abondamment : même réduction proportionnelle pour les autres céréales. Au mérite du tallage s'ajoute le poids, mesure de la qualité. L'exposition permanente contient des blés qui pèsent jusqu'à 80 kil. à l'hectolitre. Le poids de 79 kil. est commun dans les bonnes années, au point que l'intendance militaire a pu l'exiger habituellement dans les fournitures que lui font les colons, en même temps que celui de 60 kil. pour l'orge. Privilèges du sol et du climat, ces faits n'ont rien de nouveau ni d'exceptionnel, car déjà Pline mettait le blé de la province d'Afrique au nombre des blés les plus estimés de son temps pour le poids et la qualité. Dans le cours du moyen âge, les grains furent une des principales marchandises d'échange des États barbaresques avec l'Europe. Aux dix-septième et dix-huitième siècles, la Compagnie française des concessions d'Afrique trouvait une source importante de bénéfices dans l'achat sur les côtes d'Alger d'une quantité considérable de grains qu'elle vendait avec grand profit en Provence, dans le bas Languedoc, en Espagne, en Italie. De 1792 à 1796, des blés de la régence d'Alger concoururent à l'approvisionnement des armées et des populations méridionales de la France, source première du conflit qui amena la conquête d'Alger. Sous l'empire, l'armée anglaise en Espagne et le corps du maréchal Suchet furent nourris par les exportations de la province d'Oran. Reprenant ce rôle historique, l'Algérie, dans ces dernières années, a commencé à expédier en Europe des quantités considérables de grains, dont le chiffre, pour 1854, s'est élevé à 1,033,718 hectol. de blé et 559,048 hectol. d'orge, total 1,592,766 hectol. de grains, plus 3,727,157 kil. de farines, et 2,696,117 kil. de pain et biscuit de mer. Sur cette exportation, l'Algérie a expédié à destination de l'armée française en Orient :

56,622 hectolitres d'orge,
3,480,232 kil. de blé en grains ou en farine,
2,679,257 kil. de pain et biscuit de mer.

Les cultures de 1854 en céréales (blé, seigle, orge, avoine, maïs) comprenaient 707,852 hectares, qui ont produit 9,124,571 hectolitres de grains, d'une valeur de 135,030,102 fr.

Besoins de la France (en blé seulement). En 1853, la France a importé 4,184,190 hectol. de froment, épeautre et méteil, valant 92,637,966 fr. —Pour les autres céréales, nous indiquerons, dans l'article qui concerne chacune d'elles, l'importation de la France.

Blé tendre.

Le blé tendre est une importation des colons européens. On le reconnaît à sa couleur claire et blonde, à son écorce facile à casser sous la dent, à sa farine blanche. Les blés tendres barbus résistent mieux que ceux sans barbes aux influences des brouillards et des fortes rosées, surtout ils s'égrènent plus difficilement. La saïssette d'Arles, ou blé de Mahon, doit à ces diverses qualités la préférence qui lui est accordée dans la province d'Alger : la tuzelle de Provence, non barbue, domine dans la province d'Oran. La province de Constantine a peu cultivé encore le blé tendre. Toutes ces variétés donnent une farine plus blanche et plus facile à travailler que les blés durs indigènes; aussi se vendent-elles 2 à 3 fr. de plus par quintal métrique; mais elles sont plus délicates et demandent une culture plus soignée. Leur poids à l'hectolitre est un peu moindre. On estime l'étendue des cultures du blé tendre en 1854 à 17,796 hectares, qui ont rapporté 207,081 hectolitres, d'une valeur totale de 5,245,974 fr. Les indigènes n'entrent dans cette production que pour 6,485 hectolitres.

122. Blé tendre, 1850. — Marchal, à Bouzaréah. — Voir n. 123, 206, 216, 475.
123. Blé tendre, 1850, pesant 84 kil. à l'hectol. — Le même — Voir n. 122, 206.
124. Blé tendre, 1848. — Gilles, à Birmandreis. — Voir n. 45, 363.
125. Blé tendre, 1848. — Chuffart, à Birmandreis. — Voir n. 50.
126. Blé tendre, 1850. — Lepelletier, au Fondouk. — Méd. de prix à l'exp. de Londres.
127. Blé tendre de Bouzaréah, 1854, pesant 84 kil. à l'hectol. Pris sur le marché d'Alger le 25 juin 1854. Arrivé à Paris le 2 juillet.
128. Blé tendre, 1855. — Les Trappistes de Staouëli. — Voir n. 92, 93, 165, 195, etc.

La concession de Staouéli, qui remonte au 11 juillet 1843, est une des plus vastes et des mieux cultivées de l'Algérie. Elle comprend, outre le monastère, une belle ferme, des ateliers pour les industries agricoles, une orangerie, de vastes jardins, de belles vignes, une hôtellerie louée. Les Trappistes ont obtenu de nombreuses distinctions dans les concours provinciaux.

129. Blé froment, dit luzelle, 1850. — Gaston de Montigny, à Saint-Joseph, près d'Oran. — Voir n. 209.

M. Gaston de Montigny, ancien président de la société d'agriculture d'Oran, a créé la belle ferme de Saint-Joseph, auprès de cette ville. Il s'est associé pendant plusieurs années à tous les progrès de la colonisation dans cette province.

130. Blé tendre, 1849. — Dupré de Saint-Maur, à Arbal. — Voir n. 7, 8, 9, 10, 343 et s.
131, 132. Blé tendre, 1850. — Le même. — Voir n. 7, 8, 9, 10, 343.
133. Blé tendre, dit luzelle d'Aix. — Ricca et Badan, à Arcole. Voir n. 199, 200, 201.
134, 135. Blé tendre. — Les mêmes.

« Quelques-uns des lots présentés par MM. Ricca et Badan sont tout à fait remarquables par leurs qualités particulières. Un autre échantillon paraît mériter quelque intérêt ; c'est un blé rouge clair, à grain demi-tendre, qu'ils désignent sous le nom de blé tendre, semence de Piémont. L'excellente qualité de ce grain et sa régularité parfaite indiquent qu'il est parfaitement approprié au terrain auquel il a été confié, — Le jury accorde à MM. Ricca et Badan une médaille de bronze. » (Rapport du jury de 1849.)

136. Blé tendre, 1854. — Adam, au Tlélat. — Voir n. 10, 11, 95, 154, 211, 238, 262.
137. Blé tendre, 1853, pesant 83 kil. — Joyot, de Bouster. — Voir n. 152.
138. Blé tendre, 1852, 1ᵉʳ prix. — Gérard, à Vallée.
139, 140. Blé tendre, 1853. — Barde, à Robertville.
141. Blé tendre, 1852. — Arnal, à Damrémont.
141 bis. Blé tendre, 1854. — Dagand, à Vallée.
142, 143. Blé tendre, 1852. — Province de Constantine.
144. Blé tendre, 1854. — Province de Constantine.
145. Blés tendres ayant servi à faire la farine luzelle n. 2. — Laya et comp., d'Alger.
145 bis. Blés tendres.

Blé dur.

Le blé dur (*triticum durum*) était la seule variété connue par les indigènes avant la conquête. On le reconnaît à la couleur plus brune du grain, à son écorce qui craque sous la dent, à sa cassure vitreuse, à sa farine moins blanche. Quand les premières fortes pluies d'automne ont détrempé suffisamment la terre, c'est-à-dire vers la mi-novembre, les Arabes répandent la semence à la volée sur la terre garnie d'herbe, à travers chicots et souches des broussailles incendiées ; puis, avec un araire très-simple, ils tâchent de recouvrir la semence tant bien que mal, tout en donnant une culture au sol. Cette méthode est la plus ordinaire dans les terres faciles, déjà défrichées précédemment, et par conséquent peu garnies de broussailles, surtout de palmiers nains. Dans les autres, on donne le labour avant la semaille. Quelques cultivateurs soigneux donnent un second labour pour enfouir la semence ; la plupart s'en remettent à la pluie pour cette opération. Pendant l'hiver, ils extirpent les grosses herbes sauvages, et irriguent les champs aussi abondamment qu'ils peuvent. Quand les blés sont trop forts et trop avancés pour la saison, ils y mettent paître les bestiaux. La moisson se fait chez les indigènes avec une petite faucille à dent, en laissant la paille sur presque toute sa hauteur. Les gerbes sont battues sous les pieds des bœufs, mulets et chevaux. Le grain nettoyé et séché est conservé dans des silos, vastes fosses en terre de la forme d'une carafe, que les Européens ont dû adopter, même après avoir introduit pour la coupe des grains et le battage les méthodes européennes.

Le rendement de la culture arabe, même dans les terres les plus riches et par les saisons les plus favorables, varie de 8 à 12 hectol. par hectare. Les colons qui ne cultivent pas mieux n'obtiennent pas mieux ; mais ceux qui soignent leurs cultures obtiennent 25 à 30 hectolitres, et quelquefois au delà. On évalue les cultures européennes et indigènes en blé dur, dans la campagne de 1854, à 465,820 hectares, ayant produit 5,054,265 hect., d'une valeur de 99,510,594 fr.

146. Blé dur, 1850. — Chuffart, à Birmandreis. — Voir n. 50, 125.

« Ce colon a exposé des produits parmi lesquels nous citerons des blés tendres et durs d'excellente qualité... Outre ses cultures céréales, il s'est adonné à celle des arbres, et a fait des plantations assez considérables de mûriers et d'oliviers. — Le jury accorde à M. Chuffart une médaille d'argent. » (Rapport du jury de Paris, 1849.)

147. Blé dur, 1854. — Province d'Alger.
148. Blé dur d'Algérie, 1854, 1re qualité. — Recueilli sur le marché d'Alger le 20 juin 1854, arrivé à Paris le 25 au matin. Exposé à la halle.
149. Blé dur d'Algérie, 1854, 2e qualité. Recueilli sur le marché d'Alger le 20 juin 1854, arrivé à Paris le 25 au matin. Exposé à la halle.
150, 151. Blé dur indigène, 1854. — Province d'Alger.
152. Blé dur, 1854, pesant 82 kil. l'hectol. — Joyot, à Bousfer. — Voir n. 157.
153. Blé dur indigène, 1854. — Province d'Oran.
154. Blé dur, 1854. — Adam, au Tléiat. — Voir n. 10, 11, 95, 136, 211, 238, 262.
155. Blé dur, 1854. — Demay, à Kléber ; 1er prix à l'exposition provinciale.
156. Blé dur indigène, 1854. — Province d'Oran.
157. Blé dur, 1850. — Jeantet, à Bône.

« L'échantillon de blé dur est très-beau et d'un poids considérable (80 kil. à l'hectolitre). — M. Jeantet est un des premiers qui aient établi des fermes aux environs de Bône : il en exploite deux qui lui appartiennent et dont l'étendue est de 110 hectares, l'une fondée en 1837, l'autre en 1840. Ses cultures principales sont les céréales et le tabac. — Médaille d'argent. » (Rapport du jury de 1849.)

158. Blé dur, 1852. — Laplace, à   , province de Constantine.
159. Blé en gerbes, 1852. — Louis dit Calique, à Jemmapes. — Voir n. 219.
160. Blé dur, 1854. — Barca ben Djelool, à Constantine. — Voir 213.
161. Blé dur, 1852. — Paillard, à Philippeville.
162. Blé dur, 1854. — Province de Constantine.
162 bis. Blé dur, avec partie de la tige garnie d'épis.
162 ter. Blé provenant d'un type primitif ou dégénéré, trouvé en 1854 en Algérie.

Farines.

Les farines de blé tendre d'Algérie possèdent au même degré que celles d'Europe la blancheur qui fait rechercher cette variété. Celles du blé dur sont un peu moins blanches ; mais le pain qu'elles donnent se distingue par un goût particulier très-délicat. Le jury de l'exposition de Londres les déclara d'une admirable qualité. Plus riches en gluten, elles sont d'ailleurs plus nourrissantes. Après avoir été longtemps méconnues, elles jouissent aujourd'hui en Algérie d'une grande et juste popularité : on exporte la plupart des blés tendres, qui sont payés fort cher par le commerce, et on consomme les blés durs. La mouture de ces derniers donne la décomposition suivante (taxe d'Oran) pour 100 parties :

Semoule, propre à faire le pain de 1re qualité......	43
Farine, destinée à la 2e qualité..................	38
Son................................	16
Déchet, pertes.......................	3
Total.......................	100

Des moulins à manége, à vent, à eau, à vapeur, se sont multipliés dans les principales localités de l'Algérie, et satisfont, dès à présent, aux besoins de la consommation européenne. Mais il reste à créer de pareilles usines pour les indigènes, réduits, en dehors des villes, aux moulins à la main, dont la mise en mouvement constitue le principal travail des femmes arabes.

Besoins de la France. En 1852, la France a importé 313,671 quintaux métriques de farines, valant 12.321,004 fr.

163. Farine de luzelle. — Laya et compagnie, à Alger, faubourg de Bab-el-Oued.
164. Farine de blé dur. — Les mêmes.

Le jury de 1849 apprécia ainsi les produits de la minoterie Laya : « L'établissement de MM. Laya et compagnie comprend cinq paires de meules, les bluteries et accessoires; son moteur se compose d'une machine à haute pression de la force de 20 chevaux. Cette usine, la plus considérable de ce genre en Algérie, a fourni, dès les premiers temps de son installation, des farines de qualité supérieure à celles que l'Algérie tirait de Livourne pour les pains de luxe et la pâtisserie. MM. Laya et compagnie emploient les blés durs; ils livrent annuellement environ 40,000 hectolit. de farine, de qualité telle qu'on l'applique à la confection des pains les plus recherchés... Le jury central décerne une médaille d'argent à MM. Laya et compagnie. » — A l'exposition de Londres, les farines de MM. Laya et Cie ont obtenu une mention honorable.

165. Farine de blé tendre, 1853. — Les Trappistes de Staoueli. — Voir n. 92, 93, 118.
166. Farine minot, 1849. — Mouren et compagnie, à Alger.
166 bis. Semoule de blé dur indigène. — Les mêmes.

Le jury de 1849 s'exprime ainsi sur ce lot : « MM. Léopold Mouren et compagnie se livrent avec succès à la mouture des blés tendres, dont ils obtiennent de belle farine blanche, et à la préparation des semoules avec les blés durs; ils confectionnent en outre des orges perlés. — Le jury central leur décerne une mention honorable. »

167. Farine de blé tendre indigène, 1854. — Province d'Alger.
168. Semoule de blé dur indigène, 1re qualité, 1854. — Province d'Alger.
169. Farine de blé dur non blutée, 1854. — Province d'Alger.
170. Farine 2e qualité. — Tesie.
171. Farine de blé dur indigène, 1854. — Province d'Alger.
172. Semoule de blé dur indigène, 1re qualité, 1854. — Province d'Alger.
173. Semoule pour pain de 1re qualité. — Ode, à Oran.
174. Semoule pour pain de 1re qualité. — Solano, à Oran.
174 bis. Semoule pour pain de 2e qualité. — Le même.
175. Semoule de blé dur, 2e qualité. — Envoi de la préfecture d'Oran.
176. Semoule fine de blé dur. — Minoterie Renpaquin, à Mostaganem.
176 bis. Minot de blé dur indigène. — Le même, 13 pour 100 de gluten.
177. Semoule fine de Mostaganem envoyée par la préfecture d'Oran.
178. Farine de blé dur envoyée par la sous-préfecture de Mostaganem.
179. Semoule fabriquée en 1853, avec la machine de Cosman, minotier à Mostaganem.
180. Farine de blé dur. — Wintherlig, au Tlélat, 1er prix 1854.
181. Farine de blé tendre. — Wintherlig, au Tlélat, 1er prix 1854.
182. Farine de blé dur, 1re qualité. — Minoterie Xalem, à Constantine.
183. Farine de blé dur, 2e qualité. — La même.
184. Farine, 1854. — Lavie père, à Constantine. — Voir n. 388, 458.

Au nombre des moulins à eau qui fonctionnent à Constantine d'une manière permanente, on distingue les belles usines de M. Lavie père, dont les farines, fort appréciées, servent aux besoins de la population civile et militaire.

185. Farine, 2e qualité, 1854. — Zaud Vincent, à Guelma.
186. Farine, 1re qualité, 1854. — Le même.
187. Farine, 2e qualité, 1854. — Le même.
188. 189. Farine de blé dur, 1re et 2e qualité, 1854. — Lavie fils, à Guelma.
190. Semoule. — Labaille, à Bone.

« M. Labaille a fait construire en 1843 un moulin à vapeur mû par une force de 16 chevaux, garni de 4 paires de meules et desservi par 15 ouvriers. Cette usine peut livrer annuellement environ 15,000 quintaux de farine. Elle a facilité les approvisionnements militaires, livré aux Européens des farines de bonne qualité et à des prix plus bas que ceux des farines étrangères, et suppléé avec un grand avantage à la mouture à bras en usage chez les indigènes. — Le jury central décerne à M. Labaille une médaille d'argent. » (Rapport du jury de 1849.)

191. Couscoussou. — Mustapha-ben-Kerim, à Bone.

Le jury de 1849 apprécia ainsi ce produit : « Cet exposant se livre à la préparation en grand du couscoussou, aliment granuleux, qui contient toute la substance nutritive du blé, et que l'on emploie comme base générale de l'alimentation, sous forme d'un potage agréable cuit à la vapeur du bouillon. — Médaille de bronze. »

192. Semoule de blé indigène.
193. Farine pour pain de 2ᵉ qualité.
194. Farine pour pain de 3ᵉ qualité.
195. Farine pour pain de 1ʳᵉ qualité.
196, 197. Semoule de blé dur indigène.

Seigle.

La plupart des terres d'Algérie étant propres à la production du froment, le seigle n'y saurait être qu'une culture très-secondaire, motivée par des convenances exceptionnelles de localité ou par des besoins spéciaux. Les Kabyles, et même quelques tribus arabes, cultivent cette céréale, mais en minime quantité comparativement au blé. On emploie la paille de seigle en Algérie, comme en Europe, pour liens de gerbe, couvertures de meules, dans la sellerie. La farine de seigle se mêle à celle du blé dur pour maintenir le pain plus frais. En 1854, la culture du seigle s'est étendue sur 576 hectares, qui ont produit 5,933 hectol., valant 75,847 fr.

Besoins de la France. En 1853, la France a importé 83,351 hectol. de seigle, valant 1,366,957 fr.

198. Seigle, 1853. — Les Trappistes de Staouëli. — Voir n. 92, 93, 128, 165.
199, 200. Seigle, 1854. — Ricca, à Arcole. — Voir n. 133.
201. Seigle, 1852. — Le même. — Voir n. 133, 199, 200.
202. Seigle, 1853. — Martin, à Fleurus.
203. Seigle, 1853. — Poupart, à Philippeville. — Voir n. 240, 249, 250, 259, 265, 266.
204. Seigle, 1852. — Bier, à Gastonville.
205. Seigle, 1853. — Lacombe, à Gastonville. — Voir n. 231.

Orge.

La variété d'orge cultivée par les indigènes jusque dans les oasis, et que les Européens ont généralement adoptée, comme l'espèce la plus productive, est l'orge à six rangs (*hordeum hexasticum*). Quelques colons ont introduit l'orge nue ou céleste. Pour les semences tardives, on conseille la petite orge carrée. On sème environ 2 hectol. à l'hectare, et on en récolte en moyenne de 20 à 25. L'orge en grain est principalement employée pour la nourriture des chevaux et des mulets; mais les pauvres la consomment aussi pour leur alimentation. L'orge est également cultivée comme fourrage vert, soit à pâturer, soit à faucher. — En 1854, la culture de l'orge s'est étendue à 276,889 hectares, qui ont produit 1,432,472 hectol., d'une valeur de 3,742,171 fr.

Besoins de la France. En 1854, la France a importé 110,917 hectol. d'orge, valant 1,336,549 fr.

206. Orge, 1850. — Marchal, à Bouzaréah. — Voir n. 122, 123, 206, 425.

207. Orge, 1853. — Busser, à Ouled-Fayet.
208. Orge, 1854. — Province d'Alger.
209. Orge, 1850. — Gaston de Montigny, à Saint-Joseph, près d'Oran. — Voir n. 129.
210. Orge, 1853. — Milliot, à Saint-Louis.
211. Orge, 1854, pièce de la plaine. — Adam, au Tlélat. — Voir n. 11, 95, 134.
212. Orge, province de Constantine. — Meunier.
213. Orge, 1853. — Barket-ben-Djeloud. — Province de Constantine. — Voir n. 160.
214. Orge, 1854. — Province de Constantine.
215. Orge indigène, 1854. — Province de Constantine.

Avoine.

L'avoine est en Algérie une importation européenne : c'est l'avoine blanche d'hiver qui a été adoptée. En même temps qu'elle est plus productive que l'orge, il est reconnu qu'elle constitue une excellente nourriture pour les chevaux de trait pendant l'hiver, sans avoir l'inconvénient de les échauffer. L'avoine d'Afrique est déjà recherchée sur le marché de Marseille. En 1854, il a été cultivé 1,595 hectares d'avoine qui ont produit 33,491 hectol., d'une valeur de 311,368 fr.

Besoins de la France. En 1854, la France a importé 66,773 hect. d'avoine, valant 564,333 fr.

216. Avoine brune, 1850. — Marchal, de Bouzaréah. — Voir n. 122, 123, 206, 425.
217. Avoine, 1853. — Barbein, de Cheragas.
218. Avoine, 1852. — Camelin, à Bone.

À l'exposition de 1849, M. Camelin reçut une médaille de bronze pour l'ensemble de sa production.

219. Avoine en gerbes, 1852. — Louis, dit Calique, à Jemmapes. — Voir n. 159.
220. Avoine, 1852. — Bellut, à Gastonville.
221. Avoine, 1853. — Lacombe, à Gastonville. — Voir n. 205.
222. Avoine, 1853. — Legay, à Gastonville.

Sarrasin.

Inconnu des Arabes et peu cultivé par les colons. En 1854, quelques essais ont été renouvelés. Les avantages de son introduction sont diversement appréciés.

Besoins de la France. La France n'importe pas de sarrasin.

Maïs.

Le maïs jouit d'une grande et légitime faveur chez les Européens comme chez les indigènes; ceux-ci le cultivent dans les oasis du Sahara non moins que dans le Tell. Cette céréale produit très-abondamment; on a pu compter jusqu'à 723 grains sur un épis de maïs. Dans de bonnes conditions elle a rendu 70 et 80 hectol. à l'hectare. Dans les *secanos* ou terrains non irrigables on sème les espèces petites et précoces, le maïs quarantain, le maïs à poulet, sur le pied de 50 litres à l'hectare. Dans les terrains irrigables on préfère le grand jaune ordinaire, le blanc dit des Landes, le grand d'Amérique à grains plats dont la farine est plus blanche et plus abondante. On sème seulement 30 litres à l'hectare. Son principal emploi est comme fourrage vert ou paille sèche. Les indigènes pilent le grain, le délayent dans l'eau avec du beurre et le mangent en bouillie. Les pauvres le font tout simplement griller en épis sur la cendre, et le mangent en grains. — En 1854, il a été cultivé en maïs 5,976 hectares, qui ont rendu 81,717 hectol., d'une valeur de 952,263 fr.

Besoins de la France. En 1853, la France a importé 24,603 hect. de maïs, valant 492,052 fr.

223. Maïs, 1848. — Pépinière centrale, à Alger.
224. Maïs, 1849. — La même.
225. Maïs. — Province d'Alger.

226. Maïs. — Morgera, à la ferme des Andalous. — Voir n. 239, 242-246, 257, 258.
227. Maïs en grains. — Le même.
228. Maïs, 1854. — Adam, au Tlélat. — Voir n. 11, etc.
228 *bis.* Maïs en épis, au Tlélat. 25 hectol. à l'hectare.
229. Maïs, 1853. — Olivi, à Mascara. — Voir n. 276, 281-283.
250, 251. Maïs, 1853. — Grima, à Philippeville. — Voir n. 875 et s.

Sorgho.

On cultive en Algérie, dans le Sahara comme dans le Tell, plusieurs espèces de sorgho : 1° le grand sorgho à balais (*holcus sorghum*), dont le grain est rouge et dont les panicules forment d'excellents balais : sa tige atteint 2 mètres; 2° le *bechan* des Arabes, *doura* dans l'ouest, qui paraît très-voisin du *H. saccharatus*, dont des découvertes récentes ont constaté l'aptitude à la production du sucre; 3° le *righiffa* des Arabes (*H. cernuus*); 4° le *benilche* des Arabes (*H. spicatus*), connu aussi sous le nom de millet à chandelle. Les trois dernières espèces ne sont guère cultivées que par les Arabes et au moyen de l'arrosage. Les grains de sorgho servent à la nourriture des hommes et de la volaille; les tiges sont consommées comme fourrage vert en juillet et août.

Millet

Les millets sont cultivés en Algérie pour fourrage vert et pour la nourriture des oiseaux privés. On en connaît deux espèces, le millet blanc ou commun qui est le plus estimé, et le millet à grappes ou d'Italie.

Alpiste.

Graminée dont le grain sert à nourrir les oiseaux. En 1853, il en a été importé d'Algérie en France 19,804 kil., valant 10,342 fr. Voir *Fourrages*, page 136.

Besoins de la France. En 1853, la France a importé 56,366 kil. d'alpiste, valant 21,001 fr.

Panis.

Graminée qui est employée aux mêmes usages que les millets, parmi lesquels on la range souvent. Le jardin de Biskara en a envoyé un échantillon qualifié de graine oléagineuse, indication à vérifier.

252. *Panicum typhoïdeum*, 1848.

Riz.

Le riz était cultivé par les indigènes avant la conquête, il l'est encore dans les oasis du Sahara. L'insalubrité, qui est à craindre du voisinage des rizières, a détourné l'administration d'encourager cette culture. D'ailleurs, l'eau d'irrigation que le riz exige en grande abondance peut être employée beaucoup plus fructueusement sous le soleil d'Afrique. On a essayé pourtant avec succès le riz sec, ou de montagne, qui a parfaitement réussi. Mais s'il n'exige pas un sol entièrement submergé comme le riz ordinaire, il lui faut encore des arrosages fréquents. Semé en fin d'avril, il peut être moissonné dans les premiers jours d'août.

Besoins de la France. En 1853, la France a reçu 333,450 q. m. de riz en grains ou en pailles, valant 16,649,406 fr.

253. Riz sec, 1850. — Pépinière du gouvernement, à Alger.
254. Riz sec, originaire de Chine. — Même provenance.
255. Riz sec, originaire de Chine, 1853. — Province d'Alger.
256. Riz sec, 1853. — Jardin d'acclimatation de Biskara.

Biscuit-viande.

Par un procédé breveté, MM. Callamand et Laurent, à Alger, fabriquent un biscuit-viande qui a mérité les suffrages de l'administration et obtenu un rapport très-favorable de l'Académie des sciences. Voici la composition de cette substance : 100 kil. de farine de blé dur, 50 kil. de viande fraîche, 20 kil. de légumes, total 170 kil., qui, mis à l'état de biscuits, réduits par la cuisson, l'absorption et l'évaporation, donnent environ un produit net de 110 kil. Quatre biscuits pèsent un kil., vendu 1 fr. 50 cent.; ils donnent 24 assiettées de soupe au bouillon gras, soit 6 cent. par potage. Destinés à l'approvisionnement de l'armée, ces biscuits-viande remplacent la viande fraîche pour faire la soupe grasse : il suffit de les réduire en poudre, et de les faire bouillir pendant 10 à 15 minutes dans deux litres d'eau avec un peu de sel et de poivre pour chaque biscuit ; on obtient ainsi de chacun six grandes assiettées de bonne soupe. La commission de l'Académie des sciences, composée de M. le maréchal Vaillant, ministre de la guerre, de MM. Dumas, Thénard et Boussingault, rapporteur, a déclaré, le 20 avril 1855, « que les inventeurs des biscuits-viande avaient atteint le but qu'ils s'étaient proposé et qu'il y avait lieu de les en remercier. »

256 bis. Divers échantillons de biscuit-viande. — Callamand et Laurent, à Alger.

Pain et biscuit de mer.

La fabrication de ces substances alimentaires a pris, en 1854, un grand développement : on a vu que l'exportation a atteint le chiffre de 2,696,117 kil. En 1853, le chiffre avait été de 15,491 kil. seulement; soit 809,834 francs, au lieu de 5,261.

Besoins de la France. En 1853, la France a importé 15,491 kil. de pain et biscuit de mer, valant 5,261 fr.

LÉGUMES SECS FARINEUX.

La culture et le commerce des légumes secs étaient connus des indigènes bien avant la conquête. Au XVIIIe siècle les négociants chrétiens en achetaient tous les ans, sur les côtes d'Afrique, de grandes provisions qu'ils envoyaient à Marseille et sur les côtes d'Italie. Aujourd'hui encore les fèves sont une branche importante de l'agriculture arabe ; les Européens y ont ajouté particulièrement les haricots, les pois et les lentilles, dont la culture était restreinte aux jardins maures ou kabyles.

Besoins de la France. En 1853, la France a importé 4,876,292 kil. de légumes secs farineux, valant 1,950,517 fr.

Fèves.

On en cultive deux espèces : la fève de marais et la féverole ou petite fève de cheval, moins propre à la nourriture de l'homme, mais plus productive et convenant particulièrement au bétail. L'une et l'autre sont toujours des cultures d'hiver. En 1854, il a été ensemencé en fèves 1,148 hectares, qui ont produit 14,762 hectol., d'une valeur de 2,713,745 francs. La fève est du nombre des légumes cultivés dans les oasis du Sahara.

237. Fèves de marais. — Maklouf Khalfoun, à Oran. — Voir n. 94, 102, 120, 350-352, 420.
238. Fèves, 1854. — Adam, au Tielat. — Voir n. 11, 95, 136, 154, 211, 263.
239. Fèves récoltées sans irrigation.—Société des Andalous, pr. d'Oran.—Voir n. 226.
240. Fèves de marais, 1851. — Ponpart, à Philippeville. — Voir n. 203, 240, 249, 250.

Haricots et Dolics.

Toutes les variétés réussissent. Les variétés naines sont adoptées pour la culture en grand et pour celle d'hiver ; les variétés à rames, pour les cultures de jardins.

Dans les montagnes kabyles, on cultive une variété de haricots, dits berbères, qui produit 150 pour un au moins.

241, 242. Haricots de Soissons, 1851. — Société des Andalous. — Voir n. 226.
243. Haricots oranges corses, 1851. — Même établissement. — Voir *ibid.*
244. Haricots parisiens, 1851. — Même établissement. — Voir *ibid.*
245. Haricots de Roussillon, 1851. — Même établissement. — Voir *ibid.*
246. Haricots, 1851. — Même établissement. — Voir *ibid.*
247. Haricots, dits dorades, 1853. — Royer, à la Sénia. — Voir n. 248, 253-256, 263.
248. Haricots de la Flèche, 1853. — Le même. — Voir n. 247, 253-256.
249. Haricots. — Poupart, de Philippeville. — Voir n. 203, 240, 250, 265, 266, 654.
250. Haricots rouges, 1851. — Le même. — Voir *ibid.*
251, 252. Haricots. — Pain, à Gastonville. — Voir n. 260, 261.

<h3 align="center">Lentilles.</h3>

Cultivées par les indigènes, comme par les colons, elles fournissent, outre un grain très-abondant, une paille qui est un bon fourrage. Les Arabes apprêtent les lentilles à peu près comme les fèves, dont ils font une espèce de bouillie, couleur de chocolat. On les sème en même temps que le blé et l'orge.

On cultive sous le nom de lentille d'Espagne une espèce de *gesse.*

253, 254, 255. Lentilles vertes. — Royer, à la Sénia. — Voir n. 247, 248, 263.
256. Lentilles amandes d'York. — Le même. — Voir *ibid.*
257, 258. Lentilles vertes. — Société des Andalous, 1851. — Voir n. 226, 239, 243-246.

<h3 align="center">Pois.</h3>

Les diverses espèces de pois verts et jaunes sont cultivées pour la nourriture de l'homme ; les pois gris, pour fourrages.

On cultive plus spécialement, sous le nom de *pois pointu* ou *garbancos*, le *pois chiche* (*cicer arietinum*, Linn.), particulièrement estimé des Espagnols. Il supporte mieux la sécheresse que les pois ordinaires.

Quelques colons cultivent également les pois carrés ou gesses (*lathyrus sativus*, Linn.), qui se mangent cuits, soit verts, soit secs, et dont la tige et les feuilles donnent un bon fourrage.

259. Pois, 1852. — Poupart, à Philippeville. — Voir n. 203, 240, 249, 250, 265, 266.
260, 261. Pois. — Pain, à Gastonville. — Voir n. 251, 252.
262. Pois pointus, 1854. — Adam, au Tiélat, quartier de Ténazat. — Voir n. 11, 95.
263. Pois pointus, garbancos. — Royer, de la Sénia. — Voir n. 248, 253-256, 263.
264. Gesses dites pois chiches. — Le même. — Voir *ibid.*
265, 266. Pois chiches, 1852. — Poupart, à Philippeville. — Voir n. 203, 240, 249, 250.

RACINES ET TUBERCULES FARINEUX.

Les principales espèces de cette catégorie cultivées en Algérie sont la pomme de terre et la patate ; on tente l'acclimatation de la colocase ou caladium et de l'igname. La nature fournit spontanément quelques végétaux à racines farineuses.

<h3 align="center">Pomme de terre.</h3>

La pomme de terre est en Algérie une importation européenne ; mais à notre exemple les indigènes commencent à l'adopter. Le climat permet de la cultiver pendant l'hiver et d'obtenir des tubercules au printemps ; dans les terrains irrigables, on fait facilement trois récoltes par an. Le rendement est généralement moins abondant qu'en Europe, et surtout la conservation des tubercules est plus difficile. Quant au volume et à la qualité, les pommes de terre d'Algérie ne le cèdent à celles d'aucun pays.

Besoins de la France. En 1853, la France a importé 2,273,100 kil. de pommes de terre, valant 340,265 fr.

Patates (*Convolvulus batatas*).

La patate est une autre importation européenne. Cultivée depuis 12 ans à la pépinière centrale, elle s'est répandue dans les jardins des colons. Les tubercules qu'elle produit en abondance (un hectare en donne jusqu'à 59,000 kil.) sont très-nourrissants et aussi sains qu'agréables au goût. Le feuillage est consommé comme fourrage. Les jeunes feuilles et les extrémités tendres des tiges sont excellentes cuites et accommodées comme les épinards, dont elles ont alors tout à fait le goût : c'est un succédané important de ce légume, qui souvent manque à l'époque des grandes chaleurs. La récolte des tubercules se fait vers le commencement d'octobre. On les plante au printemps jusqu'à la mi-mai. — De la patate on peut extraire de la fécule et de l'alcool.

Colocase, Caladion (*Caladium esculentum*).

Les essais qui ont été tentés sur ce végétal, de la famille des aroïdées, ont donné des résultats très-satisfaisants, soit en vue de l'emploi direct des tubercules pour la nourriture, soit pour l'extraction de la fécule qui est estimée, soit pour l'utilisation des terrains humides et un peu marécageux. — Des essais se poursuivent sur une autre espèce de *caladium,* originaire du Mexique.

Igname.

Trois espèces d'ignames (*dioscorea*) ont été cultivées à la pépinière centrale : le *D. altissima,* le *D. japonica,* le *D. batatas* ou igname patate. Cette dernière, fort répandue dans le nord de la Chine, où elle porte le nom de *saya,* a été introduite en Europe par M. de Montigny : elle a parfaitement réussi à Alger ; le rendement a été de 33,660 kil. à l'hectare. Les racines qui servent à la nourriture plongent verticalement dans le sol à une profondeur de 45 à 50 cent. : les plus développées pèsent jusqu'à 675 grammes et ont la grosseur du poignet. Elles renferment un suc légèrement visqueux, sans aucune saveur, qui disparaît complètement par la cuisson. Cuites à la vapeur d'eau ou dans la cendre, elles ont le goût des meilleures qualités de pommes de terre : la chair en est alors blanche et féculente.

Phélipée.

Plante spontanée dans l'Afrique du nord (*denous* des Arabes), où les indigènes la font servir à leur nourriture. Ils coupent en morceaux son bulbe, et exposent les fragments au soleil ; quand ils sont bien secs, ils les réduisent en poudre. Cette poudre est une fécule alimentaire qui est ajoutée aux céréales pour faire le couscoussou ; dans les temps de disette et chez les pauvres familles, elle constitue, avec les dattes, un peu de maïs et de la poudre de sauterelles, l'alimentation des habitants du Sahara. Elle croît en assez grande abondance en quelques endroits pour qu'on puisse en faire provision. On a proposé d'en faire des plantations ; mais cette plante, étant parasite, ne peut être cultivée. On en connaît deux espèces : la phélipée jaune, qui croît dans le Tell et le Sahara ; la violette, qui n'a été trouvée que dans le Sahara.

Tarsous.

Plante charnue et succulente que les indigènes emploient aux mêmes usages culinaires que la phélipée. Elle abonde dans les régions méridionales du Sahara, et se plaît au bord des lacs salés. On suppose que c'est le *cynnamomum coccineum*, qui se trouve sur quelques points du littoral africain, notamment à Mostaganem. Peut-être est-ce la même plante que la suivante.

Talrouda.

Cette ombellifère, qui paraît être le *bunium bulbocastaneum*, Linn., provient d'un tubercule solitaire, enveloppé d'une écorce noire, que les indigènes mangent en le mettant au feu, ou qu'ils réduisent en farine pour faire du couscoussou. Son tissu, moins farineux que celui de la pomme de terre, a un goût un peu fade. Il devient agréable cuit dans le jus de viande. Le *talrouda* abonde dans les plaines des régions élevées, dans les environs de Tlemcem, Mascara, Sétif, Constantine. Il est une grande ressource pour les indigènes pendant les temps de disette, et les soldats français ont souvent complété avec cet aliment leur ration de pain.

FÉCULES.

L'industrie algérienne s'est appliquée à titre d'essai, sinon encore de spéculation, à extraire de la fécule de diverses plantes, particulièrement de la canne, de la patate, du safran et de quelques plantes bulbeuses.

Besoins de la France. En 1853, la France a importé 17,016 kil. de gruaux ou fécules, valant 5,106 fr.

Canna-root.

A l'exposition de Londres, M. Chapel, de Kouba, exposa une fécule dite de *tous les mois*, extraite de la racine de canne (from the root of *canna*). Le jury la déclara d'excellente qualité, et lui accorda une mention honorable. Il présenta aussi un amidon extrait de la *canna discolor*, qui fut distingué par une mention honorable.

267. Graines de *canna*, donnant la fécule dite *canna-root*, 1853. — Goby, de Blidah.
268. Fécule de *canna-root* (racine de canne). — Chapel, à Kouba.
268 *bis.* Tige et feuilles de la canne à fécule (*canna-root*).

Patate.

La fécule de patate algérienne ayant été soumise à l'examen de la chambre de commerce de Paris, une commission l'apprécia en ces termes : « De l'examen des échantillons et des renseignements pris il résulte que les fécules de patate peuvent entrer dans le commerce avec la fécule de pommes de terre pour tous les emplois auxquels cette dernière sert à l'industrie. On peut dès lors leur donner la valeur commerciale de la fécule de la pomme de terre blutée et étuvée, 40 à 41 fr., prix actuel suivant blancheur et qualité. » (Rapport du 2 juillet 1852.)

Safran.

Sur la fécule du safran algérien, la même chambre de commerce a formulé ainsi son opinion : « Le bulbe du *crocus*, de même que tous les organes de reproduction des végétaux, renferme une plus ou moins grande quantité de matière amylacée, dont le rôle consiste à aider à la nutrition et au développement des jeunes plantes et des bourgeons. La fécule de safran d'Algérie se rapproche par ses propriétés des fécules qu'on a retirées de plusieurs bulbes du même genre ; mais, pour le moment, nous ne pouvons envisager cette fécule que comme un produit de curiosité qui ne pourrait acquérir d'importance qu'autant qu'elle posséderait des propriétés thérapeutiques inconnues, ou bien que, fabriquée à des prix plus avantageux que la fécule des pommes de terre, elle pourrait rivaliser avec cette dernière dans quelques-unes de ses applications à l'industrie. »

Colocase ou Caladion.

L'analyse a constaté dans cette plante une fécule de très-bonne qualité. *Voir* ci-dessus, page 61.

Plantes diverses.

Des essais heureux ont été tentés à Alger pour extraire la fécule de l'*arum italicum*, qui en contient 70 p. 100 ; du *narcissus tazzetta*, qui en contient 50 p. 100 ; des *orchis*, etc., plantes qui croissent abondamment dans les prairies et sur les montagnes de l'Algérie. Grâce à ces essais, les tubercules de l'*arum italicum* (pied de veau) ont acquis à Alger une valeur vénale de 3 fr. 50 c. le quintal métrique.

PATES ALIMENTAIRES.

Le blé dur d'Afrique étant éminemment propre à la fabrication des pâtes alimentaires, telles que vermicelle, macaroni et semoules, cette industrie s'est naturalisée dans la plupart des villes algériennes ; dans quelques-unes, elle a acquis une véritable importance.

Besoins de la France. En 1853, la France a importé 407,742 kil. de pâtes d'Italie et de semoules en gruau, valant 440,919 fr.

271. Macaroni d'Algérie fabriqué avec des blés durs, en 1853. — Dreyfus, à Tlemcen.
271 bis. Macaroni fabriqué avec du blé dur indigène.
272, 273, 274, 275. Vermicelle fabriqué, en 1853, avec les blés durs.

VIII. FRUITS DE TABLE ET GRAINES.

Tous les fruits d'Europe et la plupart de ceux de la zone tropicale prospèrent en Algérie ; mais, faute de soins habiles et d'un débouché qui puisse les payer à haut prix, ils n'y ont pas généralement acquis, sauf quelques espèces particulièrement favorisées par le climat, la même perfection qu'en Europe. Les progrès de la culture amèneront ce résultat, auquel se prêtent sans résistance les conditions de sol et de température.

Ce résultat sera puissamment aidé par l'initiative et les enseignements de la pépinière centrale du gouvernement, établie au Hamma, près d'Alger. Fondé en 1832, sous le titre de jardin d'essai, avec 5 hectares d'étendue, cet institut pratique d'horticulture a pris d'année en année des proportions plus considérables. Aujourd'hui la surface consacrée aux cultures atteint près de 40 hectares. Elle comprend : 1° une *école* dite *d'acclimatation*, où sont réunis les végétaux exotiques à naturaliser ; 2° une *école d'arbres fruitiers*, contenant toutes les espèces et variétés d'arbres fruitiers qui peuvent prospérer à l'air libre ; 3° l'*école des arbres forestiers*, consacrée à la recherche et à la multiplication des essences les plus propres au reboisement du pays, aux plantations publiques et privées, et à l'industrie ; 4° l'*école des végétaux alimentaires et des végétaux industriels*. — Une filature de soie, des machines à égrener le coton, de vastes serres complètent ce bel établissement, qui est depuis 1842 sous la direction de M. Hardy, dont les services éminents ont été récompensés de la croix d'honneur. La part que la pépinière centrale d'Alger a prise aux concours de Paris en 1849 et de Londres en 1851 a puissamment concouru à faire connaître les ressources de l'Algérie. À l'instar de cette création, d'autres pépinières publiques ont été fondées dans les principaux centres de production, pour faciliter aux communes et aux colons la multiplication des arbres, qui sont un élément de salubrité autant que d'agrément et de revenu.

Les fruits oléagineux, tels que les amandes, les arachides, les noisettes, les noix, sont consommés comme fruits de table ; c'est pourquoi nous les réunissons dans un même groupe. Quant aux olives, on en parlera au sujet des huiles.

Besoins de la France. En 1852, la France a importé en fruits de table, secs ou tapés, 16,576,523 kil., valant 7,541,523 fr. ; et, en fruits oléagineux, 32,077,055 kil., valant 8,870,023 fr. ; en tout 48,653,588 kil., valant 16,412,246 fr.

FRUITS DE TABLE.

Abricots.

L'abricotier prospère partout en Algérie, dans les oasis du Sahara comme dans le Tell ; il acquiert une grande élévation. Les indigènes possèdent plusieurs variétés, dont quelques-unes ne sont pas sans qualité ; mais comme ils ne connaissent qu'imparfaitement le moyen de les fixer par le greffage, ils n'emploient guère que les semis pour les multiplier ; il en résulte une confusion extrême dans les abricots que l'on voit sur les marchés. Les abricots se cueillent en mai ; le *sachi*, qui en est une variété à peu près de la grosseur du brugnon, auquel il ressemble d'ailleurs sous plusieurs rapports, se cueille un peu plus tard. On le préfère à l'abricot ordinaire, parce que celui-ci passe pour être malsain. L'expérience des colons n'a pas confirmé cette prévention des indigènes, qui n'est sans doute vraie que dans les cas de défaut de maturité ou de consommation excessive. Les Sahariens préparent avec l'abricot diverses sortes de *madjoun* ou confitures, dont ils font leurs provisions pour l'hiver. Ils font également sécher au soleil les fruits, qui deviennent ainsi un objet d'échange avec les habitants du Tell, moins riches en abricotiers que les habitants des oasis. C'est une nourriture dont les Arabes sont très-friands. — La pépinière centrale possède vingt-neuf variétés d'abricotiers.

Amandes.

L'amandier croît spontanément en Algérie dans les terrains secs ; il est cultivé dans le Tell comme dans le Sahara. À Saïda, sur la ligne de jonction du Tell et du Sahara, il forme d'épais buissons. L'amandier est assez commun en Kabylie pour avoir donné son nom à une des portes de Bougie, *Bab-el-Loux*, la porte des amandes. En quelques forêts, il est l'essence dominante de certains massifs. Cependant les grandes plantations sont rares, quoiqu'on le trouve dans tous les jardins autour des villages kabyles et des villes. Bien que chez les indigènes prédominent les espèces à coques dures, ils possèdent quelques variétés à coque demi-tendre, qui ne laissent rien à désirer sous le rapport du goût. Les colons ont commencé à introduire les espèces à coques tendres. Le climat et le sol invitent à cette culture dont les produits annuels sont assurés, la gelée ne détruisant jamais les fruits au printemps. La pépinière centrale d'Alger cultive six variétés d'amandiers. — Voir page 75, *Graines oléagineuses.*

Besoins de la France. Dans l'importation sus relatée de la France, les amandes comptent pour 366,248 kil., valant 694,874 fr.

Annones.

Fruits de l'*annona cherimolia*, Lam. Ils mûrissent en octobre, et ont jusqu'à 27 cent. de circonférence ; leur forme est un cône écrasé, dont la curieuse structure rappelle indirectement celle des pommes de pin. Les semences, qui sont assez nombreuses, sont noyées dans une pulpe blanche comme de la crème, et fondante comme elle à parfaite maturité. La saveur de ce fruit est agréable, quoique ayant une légère odeur de résine. Acclimatée à la pépinière centrale, cette essence constitue une acquisition précieuse pour le pays.

Arachide ou Pistache de terre.

C'est le fruit de l'*arachis hypogœa*, Linn., dont l'industrie retire une huile estimée. En Algérie, il est consommé comme fruit de table, cru ou grillé, surtout par les Espagnols, qui le nomment *cacahouet*. Ceux-ci ont aussi introduit l'usage, répandu depuis longtemps dans la péninsule espagnole, d'en faire des émulsions très-agréables et très-rafraîchissantes qui se débitent dans les cafés et sur les places publiques. Le fruit de l'arachide présente cette particularité remarquable de mûrir dans la terre, où il pénètre et s'enfonce, en recourbant le pédoncule après la floraison. — Voir page 73, *Graines oléagineuses.*

Besoins de la France. Dans le chiffre susrelaté de l'importation française, les arachides (et noix de touloucouna) comptent pour 31,418,634 k., valant 7,854,659 fr.

Arbouses.

Fruit de l'arbousier (*arbutus unedo*, Linn.), de la couleur et de la forme d'une grosse fraise, sans parfum : assaisonné d'eau-de-vie et de sucre, l'arbouse acquiert un goût agréable. On en fait des confitures estimées ; on en tire de l'eau-de-vie par la fermentation. L'arbousier, très-commun en Algérie, y vient à fleur et à fruit en décembre : ses fruits sont recherchés des Arabes.

Azerole.

Fruit de l'azerolier, *mespylus azarolus*, Lamk. Ce fruit aigrelet se mange en Algérie comme en Italie et en Provence ; on peut le confire au sucre et au vinaigre. L'azerolier vient particulièrement dans la province de Constantine. On en cultive deux variétés à la pépinière centrale d'Alger.

Bananes.

Fruit du bananier (*musa paradisiaca*, Linn.), plante arborescente de l'Inde parfaitement acclimatée en Algérie, dans les lieux abrités et irrigables, même avant la conquête. Dès l'automne, le bananier se couvre de beaux régimes de fruits aussi sains qu'agréables et succulents, qui se mangent crus ou cuits. Ils naissent en abondance, se développent bien et parviennent toujours à complète maturité avec des soins judicieux. L'arbre fleurit en mai, et les bananes mûrissent successivement à partir de septembre jusqu'en janvier. Dès qu'on voit jaunir quelques bananes, on coupe le régime et on le suspend dans un lieu abrité où il achève de mûrir. Les fruits qui ne peuvent mûrir avant l'hiver se conservent, pendant cette saison, attachés à la plante ; en les recouvrant d'un capuchon en paille, leur maturation recommence au retour de la chaleur. Chaque régime de bananes porte de 40 à 80 bananes de $0^m,12$ c. à $0^m,15$ c. de longueur. Le régime pèse en moyenne 20 kil. ; la tige, après que le régime est enlevé, pèse encore 50 à 60 kil. On a calculé qu'un hectare, planté de 6,664 pieds portant pareil nombre de régimes, pouvait produire 133,280 kil. de matière nutritive. La culture n'exige pas des renouvellements annuels de plantation et d'ensemencement, la plantation se régénérant par elle-même pendant dix ou douze ans. On commence à expédier en France des régimes de bananes algériennes. La pépinière centrale d'Alger cultive 4 espèces de bananiers.

Bibace.

Fruit du bibacier ou néflier du Japon. (Voir ce nom, page 70.)

Câpres.

Fruit du câprier (*capparis aculeata*, Linn.), qui est indigène en Algérie, auprès d'Oran, dans les gorges de la Chiffa, etc. On conserve les câpres dans le vinaigre pour assaisonnement, mais l'Algérie s'approvisionne à Tunis.

Caroubes.

Fruit du caroubier (*ceratonia siliqua*, Linn.), un des plus beaux arbres indigènes de l'Algérie. A raison de sa pulpe qui est laxative et adoucissante, le fruit frais ou sec est recherché des Arabes. On le donne aussi aux bestiaux. Dès le moyen âge, les caroubes étaient une matière d'exportation pour le port de Bougie.

Cerises.

Fruit du cerisier (*prunus cerasus*, Linn.), qui croît sauvage dans les forêts de l'Algérie, où il forme quelquefois des groupes considérables. Il est aussi cultivé dans les vergers arabes. A Tlemcen, une fête traditionnelle, nommée la fête des Cerises, célèbre pendant tout le mois de mai la beauté des arbres qui ombragent, chargés de fleurs et de fruits, les gorges de la Safsaf. La pépinière centrale d'Alger possède 91 variétés de cerisiers.

Cédrats.

Fruit du cédratier (*citrus medica cedra*, Desf.), variété de citrons dont on fait de très-bonnes confitures sèches. Les indigènes en possèdent des types excellents.

Châtaignes.

Fruit du châtaignier (*castanea vesca*, Linn.), arbre fruitier, qui croît spontanément dans plusieurs localités de l'Algérie. Ses fruits sont plus petits mais seraient aussi bons que les châtaignes de France et d'Espagne si la greffe en améliorait la qualité.

Besoins de la France. En 1853, la France a importé 184,578 kil. de marrons, châtaignes et leurs farines, valant 55,373 fr.

Chayote.

Fruit du *sechium edule*, Linn., le *chouchou* de l'île Bourbon, liane de la famille des cucurbitacées, parfaitement acclimatée à la pépinière centrale d'Alger. Ce fruit est un peu moins gros que les deux poings réunis ; sa forme figure assez bien deux mains jointes et appliquées l'une contre l'autre. Son écorce est verte, rugueuse, sillonnée et quelquefois hérissée de piquants qui ne sont nullement dangereux, simples excroissances de l'épiderme. Par un contraste frappant avec les autres fruits de la même

famille, ce fruit ne renferme qu'une semence. Cette plante est très-vigou-
reuse; ses longs rameaux débiles, portant de larges et nombreuses feuilles,
envahissent des espaces considérables, surtout si on leur donne des supports. Elle donne beaucoup de fruits en rampant sur le sol, mais jamais
autant que lorsqu'on la fait grimper sur des arbres ou sur des tonnelles.
Le fruit de la chayote est sans saveur particulière bien prononcée, ce
qui doit être considéré comme une qualité dans une plante alimentaire.
Sa chair a une certaine consistance, sans être coriace ni filandreuse.
Elle est d'une cuisson facile. Etant coupée par tranches, on peut la préparer à diverses sauces, on l'associe à la viande. La puissance de production
de la chayote est telle que 40 plantes mises en terre au pied d'une tonnelle
de 100 mètres de long sur 3 mètres de large, couvrant par conséquent
une superficie de 3 ares, donnent 4,500 fruits pesant 2,562 kil., soit
une moyenne de 112 fruits par plante et de 732 grammes par fruit. Un
hectare complanté de cette façon donnerait 150,000 fruits pesant 109 kil.
de substance alimentaire. Ces fruits arrivent à maturité au milieu de
l'automne. On peut les consommer dès lors ou les conserver jusqu'au
mois de mai et même plus tard. La chayote vit pendant plusieurs années;
elle donne un ombrage impénétrable et présente des ressources précieuses
pour la nourriture des bestiaux.

Citrons.

Fruits du citronnier (*citrus medica sativa*, Desf.), espèce de la famille des aurantiacées, associée à l'oranger dans les vergers de l'Algérie,
mais moins commune quoiqu'elle croisse spontanément à l'état sauvage.
Les qualités et les nombreux emplois du citron sont connus. Pour la statistique, voir *Orangers*. Les indigènes possèdent d'excellents types de
citrons, que la culture européenne a adoptés et multipliés, et qu'elle exporte en grande quantité en France.

Coings.

Fruits du cognassier (*pyrus cydonia*, Linn.), cultivé par les indigènes
avant la conquête, même au moyen âge, au témoignage d'un historien
contemporain, qui dit avoir vu des coings gros comme de petites
citrouilles. La pépinière centrale d'Alger possède cinq variétés de cognas-
siers.

Dattes.

Fruit du palmier dattier (*phœnix dactylifera*, Linn.), l'arbre carac-
téristique du Sahara. Les dattes sont la nourriture principale de tous les
habitants nomades ou sédentaires de cette contrée. Les plus riches seuls
mangent de la galette et du couscoussou. Cependant, sous peine de maladie grave, il faut mélanger la datte avec un autre aliment, tel que les
fromages, le lait, la galette. Les dattes sont en outre le principal produit
d'échange du Sahara avec le Tell. Les palmiers-dattiers venus de semis
sont généralement inféconds et d'une venue beaucoup moins belle que
ceux plantés de boutures; c'est donc ce dernier mode de reproduction qui
est adopté. A six ou sept ans l'arbre s'élève à une hauteur de 3 à 4 mètres
et commence à donner des fruits. Les dattes se cueillent vers le mois de
novembre; des magasins, destinés à les recevoir, sont ménagés dans chaque maison et sillonnés de petits canaux qui reçoivent et laissent écouler
le miel des dattes à mesure qu'elles se dessèchent. Ainsi préparées, et après
dessiccation complète, elles peuvent se conserver dix ou douze ans : les
Arabes semblent les préférer aux dattes fraîches. Celles qui nous arri-

vent en Europe sont d'une qualité tellement inférieure que dans le pays on les donne en nourriture aux chameaux, aux mulets, aux chevaux, en ayant soin de les mélanger, soit avec de l'orge, soit avec une herbe nommée *sefsfa*. La première qualité de datte se nomme *deglet-en-nous*; elle se vend au régime, tandis que les dattes communes se vendent à la charge dans le Sahara, et au poids sur le littoral. En règle générale, dans le Sahara, à l'époque de la cueillette, la charge de blé vaut deux charges de dattes; dans le Tell, au moment de la moisson, la charge de dattes vaut deux charges de blé. A Alger, elles se vendent de première main environ 80 cent. le kil. Les plus renommées du Sahara algérien sont celles de l'oasis de Souf.

Le palmier entre dans sa plus grande vigueur au bout de 30 ans, et continue dans le même état de force pendant 70 ans, portant chaque année 15 à 20 régimes de dattes, dont chacun pèse 7 à 10 kil. Au bout de ce temps l'arbre déchoit graduellement et périt tout à fait avant d'avoir atteint 200 ans. Le dattier passe pour être stérile dans le Tell où l'on ne voit, en effet, que quelques sujets isolés, groupés dans les lieux abrités, surtout au voisinage des eaux thermales, et sur lesquels on n'a jamais cueilli de fruits. Mais des observations sérieuses, qui se poursuivent à la pépinière centrale sur les sujets dont on a facilité la fécondation par les moyens qu'emploient les habitants du Sahara, permettent de suspecter, plus que le climat, le défaut de soins et l'absence de fécondation due à l'éloignement des pieds mâles et des pieds femelles. C'est une expérience du plus haut intérêt, dont la conclusion ne tardera pas à être connue.

Le palmier est encore utilisé dans les constructions pour son bois, dans la sparterie pour ses branches et ses feuilles; il produit une boisson qui, en fermentant, donne de l'eau-de-vie; nous le retrouverons dans divers autres chapitres. Outre la datte, il produit, comme substance alimentaire, dans le haut du tronc, une substance blanchâtre assez tendre, d'un goût de noisette, qui s'enlève par feuilles, et qui est fort recherchée des Arabes. — Voir pages 106, 113.

Figues.

Fruit du figuier (*ficus carica*, Linn.), l'arbre fruitier le plus répandu en Algérie après l'olivier. Il y croît spontanément. Ses plantations ombragent et constituent même autour des villes la plupart des jardins maures. On en trouve un grand nombre de variétés chargées de fruits que les indigènes divisent en deux classes : les blancs et les noirs. Les figues-fleurs (*bokhor* des Arabes) commencent à paraître à la fin de mai; les figues proprement dites viennent en juillet et août, et durent jusqu'en octobre. Dans plusieurs localités, la production, la préparation et la dessiccation des figues forment une occupation importante des habitants, de même que la vente de ce produit forme une source essentielle de revenus. Desséchées, on en fait des pains volumineux ou gâteaux, d'un prix modique, aussi substantiels et sains qu'agréables au goût. Ces gâteaux figurent sur tous les marchés de l'Algérie, et entrent dans la nourriture des colons comme des indigènes. Les figues du *ficus carica* sont souvent appelées *figues douces*, pour les distinguer des *figues de Barbarie*, qui suivent. La pépinière centrale d'Alger possède 92 variétés de figuiers.

276. Figues sèches, 1853. — Olivi, à Mascara. — Voir n. 279, 281, 283.
277. Figues sèches, 1853. — Martel, aux Libérés. — Voir n. 284 *bis*, 285.
278. Figues sèches, 1853. — Vessiot fils, à Mascara, 40 c. le kilog. — Voir n. 284
279. Figues sèches. Provenances diverses.

Figues de Barbarie.

Fruit de l'*opuntia vulgaris*, Linn., le cactus commun de l'Algérie, que l'on pense être d'origine exotique, à cause du nom qu'il a reçu des Arabes, *Karmous N'çara*, figues du chrétien (Nazaréen). Ce fruit est, pendant les trois ou quatre mois d'été, la base de la nourriture des Arabes. Les plantations de cactus composent exclusivement les jardins de la plupart des tribus qui habitent sous la tente. Les figues de Barbarie sont un aliment très-sain, d'un goût agréable, très-rafraîchissant pendant la saison des chaleurs. Les Européens en ont rapidement et universellement adopté la consommation, quoique en moindre quantité que les Arabes. Le figuier de Barbarie se reproduit de boutures avec la plus grande facilité et croît très-promptement, même dans les sols les plus pauvres. Il suffit à cet effet de déposer une raquette ou portion de raquette sur le sol légèrement remué. Son bois est employé par l'industrie.—Voir page 111.

Framboises.

Fruit du framboisier (*rubus idæus*, Linn.). C'est une importation européenne. La pépinière centrale d'Alger en possède quatre variétés; mais sa véritable station est dans les régions de l'Atlas, plus hautes et plus fraîches que le littoral.

Glands doux.

Fruit du chêne à glands doux ou bellout (*quercus ballotta*, Linn.), un des arbres fruitiers les plus estimés de l'Algérie. Ces glands, aussi nourrissants et aussi doux que la châtaigne, entrent dans l'alimentation des indigènes, qui les mangent même crus. Des populations entières de l'Atlas ne vivent presque que de ces fruits pendant la majeure partie de l'année. Bouillis dans l'eau ou cuits sous la cendre, ces glands ont un goût plus délicat. Les colons en tireraient un grand parti pour la nourriture de leur bétail.

Goyaves.

Fruit du goyavier (*psidium pomiferum*, Linn.). Originaire de l'Inde, le goyavier a été acclimaté à la pépinière centrale d'Alger, qui en possède quatre variétés, et de là il se répand chez les colons. La meilleure espèce est celle à fruits pyriformes. La maturité a lieu en octobre et novembre; la saveur en est un peu aromatique; le goût de la fraise et de la framboise y domine. Avec la goyave on prépare des compotes et des confitures sèches très-estimées.

Grenades.

Fruit du grenadier (*punica granatum*, Linn.), un des plus beaux produits de la culture algérienne. Le grenadier croît spontanément et fructifie si abondamment que, dans les premiers temps de la conquête, on pouvait avoir six grenades pour un sou. Il y a une variété à fruits doux et à larges feuilles. Mêlé à l'olivier, à l'agave, au cactus, au roseau, le grenadier forme les haies de la plupart des jardins de l'Algérie. Les grenades sont exportées avec profit en France.

Jujubes.

Fruit du jujubier (*zizyphus sativa*, Desf.), arbre répandu dans les jardins de l'Algérie. Les fruits commencent à mûrir dès le mois de juin, et sont recherchés des Maures et des Arabes. Le pays de Bône est célèbre depuis longtemps par la rare beauté de ses jujubiers, qui lui ont valu le nom de *Beled-el-Aneb*, ville des jujubes. Une rivière de la contrée leur doit également son nom : *Oued-el-Aneb*.

286. Jujubes sèches. — Laugier, aux Tagarins, faubourg de Bab-el-Oued, Alger.

Groseilles.

Fruit du groseillier (*ribes rubrum*, Linn.), arbuste importé d'Europe, comme le framboisier, mais qui ne réussit bien que dans les parties hautes et fraîches du pays.

Limons.

Variété de citrons, de la famille des orangers. V. ces mots, page 71.

Mûres.

Fruit du mûrier noir (*morus nigra*, Linn.). Le mûrier existe depuis un temps très-reculé en Algérie, à en juger par les beaux sujets que l'on trouve partout où les populations indigènes ont été longtemps groupées. Le mûrier à fruit noir porte des mûres qui sont consommées comme fruits : on les récolte à partir du mois de juin.

Myrte.

Les indigènes mangent les baies du myrte (*myrtus communis*, Linn.), qui croît spontanément en Algérie, où il forme, mêlé aux agaves et aux grenadiers, les haies des jardins.

Nèfles.

Fruit du néflier (*mespylus germanica*, Linn.), arbre importé d'Europe en Algérie. La pépinière centrale d'Alger en possède trois variétés.

Nèfles du Japon.

Fruit du néflier du Japon ou bibacier (*mespylus japonica*, Thumb), arbre qui s'est parfaitement acclimaté en Algérie. Il s'y présente sous l'aspect d'un bel arbre, de forme pyramidale, au feuillage large, épais, et d'un vert dont les tons sont des plus énergiques. Les fruits très-nombreux, réunis en grappes, de la grosseur des nèfles ordinaires, mais entièrement ronds, sont d'un jaune clair, d'un goût acide et agréable; ils mûrissent en avril, époque où l'on n'a aucun fruit nouveau.

Noisettes.

Fruit du noisetier (*corylus avellana*, Linn.), arbuste indigène qui ne croît que dans les parties élevées du Tell algérien. La pépinière centrale d'Alger en cultive deux variétés. — Voir pag. 73, *Graines oléagineuses.*

Noix.

Fruit du noyer (*juglans regia*, Linn.), qui croît dans toutes les parties élevées de l'Algérie, quoique moins communément qu'en Europe. Dans le moyen âge, les noix étaient un article d'exportation pour Bougie, Djidjelli et Collo. Celles de Nikous au S. de Sétif étaient renommées, celles des monts Aurès le sont encore. La pépinière centrale d'Alger possède deux variétés de noyers, outre trois espèces exotiques qu'elle a introduites, le noir, le cendré et le pacanier, essences forestières plus encore que fruitières.

On donne le nom de *noyer de Bencoul* à un arbre des îles Moluques (*aleurite triloba*, Forst.), au feuillage toujours vert, qui a été acclimaté à la pépinière centrale. Il donne des graines tout à fait semblables à des noix : l'amande en est bonne à manger, et contient de l'huile en assez grande quantité.

Olives.

Fruit de l'olivier (*olea europæa*, Linn.), l'arbre le plus répandu en

Algérie. La préparation et la conservation des olives comme fruit de table sont une industrie naturalisée à Bougie, à Alger, à Tlemcen. Comme cependant la production de l'huile est le principal emploi de l'olive, nous renvoyons au chapitre des SUCS VÉGÉTAUX ce que nous avons à dire de l'arbre. Voir aussi page 73, *Graines oléagineuses.*

Oranges.

Fruits de l'oranger (*citrus aurantium*, Linn.), une des productions les plus exquises de la Pomone algérienne. L'oranger croît dans toute la partie basse du Tell jusqu'à 600 mètres d'élévation, dans les lieux abrités et irrigués; partout ses fruits y viennent à pleine maturité, et ils y acquièrent les qualités les plus parfaites de goût et d'arome, pour peu que la culture vienne en aide à la nature. Le centre principal de la production des oranges est la région de Blidah. En 1853, on comptait, dans le seul territoire civil de cette ville, 250 orangeries environ, occupant une superficie de 229 hectares complantés de 38 à 39,000 arbres. Cette année le revenu total pour Blidah et ses annexes fut de 137,360 fr., et la moyenne par arbre put être évaluée de 4 fr. à 4 fr. 50 c. Dans l'entier département d'Alger, on comptait 311 orangeries d'une superficie totale de 375 hectares, composées de 50,877 pieds, qui avaient donné un revenu approximatif de 156,373 fr., sur lesquels 93,643 étaient le résultat des produits exportés dans la métropole par Blidah. Dans la campagne de 1853-1854, il a été exporté de Blidah 6,700 caisses, du prix sur place de 18 fr., soit 120,600 fr. La valeur des oranges, prises sur place, est de 1 fr. à 2 fr. 50 le cent, suivant leur plus ou moins bonne venue, et suivant aussi l'abondance des fruits au commencement de la récolte: vers la fin, ce prix s'élève jusqu'à 6 fr. Vers le commencement de mai, les orangeries de la plaine sont dépouillées de leurs fruits: de sorte qu'Alger et les localités environnantes consomment des oranges indigènes depuis janvier jusqu'à la fin de juin, époque à laquelle arrivent celles de Mayorque.

La culture algérienne des oranges comprend, outre les espèces de ce nom, le citron, dont le limon est une variété, le cédrat, le pamplemousse, espèce d'orange grosse comme la tête d'un enfant, que le roman de *Paul et Virginie* a rendu si célèbre, le poncire, le *cookia punctata.* Et parmi les orangers on compte de nombreuses variétés dont les plus connues sont les portugal, les chinois, les bigarades, orange amère, essentiellement propre à faire l'eau de fleurs d'oranger; la bergamotte, la mélarose. Toutes ces espèces et variétés fournissent des essences dont il sera question au chapitre des SUCS VÉGÉTAUX. — Voir page 87.

Palmier nain.

Le fruit du palmier nain (*chamærops humilis*, Linn.), appelé *raisin de renard* par les Arabes, est mangé par les plus pauvres d'entre eux, ainsi que les jeunes pousses. C'est une baie peu succulente qui recouvre un noyau dur que l'on travaille au tour.

Pêches.

Fruit du pêcher (*amygdalus persica*, Linn.). Les pêches étaient connues des indigènes avant la conquête; on cultive dans leurs jardins une grosse pêche blanche qui a tous les caractères de nos *pavies*, mais dont la chair, faute de soins entendus, est croquante et sans saveur. Cependant, au dix-dix-huitième siècle, Shaw signalait des variétés d'une odeur on ne peut plus agréable, et pesant ordinairement jusqu'à 10 onces. La pêche brugnon était également connue avant la conquête. La culture européenne a introduit de nombreuses variétés d'un meilleur goût ; la pépinière centrale d'Alger en possède 56. Les variétés précoces mûrissent en juillet, les tardives en septembre.

Pistache.

Fruit du pistachier commun (*pistacia vera*, Linn.), arbre cultivé dans les jardins maures pour son fruit, dont l'amande douce et délicate sert à de nombreux usages en cuisine et en confiserie. Il réussit parfaitement en Algérie, mais ne croît que très-lentement. Les récoltes ne manquent jamais par l'effet des gelées tardives.

Poires.

Fruit du poirier (*pyrus communis*, Linn.). Le poirier est, de longue date, cultivé dans l'Afrique du nord, au témoignage de saint Augustin, qui raconte dans ses *Confessions* qu'il alla un soir avec plusieurs de ses camarades voler de belles poires dans un jardin voisin, et il ajoute que ce fut uniquement par méchanceté, puisqu'ils en avaient dans leur jardin qui étaient encore meilleures et plus belles. Parmi les variétés indigènes, on distingue le bon-chrétien *gracioli*. Les Européens ont introduit un grand nombre de variétés nouvelles ; la seule pépinière centrale en possède 351.

Pommes.

Fruit du pommier (*malus communis*, Lamk.). Les pommiers des Arabes paraissent tous appartenir à l'espèce connue sous le nom de *doucin*, qu'ils reproduisent invariablement de drageons. La pépinière centrale en possède 145 variétés.

Prunes.

Fruit du prunier (*prunus domestica*, Linn.). Cet arbre réussit parfaitement, non-seulement dans le Tell algérien, mais dans les oasis du Sahara. Parmi les variétés indigènes, dont plusieurs sont bonnes, on en distingue une qui a beaucoup d'analogie avec notre reine-Claude, qui en a même toute la saveur et le parfum ; elle se trouve en très-grande abondance dans les vergers du Hamma de Constantine. On rencontre aussi plusieurs variétés de *mirobolan*, dont le goût laisse toutefois à désirer. La culture européenne doit introduire des types supérieurs et des soins mieux entendus. La pépinière centrale possède 80 variétés de pruniers.

Raisins.

Fruit de la vigne (*vitis vinifera*, Linn.). Avant la conquête, la vigne était cultivée en grand par les indigènes dans certaines localités. Partout où leurs demeures sont fixes, ils ont des treilles et récoltent du raisin. A Médéah, à Milianah, à Cherchell, à Mostaganem, à Mascara, on remarquait des sortes de vignobles dont quelques-uns ont profité aux colons. Les indigènes en faisaient sécher les produits ; les juifs seuls se livraient à la fabrication du vin. On rencontre dans les montagnes une excellente espèce de raisin de table à grains oblongs, blancs, transparents, sans pepins, à grappes lâches, très-sucré et d'un goût délicieux. On le connaît généralement sous le nom de raisin de Dellys, parce que les habitants de cette localité le cultivent en grand et en exportent des quantités considérables à l'arrière-saison, les grappes tenant tout entières aux sarments. Les autres variétés que l'on trouve chez les Arabes sont : le *Joannen* natif, le *verdal*, la *pensé grosse commune*, le *muscat d'Alexandrie blanc*, le *marocain*, le *cornichon blanc*, et le fameux *raisin de la Palestine*, dont les grappes, très-lâches du reste, atteignent jusqu'à 30 cent. de longueur. — Pour le vin, voir le chapitre des Boissons, page 182.

281. Raisins muscats, malaga, plants de 3 ans.—Olivi, à Mascara.—Voir n. 229, 276.
282. Raisins barbe rouge, plants de Corse, 1853.—Le même.— Voir *ibid.*
283. Raisins noirs, plants de France. — *Le même.* — Voir *ibid.*
284. Raisins secs, 1853. — Vessiot, à Mascara. — Voir n. 278.
284 *bis.* Raisins secs.—Martel, aux Libérés.—Voir n. 277.
285. Raisins secs, 1853. — Martel, aux Libérés.—Voir *ibid.*

Souchet (*Cyperus esculentus*, Linn.).

Cette cypéracée porte, entremêlés aux racines, de petits tubercules analogues à des amandes, dont on peut extraire de l'huile, mais que l'on mange tels quels, en raison de leur saveur particulière. Souvent aussi on les emploie à la confection d'un orgeat estimé. On multiplie la plante au moyen des mêmes tubercules enfouis à une petite profondeur.

GRAINES OLÉAGINEUSES.

L'Algérie récolte un grand nombre de graines oléagineuses, dont quelques-unes seulement sont exploitées pour la production de l'huile; les autres n'ont donné lieu qu'à des recherches et des essais, à titre d'expérimentation plutôt que de spéculation. Nous renvoyons au chapitre des Sucs végétaux, article des *Huiles*, page 81, ce que nous avons à dire de ces graines, nous bornant ici à une simple énumération des graines oléagineuses acclimatées en Algérie. Ce sont les suivantes :

Arachide, cameline, chènevis, colza, coton, lentisque, lin, madia sativa, moutarde, navette, œillette ou pavot, radis oléifère, ricin, sésame, tournesol.

Besoins de la France. Voir article *Huiles fixes*, page 81.

287. Amandes, grosse espèce, à coque dure, cueillies avant maturité. — Laperlier, à El-Biar.
290. Olives, 1853; prix 0. f. 50 c. le kil.—Santé, à Mansoura.
291. Olives, 1853.—Rouzet, à Tlemcen.
292. Olives en saumure, 1854.—Facio, à Tlemcen.
293. Olives en saumure de la Kabylie, achetées au marché arabe.
294. Olives en saumure, 1853.—Coulon, à Alger.
295. Olives confites par le procédé indigène musulman. — Ali-ben-Adja, à Tlemcen.
296. Olives, 1853. — Sorbiez, à Tlemcen.
297. Noisettes d'Algérie.
298. Arachides du Brésil, 1854. — Pépinière du gouvernement, Alger.
299, 300. Arachides.—Feuillé, de Chéragas.—Voir n. 353.
301. Arachides, 1853. — Jardin d'acclimatation de Biskara.
302. Arachides. — Borde, à Philippeville. — Voir n. 337, 338.
303. Arachides, 1854.—Demolins, à la Chiffa.
304. Graine de cameline, 1853.—Pépinière centrale, Alger.
305. Graine de cameline, 1853.—Magnier, à Kléber.
306. Graine de cameline, 1853. — Jardin d'acclimatation, à Biskara.
307. Graine de cameline.
308. Graine de chanvre de Chine, 1854.—Pépinière centrale.
309. Graine de chanvre de Chine, 1850.—Pépinière centrale.
310. Graine de chanvre indigène, 1850. — Même provenance.
311. Graine de colza, 1850.—Pépinière centrale.
312. Graine de colza, 1854.—Même provenance.
313. Graine de colza, 1852.—Fontenelle, à Gastonville.
314. Graine de colza, 1852.—Leroux, à Mondovi.
315. Graine de colza, 1852.—Province de Constantine.
316. Graine de coton jumel, 1850.—Pépinière centrale.
317. Lin de Riga, 1850.—Pépinière centrale.
318. Lin ordinaire, 1850.—Même provenance.

319. Lin commun, 1850. — Même provenance.
320. Graine de lin, 1853. — Chérot, à Bou-Ismaël. — Voir n. 52, 335, 488, 489, 493.
321. Graine de lin, 1853. — Surel, à Kléber.
322. Lin de Riga, 1853. — Jardin d'acclimatation de Biskara.
323. Lin commun, 1853. — Jardin d'acclimatation de Biskara.
324. Madia sativa, 1850. — Pépinière centrale, Alger.
325. Moutarde blanche, 1850. — Pépinière centrale.
327. Navette, 1852. — Pépinière centrale.
328. Graine de navette. — Desgarniers, à Saint-Cloud.
329. Panis rouge, 1853. — Jardin d'acclimatation de Biskara. Les propriétés oléagineuses de cette plante sont une indication nouvelle qui a besoin d'être vérifiée.
330. Pavot blanc, 1850. — Pépinière centrale.
330 *bis*. Graine d'œillette ou pavot, 1853. — Magnier, de Kléber.
331. Graine de radis oléifère, 1850. — Pépinière centrale. Plante originaire de la Chine.
332. Ricin (grand) 1850. — Pépinière centrale, à Alger.
333. Ricin (petit), 1850. — Même provenance.
334. Ricin d'Amérique, 1854. — Même provenance.
335. Graine de ricin. — Chérot, à Bou-Ismaël. — Voir n. 52, 320, 488, 493.
335 *bis*. Graine de ricin. — Bazire, à Alger.
336. Graine de grand ricin d'Amérique. — Jardin de Biskara.
337. Branche de ricin, 1853. — Borie, à Philippeville. — Voir n. 307.
338. Graine de ricin, 1853. — Le même. — Voir *ibid*.
339. Graine de ricin, 1851. — Province de Constantine.
340. Graine de sésame, 1850. — Pépinière centrale.
341. Graine de sésame.
342. Graine de sésame, 1854. — Pépinière centrale.
343. Graine de sésame. — Dupré de Saint-Maur, à Arbal. — Voir n. 7, 10, 130, 131.
344. Graine de sésame, 1853. — Jardin de Biskara.
345. Graine de sésame, 1853. — Jardin de Biskara.
346. Graine de sésame, 1852. — Borie, à Philippeville. — Voir n. 302, 337, 338.
347. Graine de soleil tournesol, 1850. — Pépinière centrale, Alger.
348. Graine de tournesol, 1854. — Même provenance.
349. Graine de tournesol, 1853. — Jardin de Biskara.

FRUITS, GRAINES ET RACINES A DISTILLER.

La distillerie algérienne s'est appliquée à fabriquer des esprits et liqueurs de table avec un grand nombre de plantes indigènes, dont les principales sont : l'arbouse, les caroubes, la figue douce, la figue de Barbarie, les raisins, l'anis, l'asphodèle. Nous en parlerons en même temps que des boissons fabriquées, dont la production leur donne un caractère industriel.

Besoins de la France. En 1853, la France a importé 14,308 kil. de fruits à distiller, valant 11,446 fr.

580. Anis noir. — Maklouf Khalfoun, Oran. — Voir n. 94, 102, 120, 237, 420.
581. Anis. — Le même.
582. Anis long. — Le même.

IX. DENRÉES COLONIALES.

Les denrées coloniales dont la naturalisation a été tentée en Algérie avec plus ou moins de succès sont les suivantes : café, gingembre, hachich, piment, poivre, sucre, tabac, vanille. Le tabac, le hachich et le piment, qui sont des denrées coloniales par rapport à la France, n'ont pas ce caractère par rapport à l'Algérie.

Café.

Des essais se poursuivent à la pépinière centrale pour l'acclimatation du café; l'arbuste a parfaitement accompli les périodes de sa floraison et de sa fructification : il reste à apprécier la qualité de sa graine quant à l'arome. On ne compte guère sur un résultat satisfaisant.

Gingembre.

La culture de cette plante est en voie d'essai à la pépinière centrale à Alger, dans les plantations de thé de M. Lieutaut, à l'Oued-Khemis, près de Dalmatie, et chez un petit nombre de colons.

Hachich.

Le *hachich* est la feuille d'une espèce de chanvre dit *takrouri* ou *kif* que les indigènes cultivent pour ses propriétés narcotiques qui le font rechercher dans tout l'Orient. Dans toutes les parties de l'Algérie depuis le littoral jusqu'au fond du Sahara, les indigènes cultivent le chanvre *takrouri* dans les jardins, autour des villes, pour en fumer l'extrémité des tiges et des feuilles, ou pour en faire diverses préparations enivrantes. On cueille le hachich lorsqu'il est en fleur et l'on en fait sécher les extrémités. On le fume, on le prend en boisson, on le mange. A Constantine et dans quelques autres villes, on prépare avec les diverses parties de cette plante des confitures (*madjours*) qu'on mange pour se procurer des rêves agréables. On prend pour faire ces *madjours* les extrémités de la plante, on les écrase ou on les pile, et on les mêle ensuite avec du miel qu'on fait chauffer, ou avec du beurre qu'on fait fondre. La manière la plus répandue de faire usage du kif est de le fumer dans de très-petites pipes; on le mélange quelquefois avec du tabac. La préparation suivante est aussi fort connue : on pile de la graine de chanvre qu'on fait cuire avec une égale quantité de sucre et de l'eau, dans la proportion de 1/2 pour deux livres de sucre.

Les consommateurs de hachich forment à Constantine des clubs très-déconsidérés, qui se réunissent tous les soirs pour fumer au son du tam-tam et hurler comme des bêtes, jusqu'à ce qu'ils tombent sous le poids du sommeil et du hachich. Il existe entre les divers clubs une rivalité telle, qu'avant la prise de Constantine et le jour de la fête du printemps, ceux de la porte d'el Kantara et ceux de la porte Jebia se livraient des batailles sanglantes dans lesquelles l'arme offensive et défensive était pour eux la massue. Après le hachich leur passion favorite est la chasse au porc-épic, où ils tâchent d'oublier le mépris qui les frappe.

Piment.

On cultive en Algérie deux espèces de piment : l'une à fruit allongé, l'autre plus épicée, à fruit rond. Elles entrent comme assaisonnement dans la cuisine indigène et espagnole. Séchés au soleil, les piments se conservent longtemps. Dans les oasis, on les cultive pour l'exportation. (Voir Produits divers, page 146.)

Poivre.

Au dire de quelques personnes, le vrai poivrier (*piper nigrum*, Linn.) aurait été connu dans la régence et acclimaté à Oran avant la conquête; mais, suivant toute apparence, on le confond avec le fruit du *schinus molle* (Linn.), ou faux poivrier, poivrier d'Amérique, qui est parfaitement naturalisé, et produit des fruits comestibles que les indigènes emploient en guise de poivre, et qu'ils appellent improprement *poivre noir*.

Sucre.

D'après la tradition locale, la canne à sucre avait été cultivée jadis dans la régence; mais le despotisme inintelligent des deys fit 'disparaître cette industrie comme tant d'autres. La pépinière centrale l'a reprise et a constaté que la canne végétait parfaitement. Trois variétés de canne à sucre (*saccharum cylindricum*, Lam.) ont été adoptées : la blonde d'Otaïti, la rubanée de Saint-Domingue, la violette de Batavia; les deux dernières sont moins délicates, mais elles contiennent moins de sucre que la blonde. On restreint la culture de la canne commune, qui avait tout d'abord été propagée; on lui reproche de devenir trop ligneuse et de contenir peu de suc. La grosse blonde d'Otaïti a donné 50,000 kil. de tiges à l'hectare; la rubanée 51,500, la violette 31,500. On ne les a pas jusqu'à présent exploitées en vue de la production du sucre, et peut-être en effet resteraient-elles sous ce rapport en Algérie bien au-dessous de leurs rivales des autres colonies, mais elles peuvent néanmoins rendre encore bien des services. Au petit cultivateur, éloigné 'des grands centres, la canne donnera, à très-peu de frais, des principes sucrés en sirop et en cassonade pour les besoins'de sa famille. Par la fermentation, elle fournit beaucoup d'alcool, que l'on 'peut convertir en excellent rhum, dont le débouché serait très-important. Pendant l'été, elle produit un très-bon et très-abondant fourrage vert que l'on peut faucher à des intervalles rapprochés. Et éventuellement son importance serait énorme dans le cas où les relations viendraient à être interrompues avec les colonies sucrières.

Besoins de la France. En 1853, la France a importé 96,560,684 kil. de sucre brut ou terré, valant 62,282,632 fr.

532 *bis.* Tiges de cannes sucre.— Pépinière centrale.

Tabacs.

FAITS HISTORIQUES; CULTURES INDIGÈNES. Avant la conquête, les indigènes cultivaient deux espèces de tabac : le tabac rustique (*nicotiana rustica*, Linn.) et le tabac ordinaire (*nicotiana tabacum*, Linn.). Avec le premier, ils obtenaient le tabac à priser, *chemma*, objet de trafic important dans le pays de Tlemcen et dans la province de Constantine, près des frontières de Tunis. Avec le second, ils obtenaient le tabac à fumer. Dans cette production, quelques tribus avaient conquis un grand renom, entre autres les Krachenas et les Ouled-Chebel, dans la Métidja : de ceux-ci venaient le nom et la réputation du tabac chebli. Les produits de l'oasis de Souf, dans le Sahara algérien de l'est, étaient et sont encore fort estimés des indigènes, bien que leur force oblige de les mélanger avec d'autres plantes appelées *akil* et *trouna*. On les exporte dans le Tell et sur tous les marchés du Sahara, concurremment avec les tabacs des oasis. Les mœurs invitent à cette culture; car tout Algérien, comme tout musulman de l'Orient, à l'exception des marabouts, fume la pipe ou le cigare.

CULTURES EUROPÉENNES. Avisée par les cultures traditionnelles des Arabes et les essais spontanés des colons, l'administration française fonda en Algérie une mission des tabacs chargée de prendre en main la haute direction de ce mouvement, et d'acheter les tabacs pour le compte de la régie. Le rapprochement de quelques chiffres mesurera les progrès accomplis. En 1844, 3 planteurs européens; en 1854, 2,323. — En 1844, 1 h. 42 de plantations européennes; en 1854, 2,818 h. 92. — En 1844, 2,007 kil. de feuilles sèches achetées aux colons, au prix total de 2,223 francs 30 cent.; en 1854, 2,938,199 kilogram. — En 1844, le Sahel d'Alger était le seul théâtre de modestes essais; en 1854, le tabac est populaire dans les trois provinces, à peu près dans toutes les localités. En fait de conquêtes agricoles, c'est le plus brillant succès obtenu en Algérie; succès qui est à la fois la preuve de qualités précieuses et la récompense d'efforts intelligents, encouragés et éclairés par l'administration. Le tabac d'Algérie se classe dans les tabacs à fumer, dont la France est absolument dépourvue pour les cigares, et très-insuffisamment approvisionnée pour la pipe par les départements du Pas-de-Calais et du Bas-Rhin. Au début, l'on avait importé de l'arrondissement de Saint-Omer la variété dite philippin, reconnue la meilleure de France; mais sous le climat algérien elle a totalement dégénéré, et l'on a dû revenir au tabac indigène, acclimaté depuis des siècles, surtout à la variété dite *chebli*, dont les manufactures françaises proclament tous les ans la supériorité. Sa valeur est telle, que les fabricants indigènes la payent quelquefois au prix de 200 fr. le kilog.; prix dont approchent les produits des Krachenas et des Beni-Khelil, autres indigènes de la Métidja. Un des privilèges de la culture du tabac algérien, c'est la possibilité de faire toujours une seconde coupe en temps utile, avant les pluies de novembre, la première ayant lieu en juillet et août.

FABRICATION. La fabrication des cigares constitue une seconde industrie locale qui, grâce à l'intelligence des fabricants et à l'habileté des ouvrières espagnoles et mahonaises, auxquelles se mêlent quelques juives indigènes, a atteint à Alger, à Oran, à Mostaganem, à Philippeville, une rare perfection. Déjà, en 1852, on estimait à 5 ou 600 le nombre des ouvrières de cette profession à Alger. Leur salaire moyen était de 2 fr. par jour pour les femmes et de 1 fr. pour les enfants. A la tâche on payait 1 fr. le cent de cigares communs, dont une bonne ouvrière pouvait fabriquer 200 par jour. Chaque année voit se multiplier le nombre et l'importance des fabriques, qui toutes mélangent les feuilles indigènes aux feuilles exotiques, les premières servant pour l'intérieur (la tripe), les secondes pour l'enveloppe (la cape). Si les tabacs algériens ne sont pas exclusivement employés, la faute n'en est ni à leur défaut de qualité spéciale, ni aux préventions des manufacturiers ou des consommateurs. C'est que les tabacs vieux sont préférables aux tabacs nouveaux, et que ces derniers sont les seuls que puissent fournir les colons, pressés de vendre, et les seuls que les fabricants puissent acheter, à raison de leur base encore étroite d'opérations, qui ne dépasse pas un chiffre de 500 à 600,000 kil. de tabac. Leur fabrication n'a pour objet que les feuilles dont la combustion facile permet de les employer immédiatement dans les tabacs hachés, destinés à être fumés dans la pipe. Les juifs et les Européens accaparent pour cet usage, et dans la limite de leurs ressources pécuniaires, tous les tabacs de qualité inférieure qu'ils peuvent se procurer; les fabricants maures, au contraire, recherchent avec un égal empressement et dans la même mesure les feuilles les plus belles et les plus fines, avec lesquelles ils composent ces tabacs maures que les consommateurs délicats fument en cigarettes et dans les chibouques. De là une situation prospère, au delà de toute prévision, dans cette branche de la culture algérienne.

Besoins de la France. En 1853, la France a importé 5,576,895 kil. de tabacs en feuilles ou en côtes, valant 5,296,343 fr.

583. Tabac philippin, 1848 — Fruitié, à Chéragas.—Voir n. 299, 300.
584. Tabac, 1848.—Simonnet, pharmacien à Alger.—Voir n. 103.
585. Tabac de Virginie, 1848.—Coupé de Lude, à El-Biar.

Avis du jury de 1849 : « Belle feuille qui rappelle le Virginie, sans en avoir tout à fait la couleur, la finesse et le parfum. Deuxième type. Bon pour le scaferlati. Mention honorable. »

356. Tabac de Maryland, 1850. — Colons européens de la province d'Alger.
357. Tabac en feuilles?
358. Tabac scaferlati, 1850. — Tribu des Ouled-Chebel, province d'Alger.

Le tabac de la tribu des Ouled Chebel, reconnu supérieur, a été adopté par la régie des tabacs comme type à propager en Algérie.

359. Tabac philippin, 1850. — Tribu des Beni-Khelil, province d'Alger.

Le tabac des Beni-Khelil, dans le territoire de Boufarik, jouit aussi d'une juste réputation.

360. Tabac virginie, 1850. — Colons européens.
361. Tabac philippin, 1850. — Colons européens du sahel d'Alger.
362. Tabac philippin, 1850. — Morin, à El-Biar. — Voir n. 44 à 47, 379.
363. Tabac en feuilles, 1853. — Gilles, à Birmandreis. — Voir n. 48, 124.
364. Tabac philippin, 1850. — Reverchon, à Birkadem. — Voir n. 714, 715.
365. Tabac en feuilles, 1853. — Chifflet, à Baba-Hassen.
366. Tabac en feuilles. — Tribu des Krachenas, dans la Métidja. Voir n. 369, 371, 378.

Tabac dont la renommée approche de celui des Ouled-Chebel.

367. Tabac en feuilles, 1853. — Coulet, à Birkadem.
368. Tabac en feuilles. — Colons de la province d'Alger, plaine de la Métidja.
369. Tabac haché. — Tribu des Krachenas. — Voir n. 366, 371, 378.
370. Tabac maryland, 1853. — Territoire de l'Oued-el-Alleg.
371. Cigares fabriqués avec le tabac des Krachenas.
372. Tabac chebli, 1853. — Commune de Souma. Voir n. 366, 369.
373. Tabac en feuilles. — Laugier, à Bab-el-Oued, faub. d'Alger.

« Tabac dit de Havane; il y ressemble en effet. Feuilles moelleuses et légères, fines nervures, du parfum, peu de montant. Ce type ferait de belles robes à cigares. Le jury décerne une médaille de bronze à M. Laugier. » (Rapport du jury de 1849.)

374. Tabac kentucky. — Commune de Boufarik, 1853.
375. Tabac chebli du sahel d'Alger, 1853 — Voir n. 358, 377.
376. Tabac philippin du sahel d'Alger, 1853.
377. Tabac arabe des Ouled-Chebel, 1853. — Voir n. 358, 375.
378. Tabac arabe des Krachenas, 1853. — Voir n. 366, 369, 371.
379. Tabac haché. — Morin, à El-Biar. — Voir n. 44, 47, 362.
380. Tabac en feuilles. — Récolte de 1842, province d'Oran.
381. Tabac en feuilles, 1853. — Graillat, vallée du Nadou. — Voir. 821 et s.
382. Tabac en feuilles, 1853. — Gourgas, à Philippeville.

En reconnaissance de l'initiative prise par M. de Gourgas pour la colonisation de l'arrondissement de Philippeville, le conseil municipal, après sa mort, a demandé et obtenu l'autorisation de donner son nom à une des rues de la ville.

383. Tabac en feuilles, 1853. — Louvrier, à Mondovi.
384. Tabac en feuilles, 1853. — Chaville, à Philippeville.
385. Tabac, 1853. — Aglave, à Jemmapes.
386. Tabac, 1851. — Achille Demay, à Philippeville.
387. Tabac, 1852. — Mlle Benet, à Damrémont.
388. Tabac, 1852. — Lavie père, à Constantine — Voir n. 184.
389. Tabac, 1848. — Lacombe, à Bône.
390. Tabac en feuilles.
391. Tabac en feuilles.
392. Tabac en feuilles propre à fabriquer le tabac en poudre indigène. — Amar-el-bacha, province de Constantine.
393. Tabac à priser pilé. — Le même. — Médaille de bronze en 1849.
394. Cigares. — Corvino, fabricant, rue Bab el-Oued, Alger.
395. Cigares cape Palatinat et tripe Algérie. — Mme Levillain et Comp., à Alger.
396. Cigares cape Algérie et tripe Palatinat. — Les mêmes.
397. Cigares cape Palatinat, tripe Palatinat et Algérie. — Les mêmes.
398. Cape Palatinat, intérieur Havane. — Les mêmes.

La fabrique de madame Levillain, à Alger, est la plus importante de l'Algérie.

399. Cigares de tabac indigène, chebli, philippin, djenidjé, 1853. — Goby, à Blidah. — Voir n. 2, 3, 247, 650, 652.

400. Cigares, de la fabrique de Sébastien Mons, à Philippeville. 19 lots.

La fabrique Mons, de Philippeville, occupe journellement cinquante ouvrières, toutes Espagnoles. Depuis trois ans qu'elle existe, elle a vendu, la première année (1852), cinq cent mille cigares; la seconde année (1853), près d'un million: on comptait, pour la troisième année, sur une vente de 1.500.000. En 1853, il en a été consommé 150,000 à Philippeville, et, en 1854, 250,000. La quantité de tabacs à fumer sortis de cette manufacture s'élève à 80,000 kil. environ.

401. Cigares de fantaisie. — Donnés par M. Carbé, fabrique d'Alger.

402-418. Cigares de diverses compositions, de la fabrique de Sconamiglio, à Philippeville. 17 lots.

Thé.

Introduit d'abord au Hamma, près du rivage de la mer, l'arbre à thé n'a pas donné de résultats satisfaisants. Pour acquérir une expérience complète à cet égard, un établissement spécial a été formé, sous les auspices du gouvernement, dans la vallée de l'Oued-Khemis, près de Dalmatie, avec des plants venus du Brésil. La plantation comprend trois hectares, ce qui permettra d'étudier le problème sur une grande échelle et dans des conditions variées d'expérimentation. Dès à présent, il est seulement constant que, dans un site bien choisi, l'arbre résiste au vent de l'ouest et au sirocco, qui l'avaient atteint sur le littoral. — Sous le nom de *thé sauvage*, les indigènes emploient diverses plantes qui n'ont aucun rapport avec le thé de Chine, particulièrement le *cistus albidus*.

Vanille.

Quelques pieds de vanille ont été introduits à la pépinière centrale et s'y sont développés avec une vigueur remarquable qui donne les plus grandes espérances sur leur naturalisation.

X. SUCS VÉGÉTAUX.

GOMMES.

Les principales gommes dont la production semble pouvoir être obtenue sous le climat de l'Algérie sont ou africaines d'origine, comme le *mesteba* et l'*aourouar*, ou américaines, comme le *caoutchouc*.

Mesteba.

Une espèce de gomme indigène de l'Afrique du nord, appelée *mesteba*, est un objet de trafic sur les marchés des oasis du Sahara algérien.

Aourouar.

On voit aussi sur les marchés du Sahara de la gomme blanche qui vient de l'intérieur de l'Afrique et que l'on appelle *aourouar*. Elle va toute en Angleterre par Sonira; ainsi qu'une autre espèce de gomme moins blanche, que les caravanes, revenant de Tombouktou, trouvent sur leur route, et qui découle de l'arbre nommé *toleahh*.

Caoutchouc.

En vue de la production du caoutchouc, l'espèce de figuier qui produit cette substance (*ficus elastica*, Linn.) a été introduite à la pépinière centrale. Les nombreux emplois industriels de cette matière donnent un grand intérêt à cet essai d'acclimatation dont les résultats ne peuvent être encore appréciés. Tout autorise l'espoir d'un plein succès ; car le *ficus elastica* y croît avec une force particulière, les feuilles en sont très-larges, très-nombreuses, très-coriaces et résistent très-bien à l'hiver.

RÉSINES.

Les essences forestières résineuses de l'Algérie sont le térébinthe, le cèdre, le genévrier, le pin d'Alep, le thuya, le lentisque. (Voir ces mots, chap. *des* Bois.) De ces arbres on extrait des résines, entre autres l'alk et la sandaraque ; on fabrique le goudron ; on pourrait obtenir le mastic.

Besoins de la France. En 1853, la France a importé 3,059,295 kil. de substances résineuses, valant 1,844,337 fr.

Alk.

L'*alk* ou *lek* (d'où le mot *laque*) est une gomme résineuse qui, mêlée à d'autres ingrédients pilés ensemble et dissous dans du beurre chaud, est administrée comme purgatif aux jeunes poulains. On l'extrait du térébinthe (*betoum*). On a lieu de croire que de ces térébinthes on pourrait extraire la vraie et bonne térébenthine, comme le nom l'indique, en concurrence avec celle que fournissent les sapins du nord. L'arbre en est si imprégné que, même sans incision, la gomme résineuse s'échappe de tous côtés en abondance et vient s'épancher sur le sol en assez grandes quantités pour que le voyageur ne puisse pas toujours se reposer à l'ombre du térébinthe pendant les grandes chaleurs.

420. Gomme-résine de Saïda. — Maklouf Khalloun, à Oran.—Voir n. 94, 102, 120, 350.

Goudron.

Plusieurs tribus du Tell et presque tous les ksours du Sahara se livrent à la fabrication du goudron ; certaines tribus en tirent leur nom (*Khetarnia*). Faute d'exploitation intelligente et régulière, les arbres incisés pour obtenir la résine qui, chauffée, fournit le goudron, sont dévastés, et la nature seule veille à leur conservation. L'outre de goudron, contenant 25 litres à peu près, se vend sur les marchés un douro d'Espagne (5 fr. 40 c.). Entre autres emplois du goudron, les Arabes en frictionnent leurs chameaux, grands et petits, après la tonte. Cette opération, qui a lieu deux fois pendant le printemps et une fois en été, a pour but de les préserver de la gale et de les fortifier contre le travail intérieur qui se fait au printemps, disent les Arabes, dans le sang et dans la peau. Le goudron est liquide ; on le mêle avec du *leben*, lait aigre. On l'emploie aussi dans les maladies des chevaux.

Bekrour.

Un arbre du Sahara, connu sous le nom de *oum-et-nass*, produit une espèce d'essence résineuse appelée *bekrour*, que l'on brûle comme un parfum. Dans le désert, les gens du pays recueillent le *bekrour* au printemps, et le vendent aux caravanes au prix de 15 à 16 douros (le douro vaut 5 fr. 40 c.) le quintal.

Sandaraque.

La *sandaraque* découle de petites utricules qui garnissent le bas de la tige du *thuya articulata*. On l'emploie en médecine et surtout dans la préparation des vernis. On s'en sert aussi pour saupoudrer le papier à écrire et l'empêcher de boire l'encre.

Mastic.

Le *mastic* est fourni par le pistachier lentisque, arbre très-commun en Algérie sans qu'il soit exploité pour ce produit. Dans l'île de Chio, où on le cultive en vue de sa résine, on pratique à la fin de juillet de légères incisions au tronc et aux principales branches; il en découle peu à peu un suc qui s'épaissit graduellement, reste attaché en larmes plus ou moins grosses, ou, lorsqu'il est très-abondant, tombe à terre et s'y dessèche. On le détache de l'arbre avec un instrument tranchant; souvent on place des toiles au pied de l'arbre afin que la résine ne soit pas salie. La plus grande consommation du mastic se fait en Orient, où l'habitude de le mâcher (d'où lui est venu son nom) est universellement répandue. On prétend qu'il blanchit les dents, fortifie les gencives et procure une haleine suave. Le mastic sert encore à la préparation de vernis très-brillants.

Camphre.

Résine odorante qui est le produit du *laurus camphora* (Linn.), introduit à la pépinière centrale. C'est un arbre de première grandeur, dont le bois est très-estimé, et qui, outre sa propriété particulière, pourra faire une essence forestière de premier ordre susceptible de réussir en Algérie sur les coteaux abrités du vent d'ouest; malheureusement cette espèce est très-rare et très-lente à multiplier.

HUILES FIXES.

Les huiles fixes ou grasses sont destinées à devenir une des principales richesses de l'Algérie. Celles qu'elle a déjà fournies, soit comme objet de spéculation sérieuse, soit comme simples échantillons, peuvent se classer ainsi :

En tête et hors rang, l'huile d'olive;

A un rang secondaire, les huiles de graines oléagineuses suivantes : arachide, cameline, colza, coton, lentisque, lin, madia sativa, moutarde, navette, œillette ou pavot, radis oléifère, sésame, tournesol ou hélianthe.

Besoins de la France. En 1853, la France a importé en huiles d'olive 14,850,761 kil., valant 17,816,410 fr.; en huiles de graines grasses, 205,130 kil., valant 162,063 fr.; en tout 1,055,891 kil., valant 17,978,463 fr.; sans compter les graines oléagineuses en énorme quantité. (Voir *Arachide*, *Lin*, *Sésame*.)

Huile d'olive.

Conditions naturelles. L'olivier croît spontanément en Algérie et y acquiert des proportions énormes. Il peuple la plupart des régions de la colonie, soit en épais et magnifiques massifs, soit en bouquets isolés d'une luxuriante végétation, soit en tiges frutescentes perdues au milieu des broussailles. Favorisé par un climat où les gelées ne l'atteignent jamais, l'olivier n'a pu être détruit par la dent des bestiaux ni par l'incendie périodique, ni par la hache des Arabes. Aussi peut-on dire de l'Algérie qu'elle est particulièrement la région, sinon la patrie même de l'olivier.

CULTURES INDIGÈNES. Les Kabyles, fixés au sol par des maisons et des cultures régulières, cultivent l'olivier pour la production de l'huile. Ils plantent en terre des rejetons détachés des vieux sujets, labourent au pied des arbres, irriguent le plus abondamment qu'ils peuvent, greffent les sauvageons et taillent les branches. La récolte commence sur le littoral dans le mois d'octobre, en janvier dans l'intérieur, où la température est plus froide. Certaines tribus gaulent les arbres, d'autres attendent la chute naturelle des fruits. Après la cueillette les procédés varient suivant les localités. En certains villages les olives sont exposées pendant 8 à 15 jours à l'ardeur du soleil et amenées à un état de fermentation qui détériore la qualité de l'huile. Elles sont ensuite déposées dans une auge grossièrement creusée en maçonnerie et pétries ; ailleurs foulées entre de grosses pierres. Après avoir extrait toute l'huile que peut donner une aussi faible pression, le résidu est immergé par petites parties dans l'eau chaude, et manipulé jusqu'à l'obtention de la recense. Il est ensuite jeté ou abandonné, quoique contenant une forte partie de matière grasse. Dans la grande Kabylie, les populations possèdent des vis ou bans grossièrement établies, mais donnant des résultats plus avantageux que la pression des pieds, des mains et des pierres. Cependant, même avec ces pressoirs à huile, qui font partie du mobilier domestique des Kabyles, le rendement dépasse rarement 10 à 12 kil. d'huile pour 100 kil. d'olives.

CULTURES EUROPÉENNES. En intervenant dans la production de l'huile, la colonisation a tenté d'améliorer la culture et la fabrication. Une école d'oliviers a été créée à la pépinière centrale du gouvernement. Les compagnies de planteurs militaires ont été particulièrement appliquées à la greffe des oliviers sauvages. Des primes d'encouragement ont été fondées pour les plantations, les olives, les moulins, les huiles. Des notices spéciales, publiées par les soins de l'administration, ont guidé l'inexpérience des colons. Aussi cette industrie s'est-elle développée là où elle existait, et naturalisée là où elle était inconnue. Les centres principaux de production et de fabrication européenne sont Bougie dans la province de Constantine, Tlemcen dans celle d'Oran.

FAITS ÉCONOMIQUES. — *Production.* À la fin de 1854, on évaluait l'étendue des forêts d'oliviers exploitables à 26,000 h., sans compter les oléastres perdus dans les broussailles qui se trouvent partout ; à 50 les moulins à huile européens, à 11 millions de litres la production totale de l'huile européenne et indigène. Sur ces 11 millions, 8 millions se consomment dans le pays, 3 millions s'exportent. La France est le principal débouché de l'huile algérienne ; débouché les plus importants, car elle en importe annuellement de l'étranger pour 15 à 20 millions de francs. — *Prix.* L'olive sauvage, qui fournit une huile peu abondante, mais d'excellente qualité, s'achète sur le pied de 5 à 6 fr. les 100 kilog. ; les olives de greffe se vendent : en première qualité, 15 à 18 fr. ; en deuxième, 9 à 10 fr. ; en troisième, 5 à 6 fr. Les olives se vendent quelquefois à la mesure ; voici les prix payés en 1854 à Dra-el-Mizan, sur les confins de la Kabylie : 1 fr. le double décalitre d'olives presque vertes, et toulées par l'effet du vent ; 1 fr. 25 c. quand la maturité est plus avancée ; 2 fr. quand la maturité est complète, soit 10 fr. l'hect. L'huile indigène se vend 1 fr. à 1 fr. 25 c. le litre ; celle de fabrication européenne vaut 1 fr. 80 c. à 2 fr. — *Rendement.* Le produit d'un olivier est ainsi estimé, au prix de 1 fr. 20 c. le litre : — à la 4e année de greffe, 3 kil. d'olives, 50 c. d'huile, 60 c. en argent ; — à la 10e année, 12 à 18 kil. d'olives, 2 à 3 litres d'huile, 2 fr.

50 c. à 3 fr. 60 c. en argent ; — à la 12ᵉ année, 18 à 20 kil. d'olives , 3 à 3,33 litres d'huile, 3 fr. 60 c. à 4 fr. en argent ; — à la 25-30ᵉ année, 60 à 70 kil. d'olives, 10 à 12 litres d'huile, 12 à 14 fr. en argent ; — en plein rapport , après la 30ᵉ année , 75 à 80 kil. d'olives , 12 fr. 50 c. à 16 fr. d'huile, 15 à 19 fr. en argent.

421. Huile d'olive, 1850. — Curtet, à Bab-el-Oued, faubourg d'Alger. — Voir n. 460-461.

En 1849, le jury central apprécia ainsi l'industrie de M. Curtet : « M. Curtet a exposé des échantillons d'huile d'olive fine et commune , d'huile de sésame, de pavot, d'arachide, de lin, de madia sativa, provenant toutes de l'importante usine qu'il a créée aux portes d'Alger. Cette huilerie a pour moteur une machine à vapeur de la force de 10 chevaux ; elle possède un outillage complet et puissant. C'est le premier établissement de ce genre qui se soit élevé en Algérie. Il peut suffire à la trituration de 8,000 kilogr. d'olives par jour, ou de 4,000 kil., de graines oléagineuses... Le jury central, voulant récompenser les louables efforts faits par M. Curtet pour établir une industrie si bien appropriée à la nature du climat, décerne à cet exposant la médaille d'argent. » — Le jury de Londres a décerné à M. Curtet la médaille de prix.

422. Huile d'olive, 1848. — Mercurin, à Chéragas.

« M. Mercurin a envoyé un bocal d'huile d'olive fine de sa fabrique, qui ne laisse rien à désirer sur sa préparation et sa qualité. » (Rapport du jury de 1849.)

423, 424. Huile d'olive superfine, 1850. — Mercurin, à Chéragas.
425. Huile d'olive fine, 1850. — Maréchal, à Bouzaréa. — Voir n. 122, 127, 206, 216.
426. Huile d'olive, 1843. — Michel Denis, à El-Biar.
427, 428. Huile d'olive, 1850. — Bagary, à Tlemcen.
429. Huile d'olive, 1850. — Le même.

L'industrie de M. Bagary fut ainsi appréciée par le jury de 1849 : « M. B.., a fondé, en 1845, une huilerie qui a acquis, depuis cette époque, un grand développement. Les moulins fournissent annuellement, dans une année de récolte ordinaire, 10,000 litres d'huile de deuxième qualité, et 20,000 litres d'huile lampante. En outre il obtient par la recense 10,000 litres d'huile propre à la fabrication. Ces quantités proviennent des huiles que lui apportent les indigènes et les colons français établis sur le territoire de Tlemcen. L'huile fine de M. Bagary est limpide et de bon goût. Elle revient au consommateur à un tiers meilleur marché que l'huile fine de France. Les résultats obtenus par M. Bagary le rendent digne de la médaille de bronze que le jury lui décerne. »

430. Huile d'olive, 1853. — Facio, à Tlemcen.
431. Huile d'olive fine, 1853. — Le même.
432. Huile d'olive, 1853. — Barbier, à Tlemcen.
433. Huile, 1ʳᵉ qualité, 1853. — Ducos frères, à Tlemcen.
434. Huile, 2ᵉ qualité, 1853. — Les mêmes.
435. Huile, 3ᵉ qualité, 1853. — Les mêmes.
436. Huile à manger, 1853. — Scipion Imbert, à Tlemcen.
437. Huile à brûler, 1853. — Le même.
438. Huile de recense, 1853. — Le même.
439. Huile d'olive, 1853. — Lombard, à Brés.
440. Huile d'olive fine, vierge, 1853. — Pédra, à Tlemcen.
441. Huile d'olive fine non vierge, 1853. — Le même.
442. Huile d'olive, 1853. — Pépinière de Tlemcen.
443. Huile d'olive superfine, 1853. — Paris, à Tlemcen.
444. Huile d'olive, 1851. — Pédra et Barbier, 1851.
445. Huile d'olive superfine, 1853. — Pons, à Tlemcen, 1853.
446. Huile d'olive à brûler, 1853. — Le même.
447. Huile d'olive recense, 1853. — Le même.
448. Huile d'olive surfine, 1853. — Roumieu père et fils, à Tlemcen.
449. Huile d'olive fine, 1853. — Les mêmes.
450. Huile d'olive à brûler, 1853.—Les mêmes.

452. Huile d'olive fabriquée avec des olives récoltées avant maturité, 1853. — Rouzel, à Tlemcen.
453. Huile d'olive fabriquée avec des olives récoltées après maturité, 1853. — Le même.
454. Huile d'olive, 1850. — Safrané, à Bréa.
455. Huile d'olive, 1854. — Le même.
456. Huile d'olive, 1853. — Santé, à Tlemcen.
457. Huile d'olive, 1850. — Borde, à Philippeville. — Ment. hon. à l'exp. de Londres.
458. Huile d'olive fine, 1850. — Maffre, à Bougie.

Le jury de 1849 apprécia ainsi l'industrie de M. Maffre : « L'usine de M. Maffre, sans avoir l'importance de celle de M. Bagary, fournit pourtant annuellement 5 à 6,000 litres d'huile première qualité et autant en deuxième qualité. Le jury lui décerne une mention honorable. » Depuis cette époque M. Maffre a considérablement développé son usine, qui est devenue une des plus importantes de l'Algérie. Ce colon, établi à Bougie depuis le mois d'octobre 1833, c'est-à-dire dans les premières semaines qui suivirent l'occupation de cette ville, est l'auteur d'une *Étude sur la Kabylie* et d'une *Notice sur la culture de l'olivier et la fabrication de l'huile.*—Il a obtenu une mention honorable à l'exposition de Londres.

458 *bis* Huile d'olive, 1854. — Lavie père, à Constantine Voir n. 184.
459. Huile d'olive fabriquée en 1853 par les Kabyles.

Huile d'arachide.

On a vu, chapitre des FRUITS ET GRAINES, page 65, que l'arachide se mange comme fruit de table. Des graines fraîches et récentes on extrait une huile bonne à manger, avec laquelle on falsifie souvent les huiles d'olive. On brûle aussi cette huile, et elle sert en peinture. Elle entre en grandes quantités dans la fabrication des savons. On peut la substituer à celle d'amandes douces dans les préparations pharmaceutiques et dans quelques compositions de parfumerie. Depuis le 1er janvier 1852, elle a été introduite dans les hôpitaux militaires pour la confection des emplâtres. Le marc, délayé dans l'eau, fournit une matière amylacée qui se mêle dans les pâtisseries ; il entre dans le chocolat commun des Espagnols pauvres. Il donne aussi une farine que l'on peut substituer à celle des amandes, et qui est excellente pour engraisser les animaux, surtout les cochons. — L'arachide produit en Algérie 2,400 à 3,600 kil. de graine à l'hectare ; la graine rend 40 p. 100 d'huile.

Besoins de la France. En 1852, la France a importé (en y joignant la noix de touloucouna) 31,418,634 kil. de graines d'arachide, valant 7,854,659 fr.

460. Huile d'arachide, 1850. — Curtel, à Alger. — Voir n. 421, 461-471.

Huile de cameline.

Cette plante oléagineuse est cultivée par un petit nombre de colons. L'huile de ses graines est bonne à brûler, et se mange quelquefois ; elle entre dans la fabrication des savons noirs. En Algérie, la cameline produit par hectare 1,200 à 1,500 kil. de graines, qui donnent 28 à 30 p. 100 d'huile.

461. Huile de cameline, 1850. — Curtel, à Alger. — Voir n. 421, 460, 462-471.

Huile de chènevis.

Le *chènevis*, graine du chanvre, est riche en une huile bonne pour la lampe et pour la peinture. En Algérie, le chanvre, peu cultivé encore, n'est considéré que comme plante textile.

Huile de colza.

Le *colza* a été l'objet de nombreux essais en Algérie ; il produit par hectare 3,800 à 4,300 kil. de graines, dont le rendement en huile est de

30 à 35 p. 100. Les tourteaux de colza font en Europe, à titre d'engrais pour les animaux et pour la terre, l'objet d'un commerce important qui n'a pas été encore introduit dans la colonie. La France n'en produit pas assez pour ses besoins ; elle a importé en 1853 3,023,290 kil. de tourteaux de graines oléagineuses, d'une valeur de 362,795 fr.

462. Huile de colza, 1850. — Curlet, à Alger. — Voir n. 421, 460, 461, 463-471.

Huile de coton.

La graine décortiquée de coton peut fournir une huile que les Américains déclarent propre à la lampe ainsi qu'au graissage des machines et à la fabrication du savon. L'industrie algérienne ne s'est pas encore emparée de ce produit.

463. Huile de coton, 1850. — Curlet, à Alger. — Voir n. 421, 460, 461, 463, 464-470.

Huile de lin.

Diverses espèces de lin sont spontanées en Algérie. L'huile que fournit la graine de l'espèce cultivée est estimée pour ses propriétés siccatives, et elle abonde dans la graine oléagineuse, qui en rend 27 p. 100. Cependant l'industrie algérienne ne s'en est pas encore emparée ; le lin est cultivé exclusivement comme plante textile. Voir le chapitre des FRUITS, TIGES ET FILAMENTS A OUVRER, page 119.

Besoins de la France. En 1854, la France a importé 26,787,728 kil. de graines de lin, valant 6,256,318 fr.

464. Huile de lin, 1850. — Curlet, à Alger. — Voir n. 421, 460, 461, 462, 463, 465-471.

Huile de madia.

Le madia sativa, originaire du Chili, où il est cultivé, a été en Algérie l'objet d'encouragements persévérants. Le rendement de la graine est de 2,000 à 2,300 kil. à l'hectare ; elle contient 35 à 40 p. 100 d'une huile que l'on dit très-bonne pour les savons et le foulage des draps.

465. Huile de madia sativa, 1850. — Curlet, à Alger. — Voir n. 421, 460, 461, 462, 463.

Huile de lentisque.

La graine de lentisque contient une huile qui dans le Levant s'emploie à l'éclairage et quelquefois à l'alimentation. La fabrication en a été introduite depuis peu d'années en Algérie. Les commissaires experts du ministère de l'agriculture et du commerce, chargés de l'appréciation de ce produit, sorti du moulin de M. Borde, à Philippeville, ont été d'avis « que cette huile, non connue du commerce, paraissait destinée à prendre une place importante dans l'industrie. Elle pourrait remplacer utilement l'huile d'olive pour le travail des laines, et celle de pieds de bœuf pour le graissage des machines. La couleur verte de l'échantillon doit être accidentelle, et tenir au défaut de maturité de la graine et au mode de fabrication. Un procédé d'extraction plus perfectionné doit donner une huile jaune clair. Le moyen d'obtenir ce résultat, et en même temps un rendement plus abondant, se trouverait dans le mondage du grain et sa trituration à une température douce avant la pression. L'huile de lentisque présenterait en cet état une certaine similitude avec l'huile d'olive commune. » L'abondance extraordinaire du lentisque en Algérie donne un véritable intérêt à ces recherches. Voir pour cet arbre, BOIS, page 104.

465 bis. Huile de lentisque, 1853. — Province d'Oran.

Huile de moutarde.

Les deux espèces de moutarde, la blanche et la noire, ont été l'objet de quelques essais. On obtient en Algérie, par hectare, 1,400 à 1,500 kil. de graine de moutarde blanche, qui rend 30 à 33 p. 100 d'une huile propre à la lampe.

466. Huile de moutarde, 1850. — Curlet, à Alger. — Voir n. 421, 460-465, 467-471.

Huile de navette.

La navette a été l'objet de quelques essais isolés dans diverses localités de l'Algérie. À Saint-Cloud seulement, dans la province d'Oran, sa culture a acquis une certaine importance. La navette produit par hectare, en Algérie, 2,000 à 2,500 kil. de graine, laquelle rend 30 à 35 p. 100 d'une huile propre à l'éclairage.

Huile d'œillette.

L'huile d'œillette s'extrait du pavot somnifère, dont une variété est spécialement cultivée pour l'opium. Toutes les espèces de pavot réussissent parfaitement en Algérie. On obtient, par hectare, 10 à 12 hectolitres de graine, d'où l'on peut extraire 30 à 35 p. 100 d'huile. Quelques colons ont débuté dans cette fabrication.

Besoins de la France. En 1853, la France a importé 571,324 kilogr. d'huile d'œillette, valant 188,537 fr.

468. Huile de pavot blanc, 1850. — Curlet, à Alger. — Voir n. 421, 460-466, 469, 471.

Huile de radis.

Le *radis oléifère* est une espèce nouvelle importée de Chine, dont on vante la richesse en huile. Elle n'a été introduite en Algérie qu'à la pépinière centrale, à titre d'essai.

Huile de ricin.

De la graine du ricin commun, végétal arborescent cultivé en Algérie, où il se reproduit spontanément, s'extrait une huile qui est employée pour ses propriétés purgatives.

469. Huile de ricin, 1850. — Curlet, à Alger. — Voir n. 421, 460-468, 471.

Huile de sésame.

Les premiers essais de culture de sésame en Algérie ne remontent pas au delà de dix à douze ans; ils ont eu lieu à la pépinière centrale au moyen de graines venues de Naples et du Brésil. Les résultats ayant été satisfaisants, des notices furent publiées, des encouragements fondés. Plusieurs colons ont fait des essais qui ont généralement réussi, sans toutefois que cette culture soit devenue populaire. Le sésame produit par hectare 1,000 à 1,500 kil. de graine, laquelle rend 47 à 50 p. 100 de son poids en huile. On évalue les frais de culture à 260 francs, ce qui, en estimant la graine 50 fr. les 100 kil., laisse 250 à 500 fr. de bénéfice par hectare. Le sésame est importé du Levant en France, dans le port de Marseille, en quantités considérables pour la fabrication des savons; on mélange aussi son huile, connue sous le nom d'huile de *gengili, jugeoline*, avec l'huile d'olive. Cette huile est laxative, bonne à manger et à brûler.

Besoins de la France. En 1853, la France a importé 28,588,509 kil. de graine de sésame, valant 12,293,059 fr.

470. Huile de sésame, 1850. — Curlet, à Bab-el-Oued. — Voir n. 421, 460-469, 471.

Huile de tournesol.

En France, le tournesol ne compte pas dans les plantes oléagineuses de spéculation; mais en Algérie, sous un climat plus chaud, il pousse avec une telle vigueur et produit une telle quantité de graines, que sa culture pourrait être plus fructueuse. Le tournesol rend 1,800 à 2,000 kil. de graines par hectare. On l'a introduit dans les pépinières du gouvernement à Alger et à Biskara.

471. Huile de tournesol, 1856. — Cortet, à Alger. — Voir n. 471, 460-471.

Huiles diverses.

On pourrait citer encore les huiles à extraire des graines oléagineuses croissant en Algérie, telles que *cresson alénois*, *carthame*, *julienne*, et des fruits oléagineux, *l'amande*, la *noisette*, la *noix*, si la qualité supérieure et l'abondance des huiles d'olive ne diminuaient beaucoup l'importance de celles de second et de troisième ordre. Comme espèce nouvelle, l'Exposition universelle contient un échantillon d'huile d'ortie (*urtica ferox major*), exposé par l'abbé Landmann.

HUILES VOLATILES, ESSENCES.

La fabrication et le commerce des huiles volatiles ou essences commencent à jouer un rôle digne d'attention dans l'industrie algérienne. Cet ordre de spéculation s'appuie sur un climat très-favorable aux aurantiacées, la famille végétale la plus riche en huiles volatiles, ainsi qu'à la plupart des plantes aromatiques qui croissent dans les régions subtropicales et tempérées. L'ardeur du soleil, la sécheresse de l'atmosphère et de la terre concourent en effet à doter la végétation des qualités de ton et de senteur que recherchent la distillerie et la parfumerie.

Les plantes propres à fournir des essences, qui croissent spontanément ou après culture en Algérie, peuvent se classer ainsi. Au premier rang, les orangers et leurs nombreuses variétés; au second rang, les plantes secondaires, dont l'énumération suivra.

Besoins de la France. En 1855, l'importation en France a été de 26,781 kil., valant 684,617 fr.

Essences d'orangers et citronniers.

Nous parlons spécialement des fruits et des arbres dans les chapitres des FRUITS et des BOIS; il ne sera question ici que des produits que la distillation en retire. Ce sont les suivants : 1° le *néroli*, ou essence de fleur d'oranger, dont la variété dite *bigarade* est particulièrement estimée; 2° les *essences* qui s'extraient du zeste ou écorce des fruits, dont les variétés communiquent leur nom aux produits; les principales essences sont celles de *bergamote*, *bigarade*, *cédrat*, *citron*, *citronine*, *mélarose*, *oranger*, *portugal*; 3° le *petit-grain*, qui s'obtient par la distillation des feuilles et des épluchures des bourgeons, comme le néroli par celle des fleurs; 4° l'*eau de fleur d'oranger*, composition dont l'emploi est si répandu; 5° enfin les zestes desséchés servent à aromatiser certaines bières de fantaisie et plusieurs liqueurs, dont la plus connue est le curaçao. — Toutes ces préparations sont produites par la distillerie algérienne.

Besoins de la France. Dans l'importation de France susrelatée, les essences de la famille des orangers comptent pour 19,161 kilogr., valant 325,737 fr.

Absinthe.

Outre la grande absinthe (*artemisia absinthium*, Linn.), cultivée pour la liqueur qui en porte le nom, on connaît en Algérie la *petite absinthe* ou *absinthe du Pont* (*artemisia judaica* ou *odoratissima*), qui, sous le nom arabe de *chiah*, couvre dans le Tell et dans le Sahara de vastes espaces qu'elle embaume de ses pénétrantes senteurs.

Cassie (*Acacia farnesiana*, Willd.).

Originaire de l'Inde, cet arbrisseau est cultivé dans les jardins de l'Algérie, où ses fleurs sont recueillies pour la parfumerie.

Fenouil (*Anethum fœniculum*, Linn.).

Cette plante ombellifère atteint de grandes dimensions dans les prairies algériennes. Ses tiges deviennent ligneuses et remplacent les roseaux pour certains usages ; la grosseur et l'étendue des racines exigent un défrichement sérieux du sol. On peut la distiller pour en extraire une huile volatile.

Géranium rosat (*Pelargonium roseum et odoratissimum*, Ait.).

Son essence a la plus grande analogie avec l'essence de rose, qu'elle remplace généralement, à raison de son prix qui est modéré, comparé au prix élevé de la seconde. Cette plante pousse en Algérie avec une telle vigueur, qu'il suffit de mettre en terre une bouture pour obtenir en deux ans un buisson haut et large de plusieurs mètres. Un hectare peut produire 1 kil. de feuilles par pied, soit 30 à 40,000 kil. ; 100 kil. de feuilles pourvues de leur pétiole et de leur tige herbacée donnent 50 à 60 grammes d'essence. C'est par hectares qu'on cultive le géranium à Hussein-Dey, à Kouba, à Birmandreis, bien que son introduction ne date que de quelques années.

Iris.

Une espèce d'iris non cultivée donne une *essence* connue des indigènes sous le nom de *atar el thar*.

Jasmin.

L'essence de jasmin est la plus renommée. Une espèce de jasmin (*J. fruticosum*) croît spontanément en Algérie; mais celles dont on tire l'essence de ce nom (*officinale*, *grandiflorum*) sont l'objet de la culture; elles ont l'avantage de n'être jamais atteintes par les gelées. On estime qu'un hectare de jasmin produit 60 kilogr. de feuilles par jour pendant cinq mois, environ 9,000 kil. de feuilles, dont le rendement est de 125 grammes d'huile par 1,000 kil. de feuilles. L'hectare de jasmin peut donc produire 1,125 grammes d'essence que les marchands maures et israélites d'Alger payent, dit-on, au prix de 500 fr. l'once de 30 gr., soit 18,480 fr. le kilogr., six fois environ le poids de l'or. Ce haut prix restreignant beaucoup le débouché de l'essence de jasmin, on vend de préférence les fleurs, qui trouvent un emploi important dans la préparation des pommades et des parfumeries. Mises en contact avec les substances à parfumer, avec l'huile de ben surtout, les fleurs de jasmin les imprègnent de leur arome fugace, mais très-agréable.

Lavande.

Une espèce (*lavandula spica*, Linn.) est cultivée dans les jardins pour en extraire l'huile de ce nom. Deux autres espèces couvrent et embaument de leurs parfums les collines de l'Algérie, où elles atteignent d'assez fortes dimensions pour faire des fagots à brûler. Elles remplacent avec avantage la bruyère pour l'encabanage des vers à soie. Soumise à la distillation, l'une de ces deux espèces a donné une odeur pénétrante, âcre et plus forte que l'essence de térébenthine, avec laquelle elle a beaucoup de rapport.

Menthe.

On en récolte en Algérie deux espèces : la menthe *pouliot* et la menthe *poivrée*. L'essence de l'une et de l'autre possède ce froid glacial et pénétrant qui sert à parfumer les eaux de bouche, les pastilles.

Myrte (*Myrtus communis*, Linn.).

Le myrte étant très-commun en Algérie offre, à très-bas prix, ses fleurs et ses feuilles, dont la distillation extrait une essence qui parfume l'eau, sous le nom d'*eau d'ange*.

Persil (*Apium petroselinum*, Linn.).

Les distillateurs algériens ont distillé le persil, dont l'huile essentielle est utilisée en parfumerie.

Réséda.

La famille des résédacées est une des plus répandues en Algérie. Déjà Linné signalait ce pays comme la patrie du *réséda odorant* (*R. odorata*, Linn.), dont les fleurs servent à parfumer la pommade et les eaux de senteur.

Romarin (*Rosmarinus officinalis*).

Cultivé dans les jardins, il croît spontanément dans les campagnes : les montagnes que domine le *Tombeau dit de la Chrétienne*, à 10 ou 12 lieues d'Alger, en sont couvertes.

Rose.

L'eau de rose est des plus renommées. La réputation des provenances de Turquie, de Smyrne, de Tunis, permet d'augurer que celles d'Algérie ne leur seront pas inférieures. Sous le nom de *néseri*, les distillateurs algériens fabriquent une essence qui est extraite d'une variété de roses blanches, ainsi nommées en arabe.

Thym.

Il en est de même du thym ; on donne quelquefois improprement ce nom au *chiah*, qui est la petite absinthe.

Tubéreuse (*Polyanthes tuberosa*, Linn.).

Elle est cultivée dans les parterres pour son odeur suave, dans les jardins des distillateurs pour son essence.

Violette.

Bien que la violette odorante (*viola odorata*, Linn.) soit moins commune en Algérie qu'en Europe, elle y croît spontanément. Cultivée dans les jardins, elle alimente les distilleries.

Verveine.

La verveine est également spontanée et cultivée. On en distille deux espèces : l'ordinaire (*verbena officinalis*, Linn.), et la poivrée.

Essences diverses.

Nous pourrions citer encore, parmi les plantes aromatiques que les distillateurs algériens ont soumises à leurs analyses, le basilic, la mélisse, la sauge, et quelques autres, la marjolaine, l'œillet, l'églantine, l'héliotrope, la germandrée ou ivette musquée (*teucrium iva*), qui sécrète l'odeur du musc ; mais c'est assez pour montrer les ressources aussi nombreuses que variées du sol algérien sous le rapport des essences. Aujourd'hui l'industrie qui s'occupe de leur fabrication est concentrée à Alger et à Blidah ; le pays tout entier lui offre d'égales conditions de prospérité.

472. Boîte contenant les essences de géranium, citron, cédrat, bergamote, écorce d'oranges, de marjolaine, d'absinthe des champs, acide citrique, de citrate de chaux. — Simounet, pharmacien à Alger.
473. Boîte d'essences diverses. — Le même.
474. Néroli, Petit grain. — Le même.

Le jury de 1849 apprécia ainsi qu'il suit les travaux de cet exposant : « M. Simounet a surtout appliqué ses connaissances en industrie chimique à la fabrication des essences. Par ses soins, les géraniums odorants, si faciles à cultiver, et qui poussent sur le sol de l'Afrique comme la luzerne sur le nôtre, ont été introduits en Algérie, cultivés en grand et employés à l'extraction de cette essence, qu'on emploie comme succédanée de l'essence de rose, et dont la fabrication promet à l'Algérie beaucoup d'avenir. Le jury central, qui a apprécié la bonne qualité de ce produit, a surtout distingué, parmi les objets envoyés par M. Simounet, l'essence de jasmin à grandes fleurs de l'Inde, essence presque inconnue en France, et qui pourra, quand la culture européenne aura initié M. Simounet, qui en cultive déjà un demi-hectare en grand, devenir d'un très-grand produit. — L'oranger, dont les plantations en rapport, déjà nombreuses entre les mains des Arabes, s'accroissent chaque jour par suite des travaux agricoles des Européens, a surtout été pour M. Simounet l'objet d'un traitement industriel complet. Les différentes qualités de néroli, les essences de bigarade et de bergamote, celles de portugal et de citron, le citrate de chaux, présentés par M. Simounet, sont là pour témoigner toute la variété des produits que cette essence peut fournir. — Le jury central apprécie toute l'importance des travaux de M. Simounet, et l'encourage de tous ses vœux dans la voie qu'il a ouverte d'une manière si heureuse, et dans laquelle il continuera certainement à marcher et à guider ceux qui l'imiteront plus tard. — Le jury central lui accorde une médaille d'argent. »

475. Essences odoriférantes. — Foucauld, à Birmandreis.
476 bis. Extrait de cactus opuntia. — Mercurin, de Chéragas.
476. Essences diverses, bergamote, cédrat, néroli, absinthe, portugal, citron, jasmin, bigarade, mélarose, citrine, petit-grain, geranium, myrte, rose. — Mercurin, à Chéragas.

Les produits de M. Mercurin ont été récompensés de la médaille de prix à l'Exposition de Londres.

477. Essence de bigarade, 1853. — Sayen, à Blidah.
478. Essence d'orange portugal, 1853.
479. Essence d'absinthe. — Nielli, à Philippeville.
480. Essence d'anis. — Le même.
481. Essence de géranium. — Le même.
482. Essence de menthe poivrée. — Le même.
483. Essence de petit-grain. — Le même.

Opium.

Les analogies qui existent entre le climat de l'Algérie et celui de la Turquie d'Asie ayant fait penser qu'il serait possible d'introduire dans la colonie la culture du pavot somnifère, des essais furent tentés dans ce but à la pépinière centrale d'Alger, pendant la campagne de 1844. Ces essais réussirent parfaitement. L'opium récolté fut envoyé à l'Académie des sciences, et soumis à une commission composée de MM. de Mirbel, Boussingault et Payen, rapporteur. L'analyse démontra que l'opium algérien renfermait 5,02 pour 100 de morphine cristallisée privée de narcotine par l'éther, et qu'elle pouvait rivaliser avec les meilleurs produits de Smyrne et de l'Inde. En présence de ces résultats, des dispositions ont été prises pour propager la culture du pavot. Il a été décidé que l'État l'achèterait aux producteurs, au prix de 50 fr le kil. Cette mesure a eu d'heureuses conséquences. La culture du pavot s'est développée. En 1851, cette culture comprenait plusieurs hectares ; et la récolte, partout très-abondante, avait donné un rendement moyen dans la proportion de 20 kil. d'opium par hectare. Des échantillons de cette récolte ont été soumis à l'examen de l'Académie impériale de médecine, qui a nommé, pour en déterminer le mérite, une commission composée de MM. Chevallier, Grisolle et Bouchardat, rapporteur. Elle a remis en 1854 son rapport dont voici le résumé :

Ces produits sont comparables, pour l'ensemble de leurs caractères physiques, aux meilleures variétés de Smyrne : odeur vive et spéciale, couleur hépatique bien franche, saveur amère prononcée; ils sont peu hydroscopiques; ils brûlent nettement à la flamme d'une bougie; en un mot, à ne considérer que l'ensemble de leurs caractères physiques, nous affirmons qu'ils seraient acceptés comme des opiums des meilleures qualités, et cependant voici la teneur en morphine de ces cinq échantillons, d'après des analyses qui ont été exécutées avec le plus grand soin par l'un de nous, M. Chevallier, qui a publié un travail si important sur tous les essais qui ont été tentés pour naturaliser en Europe la fabrication de l'opium.

N° 1. Opium fourni par le sieur Germain...... 9,666 o/o de morphine.
N° 2. Opium fourni par le sieur Maival..... 11,000 —
N° 3. Opium récolté en 1851 à la pépinière du gouvernement, à Alger........................ 11,33 —
N° 4. Opium récolté en 1844 à la pépinière du gouvernement, à Alger........................ 7 —
N° 5. Opium récolté en   à la pépinière centrale du gouvernement, à Alger.............. 8,33 —

S'il existe une différence entre les résultats de l'analyse exécutée par M. Payen et ceux que nous communiquons aujourd'hui à l'Académie, cela tient à ce que M. Payen a obtenu la morphine blanche et cristalisée, tandis que, par le mode d'essai de M. Guillemont, généralement adopté aujourd'hui, elle est colorée, et qu'on la pèse dans cet état.

Ce mode d'essai offre les avantages d'être d'une exécution facile, et de pouvoir s'effectuer sur une petite quantité d'opium. Un bon opium doit donner par ce procédé 10 pour cent de morphine. On admet généralement une tolérance de 1 pour cent......................................

Pour les échantillons n°° 1, 2 et 3, l'analyse est en accord parfait avec l'ensemble des caractères admis par les bons observateurs : ainsi, nous ne craignons pas d'affirmer que ces opiums ne laissent rien à désirer sous le rapport de leur apparence physique et de leur composition.

Mais pour les n°° 4 et 5, — en présence d'une proportion de morphine que les caractères acceptés par les bons connaisseurs indiquent comme devant être supérieure, le rapporteur s'est demandé si l'on ne pouvait pas admettre que les incisions avaient été pratiquées dans des conditions assez défavorables pour qu'une partie de la morphine eût éprouvé une modification moléculaire telle qu'elle ait perdu sa propriété de cristaliser, et n'en soit cependant pas moins restée active. Quelques essais physiologiques thérapeutiques semblaient donner de la valeur à cette assertion : en effet, l'extrait d'opium de l'Algérie du n° 4 ne paraît pas différer par ses effets, à dose égale, de l'extrait d'opium de la pharmacie centrale, qui est préparé avec un opium titré à 9 pour cent au minimum......................................

Conclusion. — Les échantillons d'opium transmis par M. le ministre de la guerre à l'Académie, et fournis par le sieur Germain, colon du village de Montpensier, et par le sieur Maival, cultivateur à Fouka, et celui récolté en 1851 à la pépinière centrale, sont d'excellente qualité.

Il est à désirer que la culture du pavot somnifère pour extraire l'opium s'étende en Algérie, non-seulement sous le point de vue d'affranchir notre pays d'un tribut payé à l'étranger, mais encore sous celui plus important d'obtenir un produit se rapprochant de l'identité.

N. B. Ce rapport a été lu à l'Académie, qui en a adopté les conclusions dans sa séance du 30 mai 1854.

L'opium s'extrait des capsules du pavot sur pied en y pratiquant des incisions légères avec la pointe d'un canif. Dès que les vaisseaux sont rompus, le suc sort en gouttelettes qui ne tardent pas à se solidifier sous l'influence de l'air et de l'action du soleil.

Le produit d'un hectare cultivé en pavot est de 20 à 23 kil. d'opium, de 10 à 12 hectol. de graine, et de 600 à 700 bottes de tiges qui peuvent servir pour couvrir les meules et faire du fumier. On peut établir le rendement brut de la manière suivante :

<pre>
23 kil. opium, à 30 fr. le kil. (prix comm.).   690 fr.
11 hect. graine, à 22 fr. l'hect.............   242
700 bottes de tiges, à 10 fr. le cent.......   70
                              Total.............. 1.002
</pre>

Besoins de la France. En 1853, la France a importé 4,665 kil., valant 158,610 fr.

484. Opium. — Pépinière centrale, Alger.
485. Opium en larmes. — Même établissement.
486. Opium, 1850. — Frédéric, à Montpensier.
487. Capsule de pavot somnifère. — Le même.
488. Opium de pavot somnifère, 1853. — Chérot, de Bou-Ismaël. — Voir n. 59, 339.
489. Graine de pavot somnifère, 1853. — Le même. — Voir *ibid.*
490. Opium, 1853. — Beauchet, à Bougie.
491. Opium.

Nicotine.

Suc que l'on extrait de la feuille de tabac : poison violent.

493. Extrait du *nicatiana tabacum*. — Chérot, à Bou-Ismaël — Voir n. 52, 339, 355, 488, 489.

Miel végétal.

On a donné ce nom à des sucs sirupeux, plus ou moins liquides, que sécrètent certains végétaux de l'Algérie, entre autres le palmier-dattier et le cactus commun.

La sève du palmier fournit une boisson recherchée qu'on appelle *miel de palmier (lagmi)*. Pour l'obtenir, on coupe les branches supérieures de l'arbre en ne laissant que les branches de dessous. Dans la tête ainsi dépouillée, on pratique un trou latéral où l'on introduit un bout de roseau ; par là s'écoule la liqueur, dont le goût présente quelque analogie avec celui de l'orgeat. C'est le matin et le soir que l'écoulement est le plus rapide. On dit qu'un palmier donne 15 à 16 litres de lagmi par jour ; mais l'arbre ne peut supporter cette saignée que deux années de suite, il succomberait à la troisième. Le lagmi se transforme par la fermentation en une boisson capiteuse que les Européens qualifient d'eau-de-vie.

Le miel extrait de la figue de l'opuntia vulgaris ou figuier de Barbarie présente deux essences ; l'une est un sirop et l'autre offre la densité du miel ordinaire ; toutes deux sont sucrées et réunissent, assure-t-on, les qualités du miel d'abeille. Des échantillons, exposés par M. Balmont, colon à Bouzaréah, près d'Alger, figurent à l'Exposition universelle.

Savon végétal.

On a donné ce nom au suc de l'*ephedra fragilis* (*azeram* des Arabes), arbuste de la famille des conifères, dont les femmes indigènes emploient les sommités pour savonner et blanchir leurs vêtements. Cette plante croît en plein sable et forme d'épais buissons. Elle est très-répandue dans les

Ziban et le Hodna : on la rencontre aux environs d'Oran. Les bestiaux en mangent les tiges.

Le *savonnier* (*sapindus saponaria*, Linn.) de l'Amérique méridionale, acclimaté à la pépinière centrale, donne des graines douces douées de propriétés émulsives, et que l'on emploie aux colonies en guise de savon.

Suif végétal.

Substance sébacée contenue dans les graines de l'*arbre à suif* (*croton sebiferum*, Linn.), arbre de la Chine acclimaté à la pépinière centrale. Les Chinois en fabriquent des bougies en y ajoutant un peu de cire d'abeilles. Il en a été fait une plantation de 38 pieds au Hamma d'Alger, sur le versant de la montagne.

XI. ESPÈCES MÉDICINALES.

Besoins de la France. En 1853, la France a importé pour 4,111,061 fr. de plantes médicinales.

L'Algérie produit un grand nombre de plantes médicinales, dont quelques-unes, comme la pyrèthre et la salsepareille, sont l'objet d'un commerce suivi avec l'Europe. Les principales espèces qui aient été signalées comme indigènes ou qui ont été l'objet d'essais d'amélioration sont les suivantes :

Acacia nilotica, Delile.

Cultivé à la pépinière centrale. De cet arbre découle la gomme arabique, employée en médecine humaine et vétérinaire pour son principe émollient et sa viscosité.

Aristolochia rotunda, Linn. (*boustoun*).

Racine excitante, emménagogue. Chez les Arabes, remède admis contre les coliques et les maladies occasionnées par les vents.

Armen (espèce non déterminée).

Commune dans le Sahara. Les Arabes lui attribuent de nombreuses propriétés médicinales : en cataplasmes cuits à la vapeur et appliqués sur le front, l'armen passe pour guérir les maux de tête. Dans l'art hippiatrique on emploie sa poudre pour tuer les vers qui se développent quelquefois sur les plaies et les ulcères des chevaux.

Arum arisarum, Linn. (*boukoka*).

Chez les Arabes, la racine de boukoka est employée contre la pierre et la gravelle.

Brucea ferruginea, L'Hér.

Cultivée à la pépinière centrale. L'écorce et la racine sont usitées, en Abyssinie, contre la dyssenterie.

Cassia fistula, Linn.

Cultivé à la pépinière centrale. C'est l'arbre qui donne la casse purgative.

Citronnier (*citrus medica*, Linn.).

L'écorce du fruit est aromatique. L'écorce de la racine est fébrifuge. Le suc du citron et l'huile essentielle sont vermifuges. Les feuilles sont toniques et antispasmodiques. L'huile essentielle de *citron*, nommée huile de *néroli*, est excitante. Voir l'article *Citron* (fruits), page 67, et *Citronnier* (arbre), page 103.

Besoins de la France. En 1853, la France a importé 23,975 kil. d'écorces de citrons, d'oranges et leurs variétés, valant 11,988 fr.

Cyclamen europaeum, Linn.

La racine vénéneuse est employée quelquefois comme purgatif drastique.

Dracæna draco, Linn.

Le *sang-dragon*, *l'arbre du dragon*. Cultivé à la pépinière centrale. Du tronc de l'arbre découle une résine rouge, le sang-dragon, usitée en médecine comme tonique, astringente. Elle entre dans les opiats dentifrices.

Drias (*Thapsia garganica*, Linn.; *bounafa* des Arabes).

Très-répandu en Algérie, surtout sur les hauts plateaux de Constantine, Sétif, Médéah, Tlemcen : c'est un des principaux remèdes des indigènes. On l'emploie contre les douleurs, de quelque nature qu'elles soient, contre les engorgements, les maladies chroniques de la poitrine, de l'abdomen, contre les céphalalgies. Les graines, la tige et la racine servent également. On emploie aussi le drias à l'intérieur comme purgatif. Le drias est un poison mortel pour les chameaux.

Shaw parle d'une espèce de *thapsia* dite *toufailet*, dont la racine torréfiée et appliquée chaudement sur la hanche guérit de la sciatique.

Fenouil (*Fœniculum dulce*, Linn.)

Employé en fumigation en médecine arabe.

Gentiana pneumonanthes, Linn.

Plante amère fébrifuge. En Russie le peuple l'emploie contre l'épilepsie.

Globularia fruticosa.

La racine et les feuilles des globulaires sont purgatives. Les indigènes les administrent contre la fièvre.

Guimauve en arbre (*Lavatera arborea*, Linn.).

Mêmes propriétés que les mauves.

Henné (*Lawsonia inermis*, Linn.).

Outre ses emplois comme cosmétique, le *henné* est fort en usage dans la médecine vétérinaire des indigènes contre les contusions, les blessures, les gonflements, les abcès, etc., pour endurcir les parties, les cicatrices récentes; on l'applique encore sur les muqueuses, dans la bouche; contre le mal de dents, pour diminuer la trop grande transpiration d'une partie du corps, etc.

Immortelle (*Gomphrena globosa*, Linn.).

Plante considérée comme rafraîchissante.

Iatropha curcas (Linn.) et Iatropha multifida (Linn.).

Le premier, originaire de l'Inde; le second, de l'Amérique méridionale.

La graine, nommée *figue d'enfer*, *grand pignon d'Inde*, *noix américaine*, *noix de médecine*, *noix des Barbades*, *pignon de Barbarie*, *pignon des Barbades*, est purgative. On en retire une huile qui est aussi purgative. L'inflorescence du dernier est remarquable par sa couleur et sa forme; le pédoncule, les pédicelles, les calices sont d'un si beau rouge avant la floraison qu'on les prendrait pour des branches de corail. — Cultivé à la pépinière centrale.

Jusquiame (*Hyoscyamus niger*, Linn.; *aureus*, arabe).

En médecine humaine et vétérinaire les feuilles et les semences sont employées à l'intérieur comme narcotiques; à l'extérieur les feuilles servent comme calmantes et résolutives. La racine est vomitive.

Lavande.

L'Algérie en possède trois espèces : les sommités fleuries des lavandes sont très-stimulantes. En médecine vétérinaire on s'en sert à l'extérieur pour frictions résolutives et fortifiantes. Pour l'importation en France, voir ci-dessous *Oranger*.

Lessa (espèce non déterminée).

Plante qui croît dans le Sersou; le suc des feuilles pressées entre les doigts, étendu sur une parcelle de laine brute, le tout réuni au moyen d'un morceau de datte et déposé dans la matrice de la jument, passe, chez les indigènes, pour assurer la conception.

Laurus camphora, Linn.

Cultivé à la pépinière centrale. Des branches et des racines du laurier-camphrier on retire le camphre, si usité dans la médecine humaine et vétérinaire, à l'intérieur comme excitant général, à l'extérieur comme antirhumatismal, antiseptique, antiépidémique, etc...

Voir Sucs végétaux, page 87.

Lin (*Linum usitatissimum*, Linn.).

Plusieurs espèces sont spontanées; celle-ci est cultivée par les indigènes et par les Européens. — Les graines mucilagineuses servent pour lotions, bains et cataplasmes en médecine humaine et vétérinaire. (Voir Plantes à huile, page 119.)

Mauve.

Plusieurs espèces spontanées. Propriétés mucilagineuses et émollientes bien connues.

Moutarde (*Sinapis nigra*, Linn.).

Graines employées pour sinapismes; comme excitant externe.

Mikania guaco, Willd.

Cultivée à la pépinière centrale. Les feuilles et leur suc sont très-usités aux colonies contre la morsure des serpents à sonnette; sèches, elles sont stomachiques et vermifuges. Indiquées contre le choléra, la fièvre jaune et la dyssenterie.

Oranger (*Citrus aurantium*, Linn.).

Feuilles et fleurs antispasmodiques. Voir *Orange* (fruits de table), page 71, et *Oranger* (bois), page 108.

Besoins de la France. — En 1853, la France a importé 125,094 kil. de feuilles d'oranger, valant 74,956 fr., et 93,796 kil. de fleurs d'oranger et de lavande, valant 187,637; total, 218,890 kil., valant 262,588 fr.

Orobanche mauritanica.

La poudre d'orobanche est astringente. Les indigènes s'en servent dans les diarrhées invétérées.

Opuntia vulgaris, Linn.

Les Arabes se servent des feuilles du figuier de Barbarie torréfiées comme calmant et résolutif contre la goutte.

Pavot (*Papaver somniferum*, Linn.).

C'est la plante qui produit l'opium. (Voir *Sucs végétaux*.) Les têtes de pavot servent comme narcotiques.

Pyrèthre (*Anthemis pyrethrum*, Linn.).

La racine de pyrèthre est l'objet d'un commerce soutenu d'exportation. Sous le nom de *racine de camomille*, *racine pour les dents*, *racine insalivaire*, elle sert comme mastication pour provoquer la salivation, soit chez l'homme, soit chez les animaux. Elle entre aussi dans la composition des poudres sternutatoires.

322 *bis.* Racines de pyrèthre, 1848 — Makloul Kheïloûn, à Oran. — Voir n. 94

Quinquina.

Cultivé à la pépinière centrale. Écorce fébrifuge par excellence, tonique et antiseptique.

Rhubarbe (*Rheum*).

Racine purgative, tonique, vermifuge. En 1853, la France a importé 4,115 kil., valant 38,804 fr.

323. Racines de rhubarbe sèches, 1847 — Roveron, à Cracie.

Rue (*Ruta graveolens*, Linn.).

Feuilles emménagogues, subéfiantes. — Graines antispasmodiques, anthelminthiques, alexitères, usitées en médecine humaine et vétérinaire.

Saponaire (*Saponaria officinalis*, Linn.).

Sommités fleuries et suc de la plante, apéritifs, sudorifiques. Racine souvent mélangée à la salsepareille par les herboristes.

Salsepareille (*en arabe kochfaïr*; *Smilax sarsaparilla*).

Sudorifique et excitant très-actif; est l'objet d'un commerce suivi dans l'Afrique du nord. Les Arabes en font un très-grand usage. Une certaine quantité s'importe à Oran du Maroc. La salsepareille d'Amérique (*smilax officinalis*) est cultivée à la pépinière centrale.

Scabieuse (*Scabiosa arvensis*, Linn.).

Employée comme fébrifuge par les indigènes, soit mangée en salade, soit en décoction.

Scille (*Scilla maritima*, Linn.).

Très-belle et très-commune. Les écailles des oignons sont diurétiques, expectorantes, excitantes, employées en médecine humaine et vétérinaire. Le bulbe entre dans les cataplasmes maturatifs.

Taïrouda (*Scilla bulbocastanum*, Linn.).

Connue en France sous les noms de *savon*, *terre-noix*. En Algérie, très-abondante dans les plaines des régions élevées, aux environs de Tlemcen, Mascara, Sétif, Constantine. Semences stomachiques, carminatives. Le tubercule sert d'aliment aux cochons, et même aux hommes. (Voir FARINEUX ALIMENTAIRES, page 82.)

Verge d'or (*en arabe noudra-nga*; *Virga aurea glutinosa*)

Feuilles vulnéraires.

XII et XIII. BOIS COMMUNS ET EXOTIQUES.

DOCUMENTS STATISTIQUES.

Les forêts de l'Algérie, longtemps méconnues, ont été, de la part du service forestier et du génie militaire, l'objet de nombreuses reconnaissances qui ne permettent plus d'en contester ni l'étendue ni la richesse. Les principaux massifs sont répartis dans les trois provinces conformément aux tableaux qui suivent, dans lesquels les essences dominantes sont seules indiquées.

I. Province d'Alger. — 208,606 hectares.

Cantonnement d'Alger. 4,422 h.

Saint-Ferdinand. Chênes-liéges, lentisques.
Zéradia. Lentisques, oliviers.
Sidi-Ferruch. Pins, broussailles.
Bouzareah. Oliviers, lentisques.
Le Boudouaou. Chênes, oliviers.
Saint-Jules. Broussailles mêlées d'oliviers.
L'Arba. Broussailles, mêlées d'oliviers et de lentisques.
Bou-Merdès. Chênes-liéges.
Collines du Sahel. Oliviers, lentisques, chênes verts.

Cantonnement d'Aumale. 23,000 h.

Bou-Many. Chênes-liéges.
Dra-Techta. Chênes-liéges.
Merkalla. Chênes-liéges.
Ouled-el-Azis. Chênes-liéges.
Zaouia du Cherfa; Tablat. Pins.
Merqued. Lentisques.
Ouled-Ferrach. Chênes, lentisques.
Ksenna. Pins d'Alep, chênes verts.
Ksaar. Pins d'Alep.
Biban (Portes de fer). Pins d'Alep.

Cantonnement de Blidah. 23,200 h.

Aïn-Telazit. Pins, chênes, cèdres.
Canton du Marabout. Chênes-liéges.
L'Ancien Camp. Chênes à glands doux.
Vallée de la Chiffa. Thuyas, chênes à glands doux, chênes-liéges.
Les Soumatas. Thuyas, oliviers, lentisques, pins d'Alep.

Cantonnement de Coléah. 8,480 h.

Mulati. Ormes, frênes.
Farghen. Ormes, frênes.
Ben-Ketab. Lentisques, oliviers, ormes.
Les Corvées. Pins.
Sidi-Bouzid. Pins.
Chaïba-Fokani. Chênes-liéges.

Chaïba-Titani. Chênes-liéges.
Tefeschoun. Chênes-liéges, pins.
Ahmed (Haouch). Chênes-liéges, pins.
Karézas. Oliviers, lentisques, pins d'Alep, chênes-liéges.

Cantonnement de Dellis. 9,565 h.

Boberae. Chênes-liéges.
Mesrana. Pins, chênes-liéges.
Timizarit. Chênes-liéges.
Tigremout. Chênes-liéges.
Bou-Khartout. Lentisques.
Aïn-bou-Arbi. Lentisques.

Cantonnement de Cherchell.

Marengo. Ormes, frênes.
Dra-el-Queta. Lentisques, pins.
Djebel-Nador. Lentisques, chênes-liéges.
K'sar-el-Ioudi Dj. Codiate. Lentisques, chênes-liéges.
Mania. Lentisques.
Chastel-el-Beja. Thuyas, lentisques.
Djebel-Thuzuntas. Thuyas, lentisques.
Paate-el-Khadret. Thuyas, oliviers.
Bouroufs. Chênes-liéges, pins, lentisques, phillyreas.
Zurich. Chênes-liéges.
El-Hadel-Kremis. Chênes-liéges.
Beni-Menasser. Chênes à glands doux, chênes-liéges, chênes verts, genévriers.
El-Faïo. Pins et thuyas.
Oued-el-Hammam. Chênes verts, pins.
Oued-Bellah. Pins, thuyas.
Novi. Pins d'Alep.

Cantonnement de Médéah. 34,190.

Mouzaïa. Chênes-liéges, chênes à glands doux, lentisques.
Ouzras. Pins d'Alep, chênes à glands doux, lentisques, oliviers.
Fernen-Berouaghia. Chênes à glands doux et autres.

7

Beni-ben-Yacoub. Chênes à glands doux, liéges, pins, thuyas.
Ouameris. Chênes verts, pistachiers.
Hanenchas. Chênes verts, pistachiers.
Guérib. Oliviers, genévriers, lentisques.
Rirhas. Pins, chênes.
Ouaras. Pins, chênes.
Beni-Hassen. Pins, thuyas.
Ouled-Sidi-Nedj. Pins, thuyas.
Hamed-ben Joussef. Chênes verts, pins.
Rhabia. Pins, chênes.
Ouled-Drid. Thuyas.
Abid. Chênes à glands doux.
Ouled-Alan. Chênes zân.

CANTONNEMENT DE BOGHAR 20,520h.
Djelfa-Laghouat. Pins d'Alep.
Ouled-Hellal. Pins, chênes verts.
Ouled-Anteur. Chênes, pins d'Alep.
Hamza. Pins, chênes, thuyas.
M'faïha. Pins, chênes.
Aïn-Oussera. Tamarix.
Guelt-el-Stel. Thuyas, lentisques, oliviers, pins, chênes.
Hadjar-el-Mleh. Pins, thuyas.
Djelfa......................
El-Reg. Tamarix.

CANTONNEMENT DE MILIANAH ET TENIET-EL-HAD. 24,008 h.
Aïn-Cheurgui (ou Turqui). Chênes, genévriers, lentisques.
Sidi-Sba. Thuyas, lentisques.
Meddernach (Zakkar). Chênes, lentisques.
Oued-Aïdous (Zakkar-Gharbi). Pins, chênes.
Tachouchkouf (ib.). Pins, chênes.
Zakkar. Chênes à glands doux, thuyas, lentisques.
Bordj-el-Majors. Chênes à glands doux.

Oued-Hamoun. Chênes à glands doux.
Temdrara. Pins, chênes, thuyas, pistachiers.
Sidi-Dris. Pins, chênes.
Lahr-Isly. Pins, chênes.
Ouarenzenis. Pins, thuyas, chênes, lentisques, genévriers.
Oued-Fodda. Pins, thuyas, chênes, lentisques, chênes-liéges.
Oued-Isly. Thuyas, chênes verts, pins, oliviers, lentisques.
Montagnes Rouges. Sémis de caroubiers.

CANTONNEMENT DE TENEZ. 3,715 h.
Tifel-lez. Chênes, pins, thuyas.
Cap Tenez. Chênes verts, pins, thuyas.
Kseb-el-Amri. Thuyas, pins.
Djebel-Fedj. Thuyas, pins.
Guergour. Pins, chênes.
Tir-er-er. Pins.
Oued-Allehah (ou camp des Gorges). Thuyas, pins, oliviers.
Oued-el-Arous. Thuyas, lentisques.
Montenotte. Thuyas.
Oued-Allelah. Thuyas, pins.
Bou-Allou. Thuyas, oliviers.
Djebel-Charras. Thuyas, oliviers, phillyréas.
Mont Saïana. Chênes à glands doux.
Atafs. Pins, chênes à glands doux, thuyas.
Oued-Massin. Pins, thuyas.
Teniet-el-Had. Cèdres, chênes à glands doux.
Aïn-Kara. Thuyas, pins, oliviers, genévriers, pistachiers.
Oued-Bellal. Chênes à glands doux.

CANTONN. D'ORLÉANSVILLE. 3,762 h.
Medjadja. Thuyas, lentisques.
Beni-Rached. Thuyas, lentisques, phillyréas, chênes verts.

II. PROVINCE D'ORAN.—269,764 hectares.

Réserves des colonies agricoles. Chênes verts, lentisques, oliviers, thuyas.
Muley-Ismaël. Lentisques, oliviers, thuyas, chênes verts.
La Macta. Genévriers, thuyas, lentisques, pins.
L'Aghoub et d'Ennaro. Lentisques, chênes verts, pins d'Alep.
Emsila. Lentisques, chênes kermès, thuyas, pins.
Sidi-Chami. Lentisques, chênes kermès, phillyréas.

Chebdelhem. Lentisques, chênes verts, oliviers, caroubiers.
Rives du Sig. Lentisques, oliviers, thuyas, chênes verts.
Oued-el-Habra. Tamarix.
Beni Chougran. Thuyas, sumacs, oliviers.
Flittas ....[viers].
Sidi-ali-ben-Jonb. Lentisques, oliviers, pins.
Sebdou. Chênes verts, chênes blancs.
Aïn-Hafir. Chênes verts, chênes-liéges, thuyas, pins d'Alep.

Daya. Chênes kermès, thuyas, chênes verts, oliviers.

Oulzert. Thuyas, oliviers, genévriers, lentisques.

Kacherou. Thuyas, oliviers, chênes à glands doux, lentisques.

Ouled-Brahim. Lentisques, arbousiers, thuyas, oliviers, chênes bl.

Ouled-Kraled. Thuyas, lentisques, ch. verts, pins d'Alep, arbousiers.

Frendah. Thuyas, oliviers, genévriers, chênes blancs, lentisques.

Tekedempt. Thuyas, lentisques, genévriers, chênes blancs, oliviers.

III. PROVINCE DE CONSTANTINE. — 630,657 hectares 95 ares.

CANTONNEMENT DE CONSTANTINE. 52,327 h. 75 a.

Arrès. Chênes verts.

Benigoit-et-Quettet. Chênes-liéges, chênes zân.

Beni-Kettabak. Chênes-liéges, chênes zân, pins, ormes.

Beni-Medjellel-el-Bonharat. Chênes-liéges, chênes zân.

Chabersa. Plantation de pins d'Alep, en 1853 et 1854.

Chettaba. Chênes verts.

Ferdjiousah. Chênes verts.

Guerioun. Chênes verts, chênes-liéges, chênes zân.

Hammouth. Chênes, pins, ormes, frên.

Minèa et Ftizen. Chênes, frênes, ormes, broussailles.

Oued-el-Kebir. Chênes verts.

Ouled-Aïa. Chênes verts.

Ouled-Asker. Chênes verts.

Ouled-Ibor et Aïa. Chênes-liéges, chênes zân.

Ouled-Selim-Hiffenser. Chênes verts.

Sellaoua-Kerabed. Chênes verts.

Djebel-Sidi-Regheis. Chênes-liéges, pins d'Alep, chênes verts, genévriers.

Zouara. Chênes verts.

CANTONNEMENT DE BATNA. 42,800 h.

Aurès. Cèdres, chênes verts, genévriers, pins d'Alep.

Batna. Chênes verts.

Belezma. Cèdres, chênes verts.

Lambessa. Chênes verts.

Saïda. Tamarix.

Tuggurt, à 12 kil. de Batna. Cèdres, chênes verts.

CANTONNEMENT DE SETIF. 69,800 h.

Djebel-Afghon. Genévriers, lentisques.

Anama. Chênes verts.

Biban (Portes-de-Fer). Chênes verts.

Bou-Thaleb. Cèdres, chênes verts.

Dj.-Hamara. Cèdres, chênes verts.

Oued-Derian? Chênes verts.

Dj.-Gatian?.....

Oued-Maaded?...

CANTONNEMENT DES BENI-SALAH. 20,200 hectares.

Beni-Salah. Chênes zân, frênes, peupliers blancs, chênes-liéges.

Bords de la Seybouse. Frênes, ormes, peupl. blancs, saules, tamarix.

CANTONNEMENT DE L'EDOUGH. 33,242 h. 43 a.

Cap de Fer. Chênes-liéges, chênes zân, frênes, châtaigniers.

Dréan. Lentisques, myrtes, phillyréas, arbousiers, oliv., azeroliers, retem.

Edough. Chênes-liéges, chênes zân, frênes, châtaigniers, phillyréas.

Oued-el-Aneb. Ch.-liégrs, ch.-zân.

CANTONNEMENT DE GUELMA. 72,500 hectares.

Aïn-Reffla et Marmora. Chênes-liéges, chênes zân, frênes.

Aouarra. Chênes-liéges, azeroliers.

Ararat. Chênes-liéges.

Djebel-Baibou. Chênes-liéges.

Djebel-Ebert. Chênes verts.

Guelma (diverses). Oliviers, lentisques, phillyréas.

Haueneha. Chênes-liéges, chênes zân, chênes verts, frênes.

Bou-Kacheroua. Chênes-liéges, chênes zân, frênes.

Mahouna. Chênes verts, chênes-liéges, chênes zân.

Ouled-Bechia. Chênes verts.

Ouled-Dann. Chênes verts, chênes-liéges, chênes zân.

CANTONNEMENT DE LA CALLE. 22,655 hectares.

Beni-Amar. Chênes-liéges.

Bou-Hadra. Chênes-liéges.

Bourdjne. Ch.-liéges, frênes.

Bouglousse. Ormes, frênes, saules.

La Calle. Chênes-liéges, chênes zân, chênes verts.

Cheflia. Chênes-liéges, ormes, frênes, peupliers.

7.

Casibna. Ormes, frênes, saules, trembles.
Mafrag. Frênes, ormes, trembles, aunes.
Del-Oubeira. Chênes-liéges.
Oued-el-Kebir. Ormes, frênes, saules, peupliers blancs, tamarix.
Ouled-Amar-ben-Ali. Chênes-liéges.
Ouled-Deib. Frênes, ormes, trembles.
Sbetza. Chênes-liéges.
Skira. Chênes zân.
Souarak. Chênes-liéges.
Souk-R'gibet. Frênes, ormes.
Tolbah. Chênes-liéges.
Tonga-el-Melah. Chênes-liéges, saules, aunes, peupliers.
Zitoun. Chênes-liéges.

CANTONNEMENT DE PHILIPPEVILLE. 34,933 hectares 89 ares.
Oued-Bibi. Chênes-liéges, ormes, oliviers.
Collo. Chênes-liéges.
Réserve forestière de Damrémont. Broussailles.
Oued-Djebarra. Chênes-liéges, chênes zân, frênes.
Eghmes. Chênes-liéges, oliviers.
Dj.-Estaya. Chênes-liéges.
Fillila. Chênes-liéges, chênes zân, frênes.
O.-Guebli. Chênes-liéges.
Dj.-Halia. Ch.-liéges, ch. zân, frênes.

O.-Zouer. Ché.-liéges, ormes, oliv.
Réserve for. de Philippeville. Broussailles.
Safsaf. Peupliers blancs.
Réserve for. de Saint-Antoine. Broussailles.
Stora. Chênes-liéges.
Réserve for. de Valée. Broussailles.
Zéramna. Chênes-liéges, ch. zân.

CANTONN. DE BOUGIE. 96,000 h.
Ah-Fordoun. Chênes-liéges.
Beni-Foural. Chênes-liéges, chênes zân, ormes, frênes.
Beni-Segulal. Chênes-liéges.
O. Djema.
El-Heit. Chênes-liéges.
Vallée des Singes. Oliviers, caroubiers.

CANTONNEMENT DE JEMMAPES. 66,278 hectares 88 ares.
Adjesoun. Chênes verts, ch. zân.
Bou-Ksaiba. Chênes-liéges, chênes verts, ormes, frênes.
Fendeck. Ch.-liéges, ormes, frênes.
Guerbès. Chênes-liéges.
Oued-Kuerk. Chênes verts.
Safia et Radjeta. Chênes-liéges.
Souendja. Chênes-liéges, chênes zân, ormes, frênes.
Zerdezas et Taya. Chênes-liéges, chênes zân, chênes verts, ormes.

En résumé :

Province d'Alger............	208,666 hectares.
— d'Oran..........	269,764
— de Constantine...	630,657 h. 95 ares.
Totaux....	1,109,128 hectares.

En attendant la mise en œuvre de ses richesses forestières, la colonie a importé, en 1854, pour 1,294,976 fr. Mais en 1855 elle a commencé à exporter du bois comme combustible destiné à l'armée d'Orient.

Besoins de la France. En 1853, la France a importé pour sa consommation en bois commun de toute nature, et en produits forestiers (charbon, liége), une valeur de 69,142,398 fr., et en bois exotiques une valeur de 7,983,456 fr.

EXPLOITATIONS.

La plus grande partie de ces surfaces boisées, soumise au régime forestier, est, de la part du service des eaux et forêts, l'objet d'une surveillance soutenue et d'études destinées à préparer leur prochaine exploitation. Quelques-unes servent déjà aux besoins de la colonisation, tant par le bois de construction que par le combustible. L'industrie des constructions maritimes, qui pendant trois siècles put alimenter de bois algériens la piraterie de la régence, commence à renaître au profit de la colonisation.

Un armateur d'Alger, M. Salerio Marino, a mérité une médaille d'or pour la construction d'un vaisseau en bois algérien, lancé en 1854. Un autre armateur, M. Lieutaud, a construit de même un brick à Philippeville, en 1855.

Un petit nombre de forêts a été concédé à des particuliers. Voici l'énumération de ces dernières, dans lesquelles ne figurent pas les exploitations de chêne-liége, qui seront mentionnées en leur lieu (voir page 108).

Dans la province d'Alger. *Forêt de Soumata.* Lot de 90 hectares affermé au comte de Septeuil, en vue de l'exploitation des oliviers et des lentisques.

Dans la province de Constantine. *Forêt de Belezma.* Concession à M. Barbaroux du droit de tirer pendant vingt ans 7,000 mètres cubes de bois.

Cap de Fer, bords de la Seybouse, Beni-Salah. Concession de quarante ans à la Société de l'Alélik, pour un affouage de 10,000 stères de combustible destiné à l'alimentation de ses hauts-fourneaux.

Dans la province d'Oran, aucune concession n'a été encore accordée.

En 1855, une mission a été confiée à un ingénieur de la marine pour organiser l'exploitation de quelques cantonnements dans les provinces d'Alger et de Constantine, en vue des constructions navales.

En outre, quelques permis temporaires ont été accordés. Un de ceux qui promettent les résultats d'avenir les plus précieux est celui accordé à M. Lambert de Roissy, ébéniste de Paris, pour l'exploitation du thuya dans le cantonnement d'Orléansville.

Enfin, trois compagnies de planteurs militaires ont été organisées, une par province, pour procéder, au nom et sous la surveillance de l'État, à des travaux de réensemencement, greffage, élagage, etc...

ESSENCES FORESTIÈRES.

Les espèces, représentées dans les collections de l'Exposition permanente, dont l'origine n'est pas indiquée, proviennent des services forestiers de l'Algérie.

Amandier (*Amygdalus communis*, Linn.).

Arbre fruitier à feuilles caduques, spontané dans les bois.

495. Amandier, de Saïda. — Capitaine Grenier. — Voir n. 504-507, 511, 532, 536, 563, 564, 572, 594, 597, 598, 603.

Arbousier (*Arbutus unedo*, Linn.).

Arbre toujours vert; bois dur. La couleur rosée et les veines de ses racines ont une grande ressemblance avec l'agate et le marbre onyx. Il pourra servir aux ébénistes, surtout s'il conserve sous le vernis la couleur et l'effet de ses veines.

496. Arbousier récolté à Mouzaias, bois avec l'écorce conservée sur les deux tranches longitudinales; provenant d'un sujet de 30 cent. de diamètre.

497. Échantillon d'arbousier avec son écorce.

Aubépine (*Cratægus oxyacantha*, Linn.).

Beau bois dur et pesant; à feuilles caduques, à grains serrés.

498. Échantillon d'aubépine avec son écorce.

Aune (*Alnus glutinosa*, Linn.).

Arbre à feuilles caduques. Bois blanc, tendre et fragile, quoique d'un assez beau grain; teinte jaune rougeâtre uniformément répandue.

499. Échantillon de bois d'aune avec son écorce.

Bruyère (grande) **arborescente** (*Erica arborea*, Linn.).

Arbuste toujours vert. Beau bois, à grains serrés, dur, excellent pour la tabletterie.

500. Échantillon de bois de bruyère arborescente.

Caroubier (*Ceratonia siliqua*, Linn.).

Arbre toujours vert, dont les Arabes fabriquent leurs ustensiles.

501. Échantillon provenant de Boufarik.
502. Autre échantillon.
502 *bis*. Autre. — Madame veuve Cabanillas, Alger.

Cèdre (*Pinus cedrus*, Linn.).

Arbre résineux, toujours vert. L'Algérie est une des trois régions du globe où croît cet arbre : les autres sont le mont Liban, les monts Himalaya. On le trouve dans la province d'Alger, dans la forêt d'Aïn-Tlazit, et celle de Teniet-el-Had, qu'il constitue presque en entier. Dans la province de Constantine, il constitue une des principales essences des forêts de Tuggurt (O. de Batna), de l'Aurès, du Djebel-Afghan, du Djebel-Gathian (Bou-Thaleb), de Tafrind, des Ouled-Ali-ben-Sabor. Dans la forêt de Teniet-el-Had les arbres de 18 à 20 mètres de haut sur 5 et 6 mètres de tour sont communs. Les dimensions gigantesques du cèdre le rendent propre à la charpente comme pièce de longue portée ; sa roideur est égale à celle des sapins de Lorraine ou du nord. Il est employé dans les constructions civiles à Teniet-el-Had, à Lambessa. La menuiserie surtout peut en tirer grand parti, comme étant le plus beau type de sapin rouge que l'on puisse imaginer. Il unit la finesse des lignes à celle des pores, sans être sensiblement plus lourd que le sapin du nord. Il est résineux sans essence coulante, même à une température de 35°, peu noueux, facile à travailler à la scie ; se coupe, se rabote, se raisonne en bois debout avec une grande facilité, ne gauchit pas en séchant à une haute température. Par toutes ces qualités, il est supérieur au bois du nord pour la menuiserie ; il peut surtout économiser la peinture. Comme auxiliaire d'ébénisterie, il convient dans les placages d'intérieur par sa couleur, sa veine, et surtout son odeur agréable, qui éloigne les mites des étoffes. Aussi l'ébéniste peut-il en tirer autant de parti que le menuisier.

503. Cèdre de l'Atlas.
504. Loupe de cèdre de Teniet-el-Had. — Capitaine Grenier. — Voir n. 493.
505. Racine de cèdre. — Le même. — Voir ci-dessus.
506, 507, 508. Cèdre de Teniet-el-Had. — Le même. — Voir ci-dessus.
509. Cèdre de Teniet-el-Had, pris sur un sujet ayant 2^m,25 de diamètre à sa base.
510. Cèdre de l'Atlas.
511. Loupe de cèdre de Teniet-el-Had. — Capitaine Grenier. — Voir n. 493.

Cerisier (*Prunus cerasus*, Linn.).

Arbre à feuilles caduques. Croît à l'état sauvage. De ses jeunes pousses on fait des tuyaux de pipes.

512. Échantillon de cerisier sauvage.

Châtaignier (*Castanea vulgaris*, Lamk.).

Arbre à feuilles caduques. Il vient communément avec le chêne zân, et parvient à peu près au même degré de développement. Les arbres ayant de 4 à 6 mètres de circonférence sont communs en Kabylie.

513. Plat en bois de châtaignier. — Prix : 3 fr.

Chêne-liège (*Quercus suber*, Linn.).

Arbre à feuilles caduques, très-commun dans toute l'Algérie, surtout au centre et à l'est, exploité pour son écorce qui fournit le liège. (Voir *Liège*, page 108.)

314. Chêne-liège des environs de Bône.

Chêne vert (*Quercus ilex*, Linn.).

Arbuste à feuilles persistantes; très-commun dans toute l'Algérie, où il constitue l'essence principale de la plupart des broussailles.

315. Chêne vert.

Chêne zéen (*Quercus Mirbeckii*).

Arbre qui compose de vastes peuplements dans la province de Constantine; bois très-dur, très-lourd, éminemment propre aux constructions navales.

316. Échantillon provenant de la région de Bône.

Chêne à glands doux (*Quercus ballota*, Linn.).

Arbre à bois dur, commun en Kabylie, sur les cimes de l'Atlas, où il s'élève de 6 à 10 mètres sur 60 à 75 centimètres de tour; ses massifs ont l'aspect de beau gaulis que l'on élève en futaie. Son gland est doux comme la noisette; il sert à la nourriture des hommes et des bestiaux.

317. Échantillon de chêne à glands doux, provenant d'Aïn-Telazid, sur un sujet ayant à sa base 0m,55 cent. de diamètre.

Citronnier (*Citrus medica sutica*, Desf.)

Arbre toujours vert, de la famille des orangers. Bois dur, recherché pour les petits meubles.

318. Citronnier provenant de Blidah.
319. Citronnier.
320. Citronnier de l'Algérie.

Cyprès d'Italie, pyramidal (*Cupressus pyramidalis*).

Arbre toujours vert. Bois résineux.

321. Échantillon de cyprès d'Italie avec son écorce.
322. Échantillon provenant de Blidah, d'un sujet de 1m de diamètre.
323. Feuille de placage en bois de cyprès. — Madame Cabanillas, Alger.

Cytise (*Cytisus*).

Beau bois à grains serrés, dur, pesant; cœur couleur marron; couches nouvelles d'une teinte tirant sur le blanc.

324. Cytise d'Algérie.

Érable (*Acer neapolitanum*).

Arbre à feuilles caduques. Bois pesant.

325. Érable napolitain avec son écorce.

Frêne (*Fraxinus excelsior, oxyphylla*).

Deux espèces qui croissent en Algérie. Arbres à feuilles caduques. Bons bois de charronnage.

326-327. Grands plats en bois de frêne.
328. Vase à pied en bois de frêne.
329. Frêne. — Environs de Bône.
330. Frêne.

Figuier (*Ficus carica*, Linn.).

Arbre à feuilles caduques. Bois blanc et tendre.

331. Figuier commun sauvage.

Figuier de Barbarie (*Opuntia vulgaris*, Mill.).

332. Feuilles du *cactus opuntia*, pour placage d'ébénisterie. — Cap. Grenier. Voir n. 493.

Genévrier (*Juniperus phœnicea*, *oxycedra*).

Deux espèces communes en Algérie. Le genévrier oxycèdre ou à feuille de cèdre est connu dans le commerce sous le nom de *cèdre à crayons*, de l'un de ses principaux emplois. On peut l'utiliser dans les fabriques de pianos, pour les manches de marteaux de touche. Bois résineux à feuilles persistantes. Le cœur du bois est de couleur marron foncé; l'aubier blanchâtre.

533. Genévrier oxycèdre ou à feuilles de cèdre ou de Libye.
534-535. Genévrier phénicien, Deux échantillons.
536. Genévrier provenant de Bône. — Capitaine Grenier. — Voir n. 495.
537. Genévrier à feuilles de cèdre, provenant d'un sujet de 1m,10 de diamètre à sa base. — Du Mont-Zakkar.
538. Genévrier à feuilles de cèdre, de Médéah.
539. Genévrier phénicien de Sidi-Ferruch.
539 *bis*. Genévrier de Staoueli.

Houx (*Ilex aquifolium*, Linn.).

Arbre toujours vert. Bois dur. Par ses belles dimensions unies à la finesse et à la blancheur du grain, ce bois est supérieur au houx de France. Il peut servir, soit pour charpente, soit pour tour et menuiserie.

540. Houx de l'Atlas avec son écorce.

Jujubier (*Ziziphus sativa*, *Ziziphus lotus*).

Le jujubier se cultive dans les jardins maures.

Le jujubier sauvage, que l'on suppose être le fameux fruit des Lotophages, croît partout. Arbres à feuilles caduques, à bois dur.

541. Jujubier cultivé; sujet de 0m,35 à sa base. — Environs de Blidah.
542. Jujubier cultivé.
543. Jujubier sauvage.
544. Jujubier sauvage. — Provenance de Staoueli.
545. Jujubier sauvage. — Provenance de Mascara. — Capitaine Grenier. — Voir 495.

Laurier-rose (*Nerium oleander*, Linn.).

Arbuste à feuilles caduques, qui ombrage les courants d'eau de l'Algérie. Bois d'un grain beau et serré, dur, bien que d'une nuance claire, tendre et fragile.

546. Laurier-rose avec son écorce.

Laurier-sauce (*Laurus nobilis*, Linn.).

Arbre toujours vert. Bois à grains lâches, de couleur claire, tendre et fragile; avec son écorce.

547. Laurier-sauce.

Lentisque (*Pistacia lentiscus*, Linn.).

Arbre toujours vert. Bois résineux. Le lentisque sera un auxiliaire précieux en ébénisterie; sa belle couleur brun foncé, la finesse de ses pores, le rendent précieux pour l'ornementation des meubles en bois de thuya et olivier, dans la disposition des moulures, frises et sculptures. Il prendra place dans la catégorie des bois de violette et de rose.

548. Lentisque, provenant de Teniel-el-Had. — Capitaine Grenier. — Voir n. 495.
549. Lentisque commun provenant de la forêt du Mazafran, d'un sujet ayant 0m,30 de diamètre à sa base.
549 *bis*. Autre échantillon en quatre pièces assemblées.
550. Lentisque de l'Algérie.

Lierre (*Hedera helix*, Linn.).

Arbrisseau grimpant, qui atteint en Algérie de grandes proportions. Feuilles persistantes; bois blanc, tendre, à grains lâches.

551. Lierre. Échantillon avec son écorce.

Micocoulier (*Celtis australis*, Linn.).

Arbre à feuilles caduques, qui atteint en Algérie de grandes proportions. Bois dur.

552. Micocoulier de l'Algérie.

Mûrier (*Morus alba*, Linn.).

Arbre à feuilles caduques, à bois dur, qui réussit admirablement en Algérie. Il est surtout utilisé pour ses feuilles, qui servent de nourriture aux vers à soie. — Le mûrier noir est depuis longtemps naturalisé.

553. Mûrier blanc d'Algérie.

Myrte (*Myrtus communis*, Linn.).

Arbre toujours vert. Beau bois à grains serrés, dur et pesant, essentiellement propre au tour; il est solide, se coupe bien, ne joue pas quand il est sec. La racine, mieux veinée que le bois du tronc, semble réservée à la tabletterie.

554. Myrte provenant d'Aumale. — Capitaine Grenier. — Voir n. 495.
555. Myrte de l'Algérie.

Nerprun alaterne (*Rhamnus alaternus*, Linn.).

Arbre toujours vert. Bois dur et pesant, quoique à grains lâches. Cœur de l'arbre couleur rouge brun foncé; aubier belle nuance jaune citron.

556. Nerprun alaterne, sujet de 31 c. de diamètre à la base.

Noyer (*Juglans regia*, Linn.).

Arbre à feuilles caduques; bois dur, très-estimé dans l'industrie.

557. Noyer berbère du petit Atlas. — Testut, ébéniste à Alger.

Olivier (*Olea europæa*, Linn.).

Arbre qui est une des essences dominantes de l'Algérie, cultivé pour son fruit oléagineux. (Voir FRUITS DE TABLE, pag. 70, et *Huiles*, pag. 81.) Comme bois, l'olivier est très-riche de nuances et de veines, qui ont quelque rapport avec le palissandre et le courbaril; il est plus fin que ces deux essences, et conserve mieux le vernis. Ses belles dimensions permettent, outre le placage, de l'employer pour sièges, fauteuils et chaises. La couleur de son fond, chamois clair veiné de brun foncé, qui le distingue des bois des îles, s'harmonise avec toutes les couleurs des étoffes servant à garnir les meubles; aussi est-il propre aux plus riches ameublements de salon. Facile au travail, solide dans ses assemblages, l'olivier est un des bois les plus précieux pour le menuisier, l'ébéniste, le tourneur, le tabletier, le sculpteur, le fabricant de marqueterie. — En 1850, la statistique forestière évaluait à 26,000 hectares l'étendue des massifs compacts des peuplements d'oliviers. En tenant compte des bouquets dispersés, des broussailles et des nouvelles constatations, on peut sans crainte doubler et tripler cette surface.

558. Olivier. — Environs de Bône.
559. Olivier de Mouzaïa; sujet de 37 c. de diamètre à la base.
560. Trois voliges en olivier. — Le capitaine Grenier. — Voir 495.
561. Olivier sauvage.
562. Olivier sauvage de Beni-Melek. — Service des forêts.
563, 564. Olivier de Saint-Denis du Sig. — Capitaine Grenier. — Voir n. 495.
565. Olivier sauvage du Mazafran. — Testut, ébéniste à Alger. — Voir n. 579, 592.
566. Olivier sauvage. — De Nogué et Cie, à Robertville.

L'accueil fait par l'ébénisterie parisienne aux récentes expéditions de bois d'olivier faites par MM. de Nogué et compagnie ne laisse aucun doute sur la faveur dont continueront à jouir sur le marché les bois de la même provenance.

567. Olivier sauvage de Saïda. — Capitaine Grenier. — Voir n. 495.

Oranger (Citrus aurantium, Linn.).

Arbre toujours vert, cultivé pour ses fruits (voir FRUITS DE TABLE, page 74). Bois dur.

568. Oranger de l'Algérie.

Orme (Ulmus campestris, Linn.).

Commun dans les forêts de l'Algérie, où il atteint de très-grandes dimensions.

569. Orme champêtre.
570. Orme des environs de Bone.
571. Grand plat en bois d'orme.

Palmier-dattier (Phœnix dactylifera, Linn.).

Arbre toujours vert, cultivé pour ses fruits, les dattes. (Voir FRUITS DE TABLE, page 67.) Ce bois, d'un travail difficile à cause de l'inextricable croisement de ses fibres, est dur, et très-solide quand il est sec. Il serait excellent pour la tabletterie, surtout sa racine. Il passe pour incorruptible.

572. Palmier de Laghouat. — Capitaine Grenier. — Voir n. 495.
573. Tronc de palmier de Laghouat. — 1042 ans.

Peuplier blanc (Populus alba, Linn.).

Dit *blanc de Hollande*. Arbre à feuilles caduques; bois blanc, tendre, fragile, à grains lâches.

574. Blanc de Hollande, vulgairement appelé *safsaf*.

Phillyréa (Phillyrea latifolia, Linn.).

Arbre à feuilles caduques. Bois dur, pesant, à grains serrés; très-commun dans les broussailles de l'Algérie.

575. Phillyréa, avec son écorce.

Pins (Pinus halepensis, maritima, pinea).

Arbres toujours verts; bois résineux. La première espèce constitue de vastes forêts; la seconde, des bouquets considérables. La troisième, plus rare, se montre par groupes isolés.

576. Pin d'Alep.
577. Pin maritime.
578. Pin pinier.
579. Pin atlantique. — L'échantillon exposé sous ce nom paraît être plutôt le *Thuya articulata*.

Platane (Platanus orientalis, Linn.).

Le platane d'Orient croît spontanément en Algérie, et y atteint de grandes dimensions. Arbre à feuilles caduques, à bois dur.

580. Platane du fort de l'Empereur, à Alger. — Capitaine Grenier. — Voir n. 495.

Prunelier (Prunus spinosa, Linn.).

Arbrisseau à feuilles caduques. Beau bois, dur, à grains serrés et très-pesant.

581. Prunelier sauvage avec son écorce.

Ricin (Ricinus communis, Linn.).

Arbuste à feuilles caduques; bois tendre et léger. Sa graine est oléagineuse. (Voir *Huiles*, page 73.)

582. Ricin avec partie de son écorce.

Saule (*Salix caprea*, *S. fragilis*, Linn.).

Arbre à feuilles caduques. Bois d'un joli grain, tendre, fragile, de couleur claire.

583. Saule marsault, avec son écorce.
584 bis. Saule fragile, avec son écorce.

Sorbier (*Sorbus domestica*).

Arbre à feuilles caduques, dont on mange les fruits, appelés *sorbes* ou *cormes*. Bois dur, estimé dans l'industrie.

585. Sorbier.

Sumac (*Rhus pentaphyllum*, Desf. ; *R. coriaria*, Linn.).

Deux arbrisseaux à feuilles persistantes, qui croissent spontanément en Algérie, où ils sont utilisés pour les propriétés tanniques et tinctoriales de leur écorce. Le bois du S. tezera est plus dur que celui du S. des corroyeurs.

586. Sumac.
587. Sumac tezera — Sa section longitudinale montre de nombreuses cellules ouvertes.
589. Sumac des corroyeurs. — Couleur claire, grains lâches.

Tamaris (*Tamarix africa*, *gallica*, Linn.).

Deux espèces, communes en Algérie. Arbres toujours verts, résineux.

590. Tamaris.

Térébinthe (*Pistacia terebinthus*, Linn.).

Arbre à feuilles caduques. Bois à grains serrés, dur, pesant et résineux.

591. Térébinthe.
592. Racine de térébinthe. — Testut, ébéniste, à Alger.— Voir n. 565.

Thuya (*Thuya articulata*, Wahl. ; *Callitris quadrivalvis*, Rich.).

Le plus beau bois d'ébénisterie connu. Le thuya est commun dans toute l'Algérie, d'autant plus qu'on avance de l'est à l'ouest. Remis depuis peu en honneur, le thuya avait été fort apprécié dans l'antiquité. Au dire de Pline, le *citre* (c'était son nom latin) fut bientôt épuisé par le luxe romain ; on en faisait des tables qui se vendaient à des prix fabuleux. Les meubles en citre devinrent l'objet d'une véritable passion. Les femmes à qui leurs maris reprochaient le luxe de leurs parures ripostaient en les raillant sur leur manie des tables de citre. Cicéron paya une de ces tables un million de sesterces (environ 250,000 fr.). Pline cite un autre personnage qui alla jusqu'à 1,100,000 sesterces. Dans la succession du roi maure Juba, une table de ce bois précieux fut adjugée au prix de 1,200,000 sesterces (300,000 fr.). La famille de Céthégus en possédait une qui avait coûté 1,400,000 sesterces, environ 350,000 fr. On recherchait surtout la racine de l'arbre, qui fournissait des pièces ronceuses et offrait les accidents les plus variés. On employait le bois en feuilles de placage plutôt qu'en massif. Cependant on le sculptait aussi. Dans la vente du mobilier de l'empereur Commode, on remarqua des vases et des coupes de citre (1).

Ses qualités expliquent cette vogue. Aucun bois n'est aussi riche de moucletures, de moires ou de veines flambées que la souche de thuya. Ses dispositions présentent beaucoup de variétés; son grain fin et serré le rend susceptible du plus parfait poli ; ses tons chauds, brillants et doux

(1) Extraits d'un livre inédit de M. Frédéric Lacroix, sur l'histoire ancienne de l'Afrique du nord, d'après Pline l'Ancien, XIIIe livre, chap. XV et XVI.

passent par une foule de nuances, de la couleur de feu à la teinte rosée de l'acajou; et ces nuances, quelles qu'elles soient, restent immuables sans pâlir comme le bois rose, sans brunir comme l'acajou. Il réunit tout ce que l'ébénisterie recherche en richesses de veines et de nuances dans les différents bois des îles, la mouche, la moire, la chenille, qui s'y rencontrent avec une profusion vraiment extraordinaire, et que l'on chercherait vainement dans aucun autre bois. Un seul pourrait être comparé au thuya sous le rapport de la qualité, l'emboëme; mais il est spongieux à la colle et au vernis. Fini, il est terne de nuances par l'absorption de ces deux agents, tandis que le thuya a le grain serré, ferme, non poreux, susceptible de recevoir et de conserver indéfiniment sans s'altérer sa belle couleur et le vernis. Aussi les fabricants d'ébénisterie de Paris en font-ils déjà un emploi suivi, et sont-ils unanimes à reconnaître la supériorité de richesse et de qualité du thuya sur tous les bois connus jusqu'à ce jour.

Il convient de prévenir qu'en Algérie on confond souvent sous le nom de *thuya* plusieurs autres conifères résineux qui ont à peu près le même coloris. Une exploitation de bois de thuya est organisée dans les cantonnements forestiers d'Orléansville, sous la direction de M. Lambert de Roissy.

592. *bis*. Thuya articulé de Batna. — Testut, ébéniste à Alger. Voir n. 565.
593 Collection de thuyas de l'exploitation Lambert de Roissy.
594 Thuya de Teniet-el-Had. — Capitaine Grenier — Voir n. 495.
594 *bis*. Thuya d'Aïn-Nouissy. — Le même.
595. Loupe et racine de thuya.
596. Feuille de placage en thuya. — Veuve Cabanillas, à Alger.
597. Modèle de parquet en thuya, olivier, jujubier. — Capitaine Grenier. — Voir n. 495.
598. Modèle de parquet. Thuya, loupe de cèdre, olivier, jujubier. — Le même.
599. Table de guéridon en thuya et olivier. — Le même. — Voir ci-dessus.
599 *bis*. Deux coquetiers pour œuf d'autruche. Socle en olivier, moulures en jujubier, vase en thuya. — Le même. — Voir ci-dessus.
600. Modèle de parquet en thuya, olivier, jujubier.
601. Modèle de parquet en thuya foncé rose, loupe de cèdre, olivier, jujubier.
602. Dessus de guéridon en olivier et thuya.
602 *bis*. Rosace pour appartement en thuya foncé rose, loupe de cèdre, olivier, jujubier.
603. Modèle de parquet en thuya clair, foncé, et olivier. — Cap Grenier. — Voir n. 495.
603 *bis*. Travail de marqueterie en bois algériens.

Liéges.

Le liége, qui est l'écorce du *quercus suber*, constitue l'un des produits les plus abondants de la végétation forestière en Algérie. On a vu (page 100) que les chênes-liéges constituent des forêts étendues, surtout dans les régions de la Calle, où cette essence a pris le dessus sur toutes les autres. Plusieurs concessions sont en exploitation dans la province de Constantine; d'autres le seront bientôt. La qualité supérieure du liége algérien résulte de la réunion de toutes les conditions naturelles les plus favorables : coteaux secs, terre peu profonde, lieux découverts, absence de froids aigus et prolongés, chaleur diurne élevée, rosées nocturnes très-abondantes. Dans ces conditions, le liége devient plus fin de substance, plus élastique, moins poreux, plus exempt de parties terreuses, qualités qui font préférer les liéges d'Espagne à ceux de toute autre contrée. Si les chênes liéges de l'Algérie produisent souvent un liége grossier et propre seulement aux usages les plus communs, cela tient uniquement à ce que beaucoup d'arbres sont souffreteux, rabougris, exposés dès leur jeune âge à la dent des bestiaux et aux incendies périodiques, enfin à l'absence d'exploitation régulière, condition indispensable pour obtenir un produit de bonne qualité.

Outre la fabrication des bouchons, qui exige une matière de premier choix, le liége sert à faire des ruches à miel, des bonées pour les vaisseaux, des chapelets pour les filets des pêcheurs, des baquets, des ustensiles de ménage, des enveloppes préservatrices pour certains arbres exposés à la dent des animaux ou au soleil, des semelles de chaussure, etc. En Kabylie on en fait des tuiles pour la couverture des maisons. Brûlé en vases clos, le liége donne un charbon précieux en peinture et connu sous le nom de noir d'Espagne.

Le premier écorçage ou *démasclage* se pratique sur tous les sujets dès que la circonférence de leur tronc mesure 25 à 30 cent. Cette opération est facile à l'époque de la première séve, vers le milieu du mois de juin. Il suffit alors de pratiquer sur l'arbre une incision de haut en bas et deux ou plusieurs incisions circulaires, et les suivantes à un mètre environ de distance, pour qu'à l'aide de la hachette qui a servi à faire les incisions l'écorce se détache, moins la couche assez mince de nouvelle formation ou le liber, qui doit rester pour protéger l'arbre et fournir chaque année, en se transformant, le tissu cellulaire ou médulle externe qui constitue le liége. Cette couche de liber est si nécessaire à la conservation de l'arbre et à la reproduction du liége que les ouvriers l'ont surnommée *la mère*; et, à ce titre, ils prennent tous les ménagements possibles pour lui éviter les moindres blessures, qui se traduiraient d'ailleurs par des cicatrices défavorables à la qualité du liége. Cependant, quand l'écorçage est terminé, ils pratiquent sur la mère elle-même une incision longitudinale dans toute la partie écorcée, afin de permettre à l'arbre de s'accroître en diamètre, sans déchirures multiples de l'écorce, sans ces gerçures qui la traversent et lui valent le titre dépréciateur de liége *gras*, défaut inévitable dans la première écorce qu'on enlève au chêne.

En ne tenant pas compte des broussailles, on évalue à 10,000 hectares au moins l'étendue exploitable des forêts de chênes-liéges du territoire seul de la Calle, mêlées en très-petite proportion d'autres essences. Elles sont distribuées sur la route de Bône à la Calle, qui en traverse une partie; sur celle de la Calle au camp des Faucheurs, s'étendant à deux lieues au sud de la ville; sur la frontière des Kroumirs, tribu insoumise, contenue par le nouveau poste de Roumel-Souk; enfin à l'est de la Calle, dans le voisinage et à l'entour des exploitations de la mine de *Khefoum-Theboul*, à deux lieues de la frontière tunisienne.

Sur cette contenance, 6,000 hectares sont divisés en trois concessions d'exploitation compacte de 2,000 hectares chacune, dont deux sont traversées par la route de Bône, à 12 et 16 kil. en deçà de la Calle, et l'autre par la route du Camp des Chasseurs, confrontant du sud au lieu de ce nom, au nord à la mer et à la ville. Les nᵒˢ 1 et 3 ont été concédés à M. le comte Alfred de Montebello, et le nᵒ 2 à M. le vicomte Gustave Dubouchage. Chacune de ces concessions est aménagée en 8 coupes contenant en moyenne 250 hectares, et égalisées sur un plan régulier, autant que la configuration des localités a pu le permettre. On peut compter sur un terme moyen de 300 arbres exploitables par hectare, en tout 75,000 arbres par aménagement, ou 600,000 par concession. L'expérience faite en 1854 sur 5,000 arbres de première levée pour un démasclage fait en 1847, c'est-à-dire après sept années complètes, a donné un résultat moyen de liége tout râclé, livrable au commerce, de 5 kil. 39 hectogr. par arbre ; mais comme les arbres étaient tous de moyenne ou petite dimension, il y a lieu de compter sur 6 kil. à 6 kil. 1/2 au moins. Cette levée de 5,000 arbres a été faite, à titre d'essai seulement, en vertu d'une autorisation spéciale, l'âge des levées ordinaires étant, à l'instar du climat de France, fixée à huit ans par le cahier des charges. Mais l'expérience a prouvé que, dans cette partie du cercle de la Calle, et aussi dans toute l'Algérie probablement, les levées peuvent avoir lieu à l'âge de sept ans avec épaisseur et qualité convenables pour l'emploi. Du reste, l'expérience qui sera faite plus en grand en 1855 dans la même coupe, sur 50,000 arbres environ, sera plus décisive, le liège devant avoir plus de poids et de qualité.

Il est à remarquer qu'à mesure que les levées se succèdent de huit en huit ans sur les mêmes arbres, outre que la qualité du liège est améliorée par une exploitation régulière, la quantité elle-même du produit s'accroîtra. C'est qu'au début de l'exploitation, on s'exposerait à faire périr beaucoup d'arbres en montant le démasclage trop au-dessus de 2 mètres de haut, limite fixée par la nature et les conditions du cahier des charges. A chaque levée nouvelle, on remonte le démasclage de 60 cent. plus haut jusqu'à 1 mètre dans le gros embranchement. On peut donc penser que successivement ce rendement aura doublé à la quatrième et cinquième levée, pour s'en tenir ensuite à ce point.

Cette première expérience sur le produit du travail français a eu lieu dans le n° 2 concédé à M. Dubouchage, dont l'exploitation fut commencée en 1847, et suspendue ensuite par les événements de 1848 ; elle n'a pu être reprise qu'en mars 1853.

On peut évaluer le produit moyen de chaque chêne-liège en première levée à huit ans, à 8 kil. environ, tout raclé et prêt à vendre. En comptant sur un prix moyen de 35 fr. le quintal rendu sur les marchés, tout déchet compensé, une levée de 75,000 arbres donnerait 217,000 fr., dont il faut déduire l'intérêt des avances, les frais d'exploitation accrus des frais de transport, enfin la redevance due à l'État. On porte de 6 à 8 fr. le revenu net de chaque arbre en plein rapport.

Dans le reste de la province de Constantine, d'autres concessions ont été faites, et sont en active exploitation ; ce sont les suivantes :

Djebel-Alia, auprès de Valée, à 8 kil. de Philippeville : 2,254 hectares concédés à M. Chapon.

Sonendja, à 12 kil. de Jemmapes : 3,000 hectares concédés à M. Martineau des Chenets.

Sufia et *Radjetas*, à 8 kil. de Jemmapes : 1,900 hectares concédés à M. Alfred de Cès Caupenne, de Robertville.

Edough et Bouziri, à 12 kil. de Bône : 3,142 hectares concédés à MM. Lecoq et Berton.

L'étendue totale des concessions accordées pour l'exploitation du liège comprend 16,287 hectares. Elles sont toutes faites pour une durée de quarante ans.

Besoins de la France. En 1853, la France a importé, pour sa consommation, en liège brut, 377,027 kil., qui valent, au prix actuel, de 40 c. le kil., 150,811 fr. ; — 56,570 kil. de liège râpé, valant, au prix de 1 fr. le kil., 56,570 fr. ; — 223,599 kil. de liège ouvré, valant, au prix de 2 fr. 20 c. le kil., 491,918 fr. ; total 699,299 fr.

L'exportation à l'étranger offre, en outre, un large débouché aux lièges de l'Algérie.

XIV. FRUITS, TIGES, ET FILAMENTS À OUVRER.

Les matières de cette classe peuvent, suivant leur consistance, être classées en deux catégories : celles à fibres courtes, ligneuses et non élastiques (cactus, calebasses, palmier-dattier); celles à fibres longues, élastiques et textiles (joncs, alfa, dis, palmier nain, bananier, yucca, chanvre, lin, corète, abutilon, phormium, ortie blanche, coton). Le bambou et l'aloès (agave) prennent place dans les deux catégories. L'énumération se complète par quelques matières d'un caractère douteux ou tout à fait secondaire, plutôt scientifique qu'industriel, la massette d'eau, la laine végétale des pins, etc.

Les principaux emplois industriels des matières que nous venons de mentionner sont :

Dans les constructions : palmier-dattier, bambou, agave.

Dans l'ameublement : cactus, bambou, calebasses.

Dans la vannerie : bambou, palmier-dattier, cactus.

Dans la sparterie : joncs, alfa, dis, palmier nain, palmier-dattier.

Dans la corderie: alfa, dis, palmier nain, agave, yucca, bananier, palmier-dattier.

Dans la sellerie, tapisserie, etc. (fabrication de crin végétal) : palmier nain, alfa, dis.

Dans la papeterie (fabrication de pâte à papier et carton) : alfa, dis, palmier nain, agave, bananier.

Dans le tissage : chanvre, lin, coton, phormium, corète, abutilon, ortie blanche.

Dans le tour : palmier-nain (*graines*).

PLANTES À FIBRES LIGNEUSES.

Figuier de Barbarie, Cactus (*Opuntia vulgaris*, Mill.).

Le *cactus opuntia*, Linn. (*opuntia vulgaris*, Mill.), bien qu'originaire de l'Amérique, croît avec une extrême abondance dans tout le Sahel de l'Algérie, dans une zone de vingt lieues à peu près à partir du littoral. On

a parlé de ses fruits comestibles au chapitre des FRUITS DE TABLE (page 69).
Une découverte récente, due à M. Toussaint, a révélé un emploi industriel de ses feuilles, vulgairement appelées raquettes. Dans chaque feuille
se forme tous les ans une couche nouvelle de nervures ligneuses, qui peut
servir à mesurer son âge. Ces nervures se superposent l'une à l'autre comme
des feuilles de papier dans un cahier. De même que toutes les nervures des
feuilles, au lieu de former un tissu continu, elles se croisent et s'entre-
croisent, se séparent, se rejoignent, s'entrelacent, et donnent naissance à
un tissu, ressemblant par son aspect, sinon par sa souplesse et sa légèreté,
à une dentelle. Les moins épaisses de ces feuilles ont en effet la finesse
des dentelles; les plus fortes atteignent quelquefois 1 centimètre d'épaisseur. La force varie suivant l'épaisseur. Formées de bois véritables, de
celluloses résistantes, elles sont capables de supporter un effet proportionnel à leur âge. Les couches nouvelles se forment de l'intérieur à l'extérieur, de sorte que la première couche sous l'épiderme est forte et résistante, et que la dernière est faible, et presque sans dessins formés. Les
cactus *inermis*, *coccinillifera* et *terna*, de la même famille, propres à
nourrir la cochenille, ne fournissent que des fibres peu liées entre elles,
le suc aqueux étant plus abondant dans ces espèces que dans le cactus
communis. Le *cactus opuntia* du Mexique, qui atteint 10 mètres de haut,
perd aussi en consistance ce qu'il acquiert en taille. Le cactus d'Algérie
répond seul à toutes les exigences de la nouvelle industrie.

Le bois de cactus s'allie et s'harmonise avec le bronze, le cuivre, l'or et
l'argent, le bois de Spa, de rose, de noyer, comme avec les passementeries,
le cuir, les fleurs artificielles, etc. Disposé naturellement en feuilles minces,
il peut recevoir toutes les applications du cartonnage de luxe; en le
mouillant avec de l'eau froide pour les feuilles faibles et de l'eau bouillante
pour les plus fortes, il se prête à toutes les courbures que l'on veut lui
donner. Passé dans une solution de chlorure de chaux, il devient d'un
blanc presque mat; il peut recevoir toutes les teintes données aux matières textiles. Recouvert d'un vernis, il devient brillant, solide, en per-
dant un peu de sa souplesse. Il a été appliqué avec succès à la confection
de tables, étagères, grands écrans de cheminée, petits écrans à main,
jardinières, porte-lampe, reliures de luxe, couverture de livres, buvards,
porte-carte, visites, etc.; vases à fleurs, services, cigares, boîtes, bracelets, chapeaux pour dames, corbeilles, paniers à ouvrage, berceaux d'enfant, etc.

620. Feuilles de cactus. — Toussaint.
621. Plateau en cactus. — Le même.
622. Lustre en cactus. — Le même.
623. Bougeoir en cactus. — Le même.
624. Chapeau en cactus. — Le même.
625. Rond de serviette en cactus. — Le même.

Courges, Calebasses.

La famille des cucurbitacées prospère en Algérie avec une vigueur remarquable : plusieurs espèces sont consommées comme légumes frais
(Voir PRODUITS DIVERS, page 144); d'autres peuvent être employées à divers usages domestiques : nous ne parlons ici que de ces dernières.

626. Courge massue, 1854. Divers types. — Pépinière centrale.
627. Courge cylindrique, 1854. — Même établissement.
628. Pipangaille (*Luffa acutangula*). — Même établissement.
629. Gourdes, dites gourdines à liqueurs. — Même établissement.
630. Courge pèlerine, 1854. — Même établissement.

651. Courge mahon, 1854. — Même établissement.
652. Courge turpie, 1854. — Même établissement.
653. Courge trompette, 1854. — Même établissement.
654. Courge plate de Corse, 1854. — Même établissement.

Palmier-dattier (*Phœnix dactylifera*, Linn.).

Le palmier-dattier n'est guère moins utile aux indigènes pour les emplois industriels que pour l'alimentation. Sans revenir sur son usage comme bois de menuiserie et de construction, dont il a été parlé au chapitre des Bois, voici quelques-uns de ses emplois.

La branche à laquelle viennent se rattacher les feuilles, et qui forme la palme, se nomme *djerid* (d'où *Beled-el-Djerid*, pays des palmes); on l'emploie comme lattes pour les terrasses et divers usages. Avec le djerid les Français font de très-jolies cannes. Le feuillage, nommé *saf*, sert à tresser des nattes, des coussins, des éventails, des chapeaux à bords très-larges, qui tiennent lieu d'ombrelles et en portent le nom, *medol*. Le tissu réticulaire (*lif*) qui entoure le pied du djerid sert à faire des cordes et à rembourrer les bâts des chameaux; il donne d'excellentes bourres pour les armes à feu. Le régime des dattes, dépouillé de ses fruits (*souai*), procure des balais. Avec les tiges des régimes, on fait divers petits ustensiles de ménage, tels que plateaux, paniers, etc...

Bambou (*Bambusa*).

Originaire de l'Inde et de la Chine, le bambou (*bambusa arundinaria*, Retz) s'est parfaitement naturalisé en Algérie, à la pépinière centrale, d'où il commence à se répandre chez les colons. Outre les nombreux emplois alimentaires et industriels de ses diverses parties, il est appelé à rendre des services spéciaux à la colonisation. Le bambou peut servir à maintenir les terres et les berges des rivières, pourvu qu'elles ne se dessèchent pas trop. Planté le long des fossés de décharge, il contribuerait à l'assainissement des marais, lorsque l'eau aurait un commencement d'écoulement. Ses tiges, qui sont mûres la deuxième année de leur pousse, peuvent faire des perches pour le houblon, des échalas pour les vignes, des supports pour toutes les plantes débiles, des chevrons pour les constructions rustiques et rurales; les plus minces feront des treillages, etc.

Besoins de la France. En 1853, la France a importé 69,899 kil. de bambous et joncs forts, valant 104,849 francs.

655. Bambous de Chine naturalisés en Algérie, 1853 et 1854. — Pépinière centrale.
656. Bambou de Chine. Pousse de 6 mois en Algérie, coupée en quatre. — Même établ.

PLANTES A FIBRES TEXTILES.
Joncs.

Les joncs, assez communs en Algérie pour donner leur nom à des rivières (*Oued Soumar*), servent aux indigènes à faire des ouvrages de sparterie. Cette industrie est ancienne parmi eux; car au moyen âge on trouve mentionnée, comme ayant déjà de l'importance, l'exportation de sparterie, principalement de corbeilles, cabas et nattes confectionnés avec les joncs d'Afrique et les dépouilles du palmier dans les provinces orientales. Il est probable du reste que l'alfa entrait pour quelque chose dans cette dénomination de jonc. L'administration militaire en Algérie ouvre des adjudications de fournitures de joncs pour recouvrir ses meules de fourrages.

Besoins de la France. En 1853, la France a importé 4,719 kil. de joncs et roseaux d'Europe, valant 4,719 francs.

Halfa, Alfa.

L'alfa est le nom arabe, passé dans le langage commun, de diverses plantes de la famille des graminées, le *lygeum spartum*, les *stipa tenacissima, S. gigantea, S. barbata*, les unes et les autres répandues à profusion dans toute l'Algérie, dans le Sahara comme dans le Tell, où elles résistent à la sécheresse et aux chaleurs, couvrant seules le sol, ombrageant les sables et le roc de leurs hautes et épaisses touffes, hautes de 1 mètre à 1 mètre et demi, pendant que la végétation presque entière s'affaisse sous l'ardeur du soleil d'été. Peu de plantes sont aussi précieuses par la multitude de leurs emplois industriels. Les indigènes, et à leur exemple les Européens, particulièrement les Espagnols, font, avec les feuilles rondes et aiguillées, longues et tenaces de l'alfa, avec ses tiges droites, fortes et nerveuses, toute espèce d'ouvrages de sparterie : paniers, corbeilles, tapis, chaussures, chapeaux, sacs, même des cordes excellentes. Cette industrie a pris une véritable importance dans le cercle d'Arzew et d'Oran, où toute la région du littoral est extrêmement fertile en alfa. L'industrie européenne vient accroître la valeur de l'alfa, en constatant l'aptitude de la pâte qui en provient à la fabrication du papier. L'alfa, débarrassé de la matière résineuse qui le pénètre, est réduit à l'état de fils nerveux ; ces fils sont broyés par des cylindres, blanchis par des agents chimiques. On en obtient une pâte à papier, des plus fines comme des plus grossières, à volonté. Mêlée à la pâte de chiffons, elle lui donne de la consistance et s'adoucit elle-même par le mélange.

Besoins de la France. En 1853, la France a importé 1,373,169 kil. de sparte en tiges brutes, valant 205,975 fr.

636 *bis*. Alfa ou sparte servant à la fabrication des pâtes à papier.
637. Pâte à papier faite avec le sparte ou alfa. — Prevel et Cie, à Courbevoie.
638,639. Pâte à papier faite avec l'alfa.
640. Pâte à carton faite avec l'alfa. — Crozet et Ricord, prov. d'Oran.
641. Crin végétal de sparte ou alfa. — Crozet et Ricord.
642. Alfa ou sparte pour fabrication de pâte à papier.
643. Fil de sparte ou d'alfa.

Dis.

Le *dis* (*festuca patula, arundo festucoides*, Desf.) est une graminée très-commune en Algérie, où elle est employée aux mêmes usages que l'alfa pour la sparterie et la corderie, ainsi que pour la nourriture des bestiaux.
644. 645. Filasse de dis, du Sahara algérien.

Palmier nain.

Le palmier nain (*chamærops humilis*, Linn.) a fait longtemps, par la profondeur, la ténacité et l'inextricable lacis de ses racines, le désespoir des cultivateurs en Algérie. Les frais du défrichement d'un hectare de terre couvert de palmiers nains pouvaient coûter 300 et 400 francs, trèsfaiblement compensés par le prix des racines comme combustible ou pour la fabrication du charbon. De fortes primes étaient accordées à son extirpation. On voyait cependant les indigènes employer ses feuilles et ses tiges, mêlées au poil de chameau et à la laine, à fabriquer l'étoffe des tentes. Ils en faisaient des paniers, des nattes, des corbeilles, des chapeaux, des éventails, des sacs, et généralement tous les ouvrages de sparterie, de corderie, de tapisserie, en commun avec l'alfa et le dis.

Ces applications inspirèrent l'idée de travailler le palmier nain pour en obtenir un crin végétal, ou crin d'Afrique, dont l'exploitation a donné lieu à des établissements importants, munis de brevets, dont les principaux sont ceux de MM. Averseng et compagnie, à Toulouse, et de M. Bénier, à Alger. — On en a fabriqué également des cordages meilleurs que ceux de l'alfa et du dis, et dont l'usage est déjà répandu dans tous les ports de France, ce qui dispense de recourir à l'Espagne pour les cordages en sparterie. On a essayé, avec un égal succès, d'appliquer le palmier nain à la fabrication du papier. On a découvert que, dépouillés de la substance glutineuse qui les tient agrégés, les fils de palmier nain sont susceptibles de la plus grande division, et que, malgré leur peu de longueur, qui n'est que de 25 à 40 cent., leur filasse est presque aussi fine que celle du lin et peut être employée utilement par l'industrie du tissage et la fabrication du *flax-coton*. Enfin, une invention récente vient d'ajouter la *laine végétale*, dont les échantillons figurent à l'exposition universelle, à la liste des produits industriels du palmier nain.

Voilà donc quatre industries considérables, la sparterie, la corderie, la papeterie, le tissage, auxquelles le palmier nain fournit la matière première. Dans un autre ordre de travaux, le noyau du fruit du palmier nain, d'une matière très-dure, se travaille au tour et sert à faire des chapelets, des bracelets, des colliers, qui se font remarquer par de jolies veinures de toutes couleurs. Cette industrie, comme des indigènes, a pris pied en Algérie, et déjà même à Paris.

Pour extraire du palmier nain ces diverses substances, on emploie divers procédés brevetés. Voici, entre autres, ceux qui ont été publiés :

En traitant à l'eau les feuilles et en les faisant passer par des cylindres, on obtient des étoupes pour la fabrication des cordages. Pour amener ces étoupes à l'état de bourre à matelas, on les prépare à la potasse, et, enfin, pour en faire du papier ou du carton, on les traite au chlorure de chaux.

Suivant une seconde manière d'opérer, on met les feuilles telles qu'elles viennent d'être cueillies dans une cuve en zinc, en bois, ou en toute autre substance convenable, ayant un double fond percé de trous. Une fois la cuve convenablement garnie et close, on y introduit un jet de vapeur, qui doit fonctionner environ dix-huit heures sans interruption ; la vapeur condensée s'écoule dans le double fond ; ce fond est muni d'un robinet au moyen duquel on laisse échapper, de temps en temps, le produit de la condensation. On peut aussi, et de préférence, employer la vapeur d'eau à une température un peu supérieure à 100 degrés. Après un temps qui varie suivant l'âge des feuilles, on arrête le jet de vapeur, et on laisse les feuilles humides se refroidir lentement, soit dans la cuve même, soit dans tout autre vase clos. Vers le cinquième jour, elles sont couvertes de byssus, sorte de poudre blanche, s'étendant d'une feuille à l'autre comme un réseau. Après quelques jours, ces byssus deviennent verdâtres d'abord, puis bruns, puis presque noirs. Le douzième jour, l'épiderme se ramollit, la couche fibreuse centrale se détache facilement des deux couches externes ; et, vers le quinzième ou vingtième jour, le simple frottement d'une brosse suffit pour désagréger les fibres, qui se présentent dans toute leur longueur, avec une finesse et une ténacité remarquables. Les fils ainsi obtenus peuvent servir immédiatement à faire de la filasse, de l'étoupe, de la charpie longue et fine ; en les soumettant aux procédés connus de battage, de cylindrage, de pressage et de blanchiment, on les rend propres à tous les usages du lin et du chanvre, et rien n'est plus facile que de les transformer en pâte-papier.

La production du palmier nain en Algérie peut être considérée comme illimitée, tant ce végétal abonde à peu près partout. Son exploitation par les colons est devenue une industrie régulièrement constituée en quelques endroits, notamment à Chéragas. Le quintal métrique revient au plus à 2 francs.

On voit en Algérie une variété particulière de palmier nain qui a la taille d'un arbre de troisième grandeur. Bien que sa feuille pût sans doute servir aux mêmes usages que le palmier nain, il n'est pas assez commun pour être l'objet d'une exploitation fructueuse.

Besoins de la France. En 1853, la France a importé (de l'Algérie exclusivement) 1,375 kil. de feuilles de palmier nain, estimées 1,375 fr. (le prix du kil. est porté par erreur à 1 fr. dans les évaluations de la douane; il devrait être au plus de 10 cent.).

646. Crin végétal, fabriqué avec le palmier nain. — Averseng et Cie, à Toulouse.
647, 648. Autres échantillons. — Le même.

« On connaît les inconvénients qui résultent de l'emploi de la laine et du crin pour la garniture des matelas et des meubles, et l'on a essayé de remplacer ces matières par l'agave, la caragate, la zostere, etc. L'usage de cette dernière plante est aujourd'hui assez répandu. Le palmier nain, converti en crin, est à peu près inodore, durable, souple, mais peu élastique ; il peut être cardé deux ou trois fois sans se briser, et donne peu de déchet. Il trouve déjà un utile emploi pour la garniture des voitures et de certains meubles, et il est, sans contredit, de beaucoup préférable aux mélanges de crin et d'étoupe que les carrossiers emploient si souvent pour les ouvrages à prix réduit.

« MM. Averseng et compagnie ont été brevetés le 7 juillet 1847 pour la conversion en crin de la feuille de palmier nain ; ils exploitent ce brevet à Toulouse depuis les premiers mois de 1848. Ils vendent 90 cent. le kilogramme leur crin végétal, c'est-à-dire 50 0/0 meilleur marché que la soie de porc. Il pèse, à volume égal, à peu près moitié moins que le crin animal, et offre l'avantage d'être moins attaqué par les vers. 54 tapissiers, carrossiers et selliers de Toulouse attestent que sa qualité est satisfaisante, et une vente de 25,000 kil. faite à 110 personnes diverses en 222 livraisons dans les onze derniers mois prouve que l'usage de ce crin commence à se répandre. — Mention honorable. » (Rapport du jury de 1849.)

649. Collection des produits et préparations du palmier nain, 75 c. et 1 fr. le kil. — Bénier, à Alger.

Le brevet de M. Bénier est du 27 novembre 1847. Citation favorable. (Rapport du jury de 1849.)

650. Filasse de palmier nain d'Algérie. — Divers échantillons.
650 *bis.* Feuilles de palmier nain peignées. — Chérot père, à Bou-Ismael.

Bananier alimentaire.

La tige du bananier alimentaire, que l'on jette après qu'elle a livré ses fruits, se compose de pétioles engaînants. Ces pétioles, étant séparés dans toute leur longueur, puis séchés, contiennent des fibres textiles, avec lesquelles on est parvenu à confectionner d'excellent papier, ainsi qu'il résulte du rapport fait au nom de l'Académie des sciences par MM. Péligot et Chevreul. En voici les termes :

« Le déchet du bananier a été de 11 p. 100, résultat avantageux comparativement au déchet des chiffons, puisque celui-ci peut s'élever à 18 et 25, 30, 33 et même davantage. Le papier de bananier, fabriqué en notre présence, est incontestablement d'une bonne qualité, comme on en peut juger, puisque nous en avons fait usage pour écrire ce rapport ; mais la blancheur n'en est pas parfaite, parce que l'action du chlore n'a duré que trois heures. Nous ne pouvons douter d'après cela de la possibilité de faire du papier très-blanc et d'une bonne qualité avec la filasse du bananier : tout dépend du prix. »

631. Papier de filasse de bananier. — Roque, Algérie.

Abaca, Bananier à cordes (*Musa textilis*, Perr.).

Plante arborescente, originaire de Manille et des Indes, cultivée à la pépinière centrale. La marine anglaise emploie la filasse de bananier à corde de préférence à toute autre. Il en a été exporté d'énormes quantités de Manille, partie pour les États-Unis, partie pour l'Angleterre.

Agave.

L'agave d'Amérique, vulgairement appelé aloès, est presque aussi répandu en Afrique que le cactus. Il réussit sans culture dans les plus mauvaises terres, et croît jusqu'à 6 et 700 mètres au-dessus du niveau de la mer. Ses feuilles vertes, roides, lancéolées, terminées en pointes aiguës, forment des haies impénétrables ; de leur sein s'élance une hampe portant, comme un élégant candélabre, ses pédoncules décorés de fleurs jaunes. Cette hampe croît avec une telle vitesse, qu'en quelques semaines elle atteint souvent une hauteur de 5 à 6 mètres. Avec les feuilles on obtient une filasse, espèce de soie végétale d'une belle qualité et d'un excellent usage, propre à faire des cordes, des filets de pêcheur, des mèches de fouet, des tapis de pied et divers autres ouvrages de sparterie ; comme l'alfa et le palmier nain, on en fait aussi du papier, propre surtout à recevoir des vignettes. La moelle de la tige sert aux naturalistes pour piquer les insectes. Le bois trouve son emploi dans les constructions légères. Le bois d'aloès figure au moyen âge dans les articles d'exportation de l'Afrique du nord. Si c'était le végétal qui porte aujourd'hui ce nom, il faudrait en conclure qu'il est mal à propos considéré comme originaire de l'Amérique. — L'Exposition possède des fibres végétales de trois autres espèces d'agave, cultivées à la pépinière centrale, le *fœtida*, le *ferox*, le *yuccæfolia*.

632. Papier fabriqué avec du fil d'aloès.
633, 634. Fibres d'agave americana, 1853. — Pépinière centrale.
635. Fibres d'agave fœtida, 1853. — Même provenance.
636. Fibres d'agave ferox, 1853. — Même provenance.
637. Fibres d'agave yuccæfolia ou foureroya longalva, 1853. — Même provenance.

Yucca.

Cinq ou six espèces de *yucca* ont été introduites en Algérie et y croissent aussi bien que dans leur pays d'origine, la latitude étant la même. Le *yucca aloifolia* est le plus répandu ; la pépinière centrale et le jardin Marengo en possèdent de fort beaux sujets. On annonce comme découvert l'art d'extraire des feuilles une filasse blanche, lustrée, qu'on estime plus résistante que celle du chanvre, d'un poids spécifique beaucoup plus léger, et à fibrilles susceptibles d'être amenées à la subdivision, à la finesse la plus grande. D'après les calculs de l'inventeur, chaque pied de *yucca aloifolia* produit au minimum 250 feuilles, qui, multipliées par 4,312, nombre de pieds que comporte un hectare, assurent une récolte de 1,070,000 feuilles, laquelle procure en filasse 928 kil., à 3 fr. le kil. C'est une somme brute par hectare de 2,784 fr. Il a été pris un brevet pour les différents procédés de désagrégation.

Ortie blanche (*Urtica nivea*).

Plante textile, cultivée à la pépinière centrale, mais sans résultats bien satisfaisants.

637 bis. Filasse de l'*urtica nivea*.

Chanvre (cannabis).

Diverses espèces de chanvre ont été introduites à la pépinière centrale. Des filasses en provenant ayant été soumises à la chambre de commerce de Paris, cette compagnie formula ainsi son opinion : « Les trois espèces de chanvre paraissent utilisables pour l'usage que l'on fait en France de ses filaments ; elles ont cependant moins de soyeux que les chanvres ordinaires, et tiennent un peu de la nature sèche de la plupart des plantes textiles récoltées en climat chaud. » Les trois espèces en question étaient le chanvre ordinaire, le chanvre de Piémont, le chanvre géant de la Chine.

Le chanvre ordinaire (cannabis sativa, Linn.) était cultivé dans la régence avant la conquête. Les cordes de chanvre pour les chevaux faisaient partie des fournitures dues au beylick ; on les apportait de Blidah, et c'était la Métidja qui possédait les principales cultures de chanvre. Cette culture a été adoptée par quelques colons encore en petit nombre. La réussite est aussi facile qu'en Europe : on sème en mars ; on arrose pendant l'été ; l'arrachage se fait en juillet et août. D'après les expériences de la pépinière centrale, on obtiendrait environ 1,025 kilogr. de filasse à l'hectare. A raison de l'insalubrité du rouissage, les procédés mécaniques et chimiques qui dispensent de cette opération ont été accueillis avec faveur. La qualité de la filasse est bonne ; cependant les colons devront veiller à ce qu'elle ne soit pas trop courte, ce qui la déprécie, et qu'elle ait assez de finesse pour être filée à la main. Quoique un peu plus durs que ceux de la Loire, ces chanvres sont estimés propres à la fabrication de cordages pour la marine. Le chanvre ordinaire offre plus de résistance que ses congénères.

Le chanvre de Piémont fut jugé par la chambre de commerce de Paris avoir de l'analogie avec les chanvres de la Sarthe et de la Loire, quoique les échantillons présentés eussent moins de finesse et de force. Son rendement a été de 1,250 kil. de filasse à l'hectare.

Le chanvre de Chine a été introduit en Algérie au moyen de graines apportées de Chine. C'est une espèce dont les proportions gigantesques étonnent, car elle donne fréquemment des tiges de 6 à 7 m. de haut, ramifiées en branches de 1 m. 50 cent. de développement, et de 15 cent. de tour à la base. La végétation est néanmoins fort rapide ; la maturité arrive en sept mois ; la plante semée en mars se récolte en septembre. Le rendement à l'hectare a été de 1,593 kil. de filasse, pouvant donner 598 fr. de bénéfice. Ses chènevottes, ou bois de chanvre, ayant beaucoup de consistance, servent à faire des fagots pour allumer les fourneaux. Elles conviennent également à la confection d'un charbon léger, propre à la fabrication de la poudre à feu. En Chine, on fait avec la filasse une toile appelée *to-mu*. La chambre de commerce de Paris a complétement assimilé les échantillons de chanvre de Chine qui lui ont été soumis aux chanvres de Maine-et-Loire et de la Sarthe. Cette espèce trouverait son emploi spécial dans la fabrication des cordages pour la marine. Quelques essais ont été tentés en France même pour l'introduction des chanvres de Chine, dans les départements des Bouches-du-Rhône et de l'Isère.

Besoins de la France. En 1853, la France a importé 3,781,262 kil. de chanvre teillé ou peigné, valant 3,674,699 fr.

658. Chanvre de chine, 1853. — Pépinière centrale.
659. Chanvre géant, 1853. — Pépinière centrale.
660. Chanvre géant, poussé de deux mois et demi. Ensemencé en juin et cueilli en
    avril 1853 — Laperlier, à El-Biar.

661. Chanvre géant de Chine, semé en avril, 1853. Récolté au commencement de juillet suivant. — Goby, à Blidah. — Voir n. 2, 5, 267, 399, 652.

661 bis. Filasse de chanvre géant. — Le même.

662. Chanvre en filasse. — Guise, à Sidi-Bel-Abbès. Prix provincial, 1854.

Les indigènes cultivent, dans le Sahara comme dans le Tell, une variété de chanvre dite *takrouri*, qui diffère des précédentes par sa petite taille, qui ne dépasse pas 50 c., et par le rapprochement sur la tige des verticilles des organes foliacés et floraux. C'est le végétal qui produit le *haschich* (voir page 75). De la tige en extrait de la filasse qui ne diffère que par sa brièveté de celle du chanvre ordinaire; mais ce défaut suffit pour lui ôter toute valeur textile.

Lin (*Linum usitatissimum*, Linn.).

Le lin croît à l'état sauvage dans les prairies algériennes, preuve certaine de sa réussite à l'état cultivé. Les Arabes, au moyen âge, le tenaient en faveur; c'était un des articles d'exportation de Bougie. Il était cultivé avant la conquête dans les fermes de la Métidja, amodiées par les Maures aux Arabes. Il l'est encore en Kabylie; recueilli en bottes, puis séché sur l'aire et broyé, il est filé par les femmes et fournit une grosse toile employée à divers usages. Les graines étrangères s'acclimatent parfaitement; l'expérience a même prouvé que la graine de Riga se perpétue en Algérie dans toute sa vigueur originelle. La richesse et la nature du sol permettent de donner à cette culture tel développement que peut exiger l'intérêt de la colonie et celui de la métropole, obligée jusqu'à ce jour de s'approvisionner en Russie. Le lin a été principalement adopté dans l'arrondissement de Philippeville. On peut le semer à l'automne ou au printemps; il mûrit en mai et juin. Le rendement atteint 3,580 kil. de tiges sèches par hectare, et 1,030 kil. de graine. D'après les juges compétents, les lins de l'Algérie peuvent être comparés pour la qualité à ceux des départements des Côtes-du-Nord et d'Ille-et-Vilaine, nommés lins d'hiver, particulièrement propres à la fabrication des grosses toiles et des toiles à voiles. MM. Barrois frères, filateurs à Five-lès-Lille, ont ainsi résumé leur jugement sur quelques échantillons de lin récoltés en 1854 dans l'arrondissement de Philippeville : « La filasse est d'une belle couleur jaune, souple, fine, et peut se comparer aux bonnes marques du fin en Russie. On pourrait en évaluer le prix à 1 fr. 25 c. ou 1 fr. 30 c. le kil. à Lille. A la filature, le résultat a dépassé notre attente; nous avons obtenu des fils n° 40, nets, réguliers et d'une bonne qualité de chaine.... Si de prime abord l'Algérie arrive à produire des lins de cette qualité, que n'en doit-on pas attendre lorsque l'expérience aura appris aux colons les meilleurs procédés de culture et les conditions les plus favorables de plantation? » Pour le lin comme pour le chanvre, on a fait appel à la science et à l'industrie, dans le but de remplacer le rouissage insalubre à l'air libre par des procédés mécaniques et chimiques.

La graine de lin donne une huile siccative employée dans les arts (Sucs végétaux, page 85); elle est utilisée par la médecine (voir Espèces médicinales, page 95). Les tourteaux de graine sont une excellente nourriture pour le bétail.

Besoins de la France. En 1853, la France a importé 22,459,198 kil. de lin, brut, teillé ou peigné, valant 29,950,097 fr.

663. Lin de Riga, semé le 16 avril 1852, récolté le 22 juin suivant. — Goby, à Blidah. — Voir n. 2, 5, 267, 399, 650.

664. Lin en tiges avec le fil qu'il a donné.

665. Lin 1854. — Poupart, à Philippeville. — Voir n. 703, 246, 249, 250, 258, 266.

665 *bis.* Lin en filasse. — Le même.
666. Lin teillé, 1852. — Province de Constantine.
666 *bis.* Lin préparé, 1853. — Fontenelle, à Gastonville.
667. Lin roui. — Le même.

Corète textile (*Corchorus textilis*).

Cette plante, cultivée avec un grand succès par les Chinois pour ses produits textiles, a été introduite à la pépinière centrale au moyen de graines rapportées de Chine par M. Itier, qui en avait essayé la culture à Montpellier. Semées au 15 mai, les plantes prirent leurs premières capsules en novembre. Les tiges atteignirent 1^m,25 à 1^m,50 de hauteur. Le rendement fut de 2,000 kil. de filasse à l'hectare. La chambre du commerce de Paris estima que ces filaments ne pouvaient être que d'un emploi secondaire en France, faute d'avoir la ténuité nécessaire pour la filature, même pour la corderie légère. On pourrait les utiliser pour la passementerie, comme on a fait de quelques plantes de l'Inde ; mais, par suite, la consommation en serait moins étendue. D'autres juges compétents trouvèrent que l'échantillon de corète textile représentait fidèlement le *jute*, produit des Indes anglaises qui se vend environ 40 fr. les 100 kil. Prohibé dans les tissus destinés aux fournitures du gouvernement français, le *jute* ne convient qu'à la fabrication des tapis ; l'humidité lui enlève sa force : on en consomme néanmoins dans quelques filatures de la Somme.

668. Corète textile, roui à la lessive caustique et blanchi au chlore, 1853. — Pép. cent.
669. Corète textile, roui à l'eau pure, 1853. — Même établissement.
670. Corète textile, roui à la lessive caustique. — Même établissement.

Abutilon indicum (*Mauve textile*).

Cette malvacée, originaire des Indes, croît en Algérie avec une promptitude et une vigueur extraordinaires. Semées le 28 juin, les plantes, introduites à la pépinière centrale, étaient mûres à la fin de septembre et avaient atteint 1^m,50 d'élévation. Le rendement fut de 2,000 kil. de filasse à l'hectare. La valeur de ce produit n'est pas encore bien déterminée.

La chambre de commerce de Paris l'assimile au corète textile. Certains filateurs lui trouvent une plus belle nuance alliée à moins de solidité, et jugent sa filasse incapable de résister aux opérations de la filature, sa fibre étant d'une force et d'une résistance minimes. D'autres estiment que, même avec ces défauts, l'abutilon peut remplacer le phormium tenax dont nous nous approvisionnons en Angleterre.

671. Abutilum indicum, roui à l'eau pure, 1853. — Pépinière centrale.
672. Filasse d'abutilum indicum.

Phormium tenax.

Cette plante vivace de la Nouvelle-Zélande vient admirablement en Algérie, dans les terrains un peu frais et le long des rigoles d'arrosement. Les fibres obtenues à la pépinière centrale étaient très-nerveuses, mais l'opération était si longue qu'il a fallu à peu près renoncer à les obtenir. Il paraît démontré que la plante, introduite en Europe sous le nom de *phormium tenax*, n'est pas celle d'où l'on extrait à la Nouvelle-Zélande cette filasse si brillante et si recherchée des Anglais. Elle serait cependant utile aux colons pour fournir des liens qui remplacent l'osier, le jonc et la corde, pour attacher et palisser la vigne, les arbres fruitiers, et pour divers autres usages.

673. Filasse de phormium tenax, 1853. — Pépinière centrale.

Les feuilles ont été déglutinées en les faisant d'abord bouillir dans l'eau de mer, puis en les pilant avec un maillet, et les faisant ensuite passer sur le peigne.

Coton.

Cultivé traditionnellement par un petit nombre de tribus indigènes, essayé comme curiosité en 1832 et 1833 par quelques colons et au jardin d'essai d'Alger, introduit dans les cultures en grand de la Rhegaia en 1837 et 1838 et puis abandonné pendant la guerre, le coton fut repris en 1842 et 1843 à la pépinière centrale, où ses nombreuses variétés n'ont cessé d'être l'objet des plus sérieuses expériences. Lors de l'institution des concours agricoles en 1848, le coton reçut sa part d'encouragements et de prix; mais elle fut insuffisante pour entraîner la faveur des colons. Il en fut de même des récompenses, au nombre de onze, qui, à l'exposition de Londres, furent accordées aux échantillons de l'Algérie, par l'Angleterre, si bonne appréciatrice en ce genre. La nouveauté de la culture, l'insuffisante provision de bonne graine, surtout le manque de débouchés, opposaient une invincible résistance aux conseils de l'administration. Elle dut se résoudre, comme pour la soie, l'opium et la cochenille, à ouvrir la carrière au commerce en achetant elle-même les cotons à des prix rémunérateurs. En 1853, la fondation par le gouvernement de prix importants, parmi lesquels brille le prix impérial de 20,000 fr. à distribuer pendant cinq ans aux plus belles plantations, est venue compléter le système des encouragements, et depuis lors la culture du coton a conquis une rapide popularité dans les trois provinces. En 1853, l'ensemble des cotonnières plantées couvrait une superficie de 520 hectares; celles de 1854 montèrent au chiffre de 1,720 hectares, savoir 653 dans la province d'Alger, 801 dans celle d'Oran, 265 dans celle de Constantine. Cette même année 1854, les cotons ont figuré pour 18,554 fr. dans les exportations de l'Algérie; et ce chiffre, qui se rapporte à la production de 1853, sera considérablement dépassé en 1854, d'après ce que l'administration a payé sur la récolte de cette année, vendue aux enchères sur la place du Havre. Les cotons algériens ont été vivement recherchés par les manufacturiers français, qui en avaient depuis longtemps signalé les précieuses qualités, et, malgré des imperfections dues à l'inexpérience des colons, les prix ont atteint le taux commercial des belles sortes d'Amérique. Cette vente a mis désormais hors de question l'aptitude du coton algérien à remplacer le coton d'Amérique dans tous les emplois industriels, depuis les plus communs jusqu'aux plus riches, et pleinement justifié les persévérants efforts du département de la guerre, aussi bien que les témoignages unanimes des chambres de commerce.

Pour confirmer les espérances qui se rattachent à cette culture, pour bien se rendre compte de l'influence qu'elle est appelée à exercer sur l'avenir de l'Algérie et de la France, il peut être utile de rappeler quelques faits et quelques chiffres.

En 1756, il y a un peu plus de cent ans, le cotonnier, qui fait aujourd'hui la richesse de l'Amérique du Nord, n'y existait qu'à l'état de plante d'agrément. — En 1784, *huit* balles de coton américain furent saisies par la douane anglaise par la raison que les États-Unis ne pouvaient en exporter une aussi grande quantité. En 1790, l'exportation fut de 80 balles. En 1853, elle a atteint le chiffre de 3,262,882 balles, représentant une valeur de 600 millions de francs. En même temps, diverses autres parties du monde concourent à la production. L'Inde produit 600 balles, le surplus de l'Asie 266,000; le Mexique et l'Amérique du Sud, moins le Brésil, 112,000; le Brésil 190,000, l'Afrique moins l'Égypte, 112,000; l'Égypte 80,000 ; diverses autres régions, 65,000 ; en tout 4,700,000 balles, qui, au poids moyen de 150 kil., représentent environ 700 millions de kil. de coton en laine.

Et quelque immense que paraisse cette production, tout entière absorbée par l'industrie, elle ne suffit pas à une consommation à laquelle prennent part toutes les nations, les plus barbares comme les plus civilisées, et dans chaque nation toutes les classes, les plus pauvres comme les plus riches.

En 1853, l'Angleterre a importé 2,264,170 balles de coton, soit près de 350 millions de kil. L'industrie cotonnière dans la Grande-Bretagne occupe 20 millions de broches, fait travailler 2 millions d'individus et produit annuellement 2 milliards de francs. La consommation, qui en 1842 était de 1,205,000 balles, s'est élevée en 1853 à plus de 1,854,000, soit une augmentation de moitié en dix ans.

En 1853, la France a importé 75,091,258 kil. de cotons en laine, valant 125,303,743 fr. L'industrie cotonnière française emploie plus de 4 millions de broches, fait vivre 600,000 personnes, et produit une valeur annuelle d'environ 600,000 fr.

Les autres contrées manufacturières de coton consomment entre elles environ 800,000 balles ou 120,000,000 kil., et emploient 3,185,000 broches, dont 815,000 pour l'Allemagne, 700,000 pour la Russie, 650,000 pour la Suisse, 420,000 pour la Belgique, 300,000 pour l'Espagne et autant pour l'Italie.

Tel est le débouché qui s'ouvre devant la production algérienne ; et ce qui en accroît l'importance, ce qui en fait un bienfait de premier ordre pour la France et pour l'Europe entière, c'est qu'en même temps l'exportation américaine est menacée de réduction par le développement croissant de l'industrie manufacturière aux États-Unis. En 1842, ces États n'employaient que 268,487 balles ; en 1853, ils en ont consommé 674,000. Le nombre des broches en activité monte déjà à plus de 3 millions, et s'augmente chaque année. C'est en 1826 seulement que leurs exportations de coton manufacturé ont pris une certaine importance, dont les progrès menacent l'industrie cotonnière d'Europe du danger le plus sérieux, le manque de matière première.

Par un précieux privilége, l'Algérie se montre également propre à produire le coton courte soie, dont le rendement plus considérable supporte un prix plus faible, et le coton longue soie, d'un prix supérieur, réservé jusqu'à ce jour à la Géorgie et à la Caroline, qui n'en peuvent fournir au commerce plus de 30,000 balles par an. Dans les provinces d'Alger et de Constantine, la courte soie est la variété qui prospère le mieux ; dans la province d'Oran, c'est la longue soie, qui, par une particularité propre au climat, y devient une plante vivace.

Un très-grand nombre de variétés intermédiaires ont été essayées tant à la pépinière centrale que chez les colons : on paraît disposé à s'en tenir aux deux qui portent le nom de louisiane (courte soie) et de géorgie (longue soie), les deux types supérieurs de chaque classe, remarquables l'un et l'autre par la force et la finesse, les deux qualités essentielles de la fibre du coton.

Sauf les régions élevées du Tell, toutes les parties de l'Algérie semblent favorables à cette culture, car en 1854 elle a prospéré, non-seulement sur le littoral, où la chaleur plus vive permettait de compter sur le succès, mais à Guelma, à Sidi-bel-Abbès, à Tlemcen, lieux dont l'altitude varie de

200 à 700 m. Dans le Sahara, le coton a réussi au jardin d'acclimatation de Biskara, et les traditions de la culture arabe au moyen âge autorisent à espérer qu'il réussira dans toute la région des oasis, et peut-être dans celle des lacs salés qui s'étendent en travers des hauts plateaux de l'est à l'ouest. Quoi qu'il en soit, et à s'en tenir à la zone inférieure du Tell, une étendue de plus d'un million d'hectares peut recevoir les plantations de coton, avec profit pour les planteurs.

Outre les cotons bruts, produits immédiats de l'Algérie, l'Exposition permanente contient un grand nombre de cotons ouvrés de tout genre, dus au talent aussi habile que désintéressé des manufacturiers français.

PROVINCE D'ALGER.

680. Coton jumel, 1848. — Pépinière centrale.
681. Coton louisiane, 1848. — Pépinière centrale. Médaille d'honneur à Londres.
682. Coton macédoine courte soie, 1848. — Pépinière centrale.
683. Coton nankin, 1848. — Pépinière centrale. Médaille d'honneur à Londres.
684. Graine de coton jumel, 1848. — Pépinière centrale.
685. Graine de coton louisiane, 1848. — Pépinière centrale.
686. Graine de coton macédoine, 1848. — Pépinière centrale.
687. Graine de coton nankin, 1848. — Pépinière centrale.
688. Coton louisiane, 1849. — Pépinière centrale.
689. Coton nankin de Malte, 1849. — Pépinière centrale. Médaille d'honneur à Londres.

« M. Hardy a fait parvenir un grand nombre de types de coton... Les sortes provenant d'Alger consistent principalement en louisiane et jumel. Les cotons sont très beaux, et ne le cèdent en rien aux espèces similaires qui nous viennent des Etats-Unis et de l'Egypte, à l'exception peut-être du dernier, qui présente un peu moins de longueur. » (Rapport du jury de 1849.)

690. Coton géorgie longue soie, 1850; graine Cox. — Pépinière centrale. Médaille d'honneur à Londres.
691. Coton géorgie longue soie, 1850; graine Cox. — Pépinière centrale. 9 à 10 fr. le kil.
692. Coton jumel, 1850. — Pépinière centrale.
693. Coton géorgie longue soie, 1850. — Pépinière centrale.
694. Coton louisiane, 1850. — Pépinière centrale.
695. Coton nankin, 1850. — Pépinière centrale.
696. Coton jumel, 1852. — Pépinière centrale.
697. Coton géorgie longue soie, 1852; vendu 9f.50 le kil. à M. Cox. — Pépinière centrale.
698. Coton géorgie longue soie, 1853; graine de l'exposition de Londres. — Egrenage par le procédé Hardy. — Pépinière centrale.
699. Coton géorgie longue soie extra-fin, 1853. — Egrenage mécanique par le procédé Hardy. — Pépinière centrale.
700. Coton géorgie longue soie, extra-superfin. Graine Seabrock, de Londres, 1853. — Egrené mécaniquement par le procédé Hardy.
700 *bis.* Capsules de géorgie courte-soie, 1854. — Pépinière centrale.
701. Capsules de coton louisiane, 1854. — Même provenance.
702. Capsules de coton nankin, 1854. — Même provenance.
703. Capsules coton d'eau Texas, 1854. — Même provenance.
704. Capsules du coton new-york, 1854. — Même provenance.
705. Capsules coton *mexican petit gulfe*, 1854. — Même provenance.
706. Coton blanc, 1848. — Roscy et Coppin, à Ouled-Fayet.
707. Coton louisiane, 1850. — Chauffart, à Birmandreis.
708. Coton blanc, 1850. — Halloche, Dearlah.
709. Coton blanc, 1850. — Marchal, à Bouzaréah.
710. Coton, 1848. — Pélissier, à Kadtous.
710 *bis.* Coton jumel, 1850. — Morin, à El-Biar. Médaille d'honneur à l'exposition de Londres.
711. Coton géorgie longue soie, 1853. — Morin, à El-Biar.
712. Coton blanc, 1850. — Pélissier, à Kadtous. Médaille d'honneur à Londres.
713. Coton blanc de Malte, 1850. — Reverchon, à Birkadem.
714. Coton géorgie longue soie très-fin, 1853; graine Cox; terrain humide. — Reverchon, à Birkadem. — N. 1.

715. Coton géorgie longue soie très-fin, 1853; graine d'Amérique; terrain sec.—Le même.
716. Coton géorgie longue soie, 1854; graine Cox.— Goby, à Blidah.
717. Coton géorgie longue soie, 1854. Graine d'Amérique fournie par le m. de la guerre.
718. Coton géorgie longue soie, 1852. Graine de l'expos. de Londres. — Goby, à Blidah.
719. Coton géorgie longue soie, 1854. — Graine d'Amérique fournie par le ministre de la guerre. — Le même.
720. Coton géorgie longue soie, 1853. — Graine de l'exposition de Londres, 2e année d'introduction. — Le même.
721. Coton géorgie longue soie, 1853.—Terrain argilo-schisteux avec arros.—Le même.
722. Coton géorgie longue soie, 1853. 2e année d'introduction. — Le même.
723. Coton géorgie longue soie, 1853; graine d'Amérique.—Barre, au Fondouck. Terrain argilo-calcaire très-sec; coton avarié par la pluie.
724. Coton géorgie longue soie, 1853. — Espinal, à Birkadem.
725. Coton géorgie longue soie, 1853. — Frédéric, à Blidah.
726. Coton géorgie longue soie, 1853. — Graciel, à Birkadem.
727. Coton géorgie longue soie, 1853. — Michel, à Castiglione.
728. Coton géorgie longue soie, 1853; graine d'Amérique. — Michel, à Castiglione. — Coton venu dans un sable noir et léger du bord de la mer.
729. Coton géorgie longue soie, 1853. — Miquel, à Bou-Ismaël.
730. Coton récolté à Boghar; graine de Saum de Médéa. — Mustapha-el-Djeraai.
731. Coton géorgie longue soie, 1853. — Prévost, à Mustapha.
731 bis. Coton géorgie longue soie, 1853; graine Cox; terrain humide. — Paysant, à ben-Thaleb, Mitidja.
732. Coton géorgie longue soie, récolté le 15 août 1854. — Prévost, de Mustapha.
733. Coton géorgie longue soie, récolté le 25 août 1854 — Le même.
734. Coton géorgie longue soie, 1853. — Salem, à Birkadem.
735. Coton géorgie longue soie, 1853. — Sautereau, à Mustapha.
736. Coton géorgie longue soie, 1854. — Cordier et Massous, à la Maison Carrée.
737. Coton géorgie longue soie, 1854. — Gauran, à la Ferme-Modèle, c. de Birkadem.
758-777. Echantillons de balles de la province d'Alger, vendues au Havre en 1854, avec indication des prix, dont quelques-uns montent à 10 fr. le kil.

PROVINCE D'ORAN.

778. Coton jumel, 1850. — Dupré de Saint-Maur, à Arbal. Médaille d'honneur à Londres.
779. Coton géorgie longue soie, récolté en Algérie, 1852; graine Cox, 2e année de culture. — Dupré de Saint-Maur, à Arbal.
780. Coton géorgie longue soie, 1853. — Dupré de Saint-Maur, à Arbal.
781. Coton   —   —   — Le même.
782. Coton géorgie longue soie, 1853. Balle n. 1. — Dupré de Saint-Maur et Héricart de Thury, à Arbal.
783. Coton géorgie longue soie, 1853. — Balles n. 1, 2, 3, 7, 8, 28, 32, 33. — Dupré de Saint-Maur, à Arbal.
784. Coton géorgie longue soie, 1854.—Masquelier frères au Sig, et Dupré de Saint-Maur, à Arbal. — Ce coton provient de la récolte qui a remporté le prix impérial de 20,000 fr., 1854, partagé avec le caïd Ali, de Guelma.
785. Coton géorgie longue soie, 1854. — Masquelier fils et Dupré de Saint-Maur, au Sig. — Balle n. 15.
786. Coton longue soie, 1854; balle n. 15. — Masquelier et Saint-Maur, au Sig. — Balles n. 14, 16.
787-791. Echantillons de diverses balles. — Les mêmes.
792. Coton géorgie longue soie, 1854. — Union agricole du Sig. Concours impérial de 1854. — Une des principales fermes de l'Algérie.
793. Coton géorgie longue soie, 1854. — Rouchoux, gér. de la Soc. méridionale. Concours impérial de 1854.
794. Coton égréné, 1853 — Sibour, à Saint-Denis du Sig.
795. Coton géorgie longue soie, 1853. — Ferré (Jean-Baptiste), 1er prix. Exp. pr.
796. Coton géorgie longue soie, 1853. — Sibour, à Saint-Denis du Sig; 1er prix. Exp. pr.
797. Coton géorgie longue soie, 1854. — 8 fr. 40 cent. le kil. — Sibour, à Saint-Denis du Sig.
798. Coton géorgie longue soie nankiné, 1853. — Ferré (Jean-Baptiste), à Saint-Denis du Sig.
799-800. Coton géorgie longue soie, 1853. — Le même.
801. Coton géorgie long. soie, 1853.—Nom-de-Deu, à S.-Denis du Sig; 3e prix. Exp. pr.
802. Coton géorgie longue soie, 1853. — Noé (Jean-Baptiste).
803. Coton géorgie longue soie, 1854. — Balle n. 44. — Guillaume et Ganze, au Sig.
804. Coton géorgie longue soie, 1854. — Balle n. 43. 6 fr. 90 c. le kil. — Divers, du Sig.

805. Coton géorgie longue soie, 1854. — Balle n. 10. 6 fr. 50 c. le kil. — Divers, du Sig.
806. Coton géorgie longue soie, 1854. — Balle n. 41. 6 fr. 90 c. le kil. — Divers, du Sig.
807. Coton géorgie longue soie, 1854. — Balle n. 40. 4 fr. 70 c. le kil. — Divers, du Sig.
808. Coton géorgie longue soie, 1854. — Balle n. 42. 6 fr. 90 c. le kil. — Divers, du Sig.
809. Coton géorgie longue soie, 1852, fin décembre, sans irrigation. — Sohn, à Aboukir.
810. Coton géorgie longue soie, 1854. — Adam et Sohn, au Tiélat, près du village n. 1.
811. Coton géorgie longue soie, 1854 —Adam et Sohn, au Tiélat. Conc. impérial de 1844.
812. Coton géorgie longue soie, 1854. — Pièce du village n. 1. — Adam, au Tiélat.
813. Coton géorgie longue soie, 1854. — Pièce de la montagne. — Le même.
814. Coton géorgie longue soie, 1854. — Quartier de Ténazet. — Le même.
815. Coton géorgie longue soie, 1854. — Balle n. 17. — Sohn, au Tiélat.
816. Coton géorgie longue soie, 1854. — Balle n. 23. — Sohn, au Tiélat.
817. Coton géorgie longue soie, nankin égrené et louisiane, 1854. —Quartier de Ténazet.
   — Adam, au Tiélat.
818. Coton jumel et louisiane, 1854. — Pièce de la montagne. — Adam, au Tiélat.
819. Coton jumel et longue soie. — Pièce du village. — Adam, au Tiélat.
820. Coton géorgie longue soie, 1854, vendu 6 fr. 50 cent. — Balle n. 11. — Planc et
   Bonnemazon, au Tiélat.
821. Coton géorgie longue soie, 1853. — Graillat, à Mostaganem et à l'Habra.
822. Coton géorgie longue soie, 1853. — Le même.
823-834. Coton géorgie longue soie, 1854. — Graillat, à Mostaganem et à l'Habra. —
   Médaille d'argent au concours impérial de 1854.

Cotons provenant des cultures qui ont mérité à M. Graillat une médaille d'argent au concours impérial de 1854.

835. Coton géorgie longue soie, 1854. — Balle n. 45. — Winckel, à Mostaganem.
836. Coton géorgie longue soie, 1854. — Balle n. 46. — Le même.
837. Coton géorgie longue soie, 1853. —Baron de Franqueville, au Khémis. 7 h. de coton.
838. Coton géorgie longue soie non égrené, 1853. — Le même.
838 bis. Coton géorgie longue soie, 1854. — Balles n. 21 et 34. — Le même.
839. Coton géorgie longue soie, 1853. — Pépinière de Tlemcen.
840. Coton géorgie longue soie, 1853. — Même provenance.
841. Coton géorgie longue soie, 1853. — Gausser, à Oran.
842. Coton géorgie longue soie, 1853. — Royer, à la Sénia; 2e prix. Exp. pr.
843. Coton géorgie longue soie, 1853. — Royer, à la Sénia.
844. Coton géorgie longue soie, 1853. — Scherer, à Aïn-Beïda; 2e prix. Exp. pr.
845. Coton géorgie longue soie, 1853. — Scherer, à Aïn-Beïda.
846. Coton géorgie longue soie, 1853. — Le docteur Merruau, à Karguentah.
847. Coton géorgie longue soie, 1853. — Le même.
848. Coton géorgie longue soie, 1853, non irrigué. — Madame Hérelle, à Oran.
849. Coton géorgie longue soie, 1853, non irrigué. — La même.
850. Coton géorgie longue soie, 1853. — Bertou, à Oran; 1er prix. Exp. pr.
851. Coton géorgie longue soie, 1853. — Le même.
852. Coton géorgie longue soie, arr. d'Oran; balle n. 13, vendu 6 fr. 30 cent. le kil.
853. Echantillons de cotons géorgie longue soie, de la province d'Oran, vendus au
   Havre en 1854, avec indication des prix.
854. Coton géorgie longue soie, 1853. Keller, à Misserghin; 3e prix. Exp. pr.
855-858. Cotons géorgie longue soie. — Province d'Oran.

PROVINCE DE CONSTANTINE.

859. Coton new-york, 1857. — Pépinière du gouvernement, à Bône.
860. Coton jumel d'Egypte, 1847. — Même provenance.
863. Coton new-york, 1847. — Pépinière du gouvernement, à Bône.
864. Coton jumel d'Egypte, 1847. — La même.
866. Coton jumel d'Egypte, 1848. — La même. — Ment. honor. en 1849.
867. Coton nankin, 1853. — Maljean, à Bône.
868. Coton castellamare blanc, 1840. —Savona, à Bône. — Ment. honorable, 1849. Paris.
869. Coton castellamare rouge, 1850. — Le même. — *Id.*
870. Coton. 4e prix, 1852. — Gaucel, à Bône.
871. Coton. 1er prix, 1852. — Didier, à Bône.
872. Coton géorgie longue soie, 1853. — Didier, à El Hadjar.
873. Coton géorgie longue soie, récolté à Hippone en 1853. — Dubourg, à Bône.
873 bis. Coton louisiane, 1853. — Arrondissement de Bône.
874. Coton géorgie longue soie, 1853. — Audereau, à Bône.
875. Coton blanc récolté à Bône le 8 mars 1847. — Grima, à Philippeville.
876. Coton blanc, 1850. — Le même.

877. Coton blanc, 1851. — Le même.
878. Coton de Malte, 1851. — Le même.
879. Coton louisiane, 2e prix, 1852. — Le même.
880. Coton nankin, 1852. — Le même.
881. Coton géorgie longue soie, 1851. — Le même.
882. Coton, 2e prix, 1852. — Le même.
883. Coton louisiane, 1853. — Le même.
884. Coton louisiane, 1853 — Le même.
885. Coton de Malte, 1851. — Le même.
886. Coton blanc, 1850. — Marie Benès, à Philippeville.
887. Coton géorgie longue soie, 1853 — Lambert, à Philippeville.
888. Coton géorgie longue soie, 1853. — Oger, à Damrémont.
889. Coton, 3e prix, 1853. — Colaïne, à Gastonville.
890. Coton louisiane, 1853 — Delay, à Philippeville.
891. Coton castellamare blanc, récolté à Philippeville, 1851.
892. Coton géorgie longue soie, 1854 — Ali-ben-Mohammed, caïd de Guelma.

Coton provenant des cultures qui ont partagé avec MM. Masqueller et Dupré de Saint-Maur le prix impérial de 20,000 fr., en 1854.

893. Coton jumel, 1853. — Jardin d'acclimatation de Biskara.
894. Coton d'Égypte, 1853. — Même provenance.
894 bis. Coton nankin, 1853. — Jardin d'acclimatation de Biskara.
895. Coton géorgie longue soie, 1853 — Même provenance.
896. Coton louisiane, récolté le 10 août 1853 — Darfarac, à Bougada.
897. Coton géorgie longue soie, 1853 — Province de Constantine.
898. Capsules de coton louisiane, 1854. — Province de Constantine.
899. Coton courte soie; prov. de Constantine.
900-934. Échantillons des cotons de la province de Constantine, vendus au Havre en 1854, avec indication des prix.
935-938. Capsules de coton d'Algérie.
939. Capsules de coton d'Ivice. — Pépinière centrale.
944. Coton géorgie longue soie, récolté en Algérie en 1853. — Graine d'Amérique fournie par le ministère de la guerre.
946. Vitrine contenant divers tissus de coton algérien. 1° Coton filé, n. 160, chaîne fil de fer, de Edmond Cox et comp., à la Louvière-les-Lille, avec des cotons longue soie de 1853, de M. Goby, à Bildah : 0 f. 14 c. l'échevette, soit 44 f. 80 c. le kil. 2° Coton filé, n. 150, chaîne fil de fer, de Cox et comp., avec du coton longue soie de la ferme d'Arial, 1855 : 13 c. 1/2 l'échevette, soit 40 f. 50 c. le kil. — 3° Filé trame n. 100, avec le coton jumel de Biskara, par la Société industrielle de Mulhouse. 4° Filé chaîne n. 125, avec le même coton de Biskara, par la même Société : 8 à 9 c. l'échevette, 20 à 22 f. 50 c. le kil.

M. Edmond Cox, filateur à Louvière-les-Lille, s'est distingué depuis longtemps par son zèle à propager la culture du coton en Algérie. C'est à lui que la colonie doit une qualité de graine supérieure qu'il reçut en 1849, et qu'il mit à la disposition du ministère de la guerre et des colons. De nombreux rapports sur les récoltes ont complété son concours de filateur. La croix d'honneur a récompensé en 1855 d'importants et persévérants services.

947. Cotons d'Algérie filés en bobine. — Géorgie longue soie n. 80; 1,000 m — Nankin en bobines, chaîne n. 4, 1,000 m. — Louisiane, chaîne n. 41, 1,000 m — Longue soie n., tram. n. 74, 1,000 m. — Nankin, trame n. 18, 1,000 m. — Louisiane, trame n. 47, 1,000 m. — Longue soie, n. 84, 1,000 m. — Longue soie, n. 57, 1,000 m.
948 bis. Coton d'Algérie à broder, perfectionné, 3 fils. — Filé par Bresson aîné.
949. Coton filé par Cox et comp. — La Louvière-les-Lille, avec du géorgie longue soie récolte de 1850, n. 2, 200 à 300 en fil simple, et n. 400 en fil retors.
950. Cotons filés. — Edmond Cox, à Lille.
951. Cotons filés d'Algérie.
952. Cotons filés en pelotes.
953. Coton nankin filé d'Algérie.
954. Bobines de coton filées à Bône avec du coton algérien de 1846.
955. Coton d'Algérie. — Nansouk blanc. — Jaconas blanc. — Madapolam.
956. Coton nankin d'Algérie. — Meskoutine. — Trame nankin.
957. Coton d'Algérie. — Mousseline fabriquée par M. Levant-Vatin à Montbrehain, près Saint-Quentin.
958. Dentelle blanche, noire, fabriquée avec des cotons d'Algérie. — Devant d'autel en

tulle filé. Barrois-Bonter-Morris, à Lille (n. 129 ancien). — Cols de femme tissés en
tulle broché (n. 140) anc. Barlor-Morris, à Lille.

959. Tissus de coton algérien. — Organdi, calicot croisé écru. — Jaconas pour robe. —
Balzarine pour robe, fabriquée à Mulhouse par Dollfus et comp.

960. Étoffe de Lyon pour gilet, trame en coton d'Algérie. — Ruban satin trame. M. Edmond Cox. — Dentelles fabriquées au Puy avec du coton algérien; filature Cox, de
Lille; apprêt de Leclerc, à Saint-Étienne; breveté s. g. d. g.

961. Percale écrue en coton algérien, fabrique de Levant-Vario, à Montbrehain, près
Saint-Quentin. — Brillanté écru; fabrique de Bourlet, à Clary, près Saint-Quentin. —
Devants de chemise en pièce écrue

962. Couverture en coton algérien.

963. Bas et chaussettes de coton algérien.

964, 965, 966. Chaussettes de coton algérien.

967. Bas de coton algérien.

968. Chaussettes d'hommes en coton d'Algérie, pesant 24 gr. — Prix : 3 fr. 20 c. la paire.

969-970. Bas de femme en coton algérien; 24 gr.; 3 fr. 24 c.

971. Feutres arabes en coton.

972. Mousseline tissée en coton d'Algérie (en vitrines, salle indigène).

973. Chapeaux en feutre de coton.

Au concours de Paris, en 1849, des chapeaux de coton furent exposés par
M. Vincendon fils, à Bordeaux, et M. Ernoux, à Paris. Le compte de revient
est ainsi établi par ce dernier :

93 gr. de coton nankin, estimés à 2 fr. le kil..	19 c.
30 *id.* poil de lapin, à 8 fr. le kil.............	24
Feutrage...............................	60
Appropriage et apprêt......................	20
Garniture et façon........................	30
Total............	1 fr. 63 c.

Les chapeaux de M. Vincendon, faits l'un avec moitié coton nankin et
moitié poil de lièvre, l'autre avec deux tiers poil de lapin et un tiers coton-
louisiane, étaient d'un feutre compacte, souple, léger, ne laissant rien à désirer sous le rapport de la cohésion et de la fermeté. Il estime pouvoir livrer
à 3 francs (1/3 matière, 2/3 façon) des chapeaux bien faits et d'un excellent
usage; il annonce être parvenu à teindre avec régularité en noir le feutre
moitié lièvre et moitié nankin. (Rapport du jury de 1849.)

Massette d'eau (*Typha latifolia*, Linn.).

Cette plante, très-commune en Algérie, avait été signalée comme plante
textile. Il a été reconnu, après expérience, que ses fibres étaient très-cour-
tes, et n'acquéraient un peu de solidité qu'à la base des feuilles : le sommet
en était pour ainsi dire dépourvu. Ces fibres peu résistantes ne pouvaient
être propres à la filature ni à la confection des cordages. Peut-être, après
une manipulation considérable, pourraient-elles donner du papier et du
carton grossier. Néanmoins la massette d'eau doit être maintenue parmi
les plantes propres à être ouvrées. On s'en sert pour lier les gerbes, pour
couvrir les meules de grains et de fourrages, pour palissades, pour toi-
tures dans les constructions rurales.

Laine végétale.

D'après Pline, on trouve au pied de l'Atlas de vastes et épaisses forêts
dont les arbres, semblables au cyprès, sont couverts d'une espèce de coton
fort tendre dont on pourrait, avec un peu d'industrie, faire des étoffes
dans le genre de celles de la soie. On a dernièrement reconnu le fait, mais
on a cru d'abord y reconnaître les toiles de la chenille processionnaire
du pin, produit qui n'a jusqu'à présent aucune application industrielle.
D'autres observations ont constaté que le pin sylvestre revêtait une végé-

tation qui répond à la description de Pline. Une commission a été nommée pour étudier et résoudre la question.

Une autre espèce de laine végétale moins sujette à contestation est celle que fournit le palmier nain, et dont les indigènes font divers ouvrages.

XV. TEINTURES ET TANNINS.

Les teintures principales extraites de plantes qui croissent en Algérie, soit spontanément, soit par culture, sont les suivantes :

Carthame ; garance ; henné ; indigo ; noix de galle ; lichens tinctoriaux ou orseille ; pastel ; safran ; gaude ; maurelle ou tournesol ; sumac.

On doit mentionner aussi un certain nombre de teintures secondaires.

TEINTURES PRINCIPALES.

Carthame (*Carthamus tinctorius*, Linn.).

Plante de la famille des composées, dont les fleurs teignent d'une belle couleur rouge, connue sous le nom de *safranon* ou *safran bâtard*, la soie, la laine, les plumes. On l'emploie aussi en peinture. Mêlé au talc finement pulvérisé, le rouge de carthame compose le fard pour les femmes. De la graine, dont les perroquets sont friands, on peut extraire aussi de l'huile.

Introduit en 1845 à la pépinière centrale, il commence à se répandre chez les colons. La récolte de 1852 fut évaluée à 200 kil. de matière colorante marchande, et 700 kil. de graine.

Besoins de la France. En 1853, la France a importé pour sa consommation 137,637 kil. de carthame, valant 330,329 fr.

974. Carthame de la province d'Oran, 1853.
975. Carthame de la pépinière du gouvernement, à Mascara, 1854.
976. Carthame du jardin d'acclimatation de Biskara, 1853.

Garance (*Rubia tinctorum*, Linn.).

FAITS HISTORIQUES. La garance croît spontanément dans l'Afrique du Nord, où elle est connue des Arabes sous le nom de *fouah*. Un rapport récent de la Société industrielle de Mulhouse a constaté que le principe colorant du *fouah* de Tunis, qui ne peut qu'être identique à celui de l'Algérie, était de 25 à 30 p. 100 plus faible que celui de la vraie garance cultivée dans le Vaucluse, ce qui confirme l'opinion des botanistes sur la différence spécifique qu'ils estiment exister entre la garance d'Afrique et celle d'Europe. Quoi qu'il en soit, la première est douée de propriétés colorantes très-intenses ; elle est matière à spéculation dans toute l'Afrique du nord ; elle est un des articles du trafic du Sahara avec le Soudan ; depuis les temps de la domination romaine jusqu'à nos jours, elle n'a cessé de jouer un rôle important dans le commerce des États barbaresques.

Et quant à la vraie *garance des teinturiers*, celle-ci acquiert par la culture toutes les qualités des types les plus renommés d'Europe, comme en témoignent les documents suivants.

La chambre consultative de Louviers, invitée par le ministre de la guerre à exprimer son opinion sur des garances provenant des cultures de M. Chirat, colon à Constantine, la formula ainsi :

« 1° La nature et la qualité de l'*alizari* (racine de garance) d'Alger (de Constantine) sont supérieures à l'alizari de Provence, et supérieures aussi à l'alizari de Chypre, justement préféré dans le commerce. — 2° L'alizari d'Alger, bien connu dans le commerce, atteindra une valeur égale sinon supérieure à l'alizari de Chypre. » — 3° Enfin, l'alizari d'Alger est appelé à un bel avenir, et comme colorant et comme marchandise, si, pour la nature et pour la qualité, il est livré au commerce dans les conditions de celui de M. Chirat. — 4° La chambre consultative ne saurait trop insister auprès du ministre de la guerre pour qu'il prenne les mesures nécessaires pour donner à la culture de la garance en Algérie le plus large développement possible. Dans notre opinion, ce produit pourra être un jour une des plus grandes richesses de notre colonie. »

Le second jugement sur les mêmes garances émane de M. Chevreul, membre de l'Institut et directeur des teintures aux Gobelins. Voici les conclusions d'un rapport émané de ce savant :

« 1° La laine teinte avec la garance d'Algérie se rapproche beaucoup de la laine teinte avec la garance de l'Alsace ; la différence est que le rouge obtenu avec la première est un peu plus orangé et moins gris que le rouge obtenu de la garance d'Alsace. — 2° La garance d'Algérie appliquée sur la soie alunée donne un résultat au moins égal à celui de la garance d'Alsace. — Pour la teinture du coton, les deux garances donnent des résultats pareils. — Je ne doute pas que la terre et le climat de l'Algérie ne soient très-propres à la culture de la garance, et dès à présent on peut considérer la question de la bonté de la teinture de la garance d'Algérie comme définitivement résolue. »

CULTURES EUROPÉENNES. — Éclairée par l'autorité de ces témoignages, l'administration est entrée dans la voie des encouragements à l'égard de la garance ; elle a acheté et distribué gratuitement de la graine. Dans la province d'Oran, une somme de 19,000 fr. a été affectée à des primes qui seront distribuées en 1855. La chambre de commerce d'Alger a fondé de son côté en 1853 et 1854 des concours de garance. Dans les expositions provinciales, des récompenses sont accordées aux plus beaux produits. Enfin, l'administration s'est appliquée à mettre les producteurs algériens en relations directes avec les fabricants du nord et du nord-ouest de la France.

Ces encouragements commencent à porter leurs fruits dans les trois provinces : la culture de la garance compte un certain nombre de partisans, dont le nombre croît d'année en année.

FAITS ÉCONOMIQUES. D'après les comptes présentés par M. Chirat, le colon qui a pris avec le plus de succès l'initiative de cette culture en Algérie, les éléments de la question économique devraient se régler ainsi qu'il suit :

Frais de culture par hectare, 622 fr. la première année ; 100 fr. la deuxième ; 955 fr. la troisième ; total 1,677 fr. — *Rendement*, 5,009 k. de racines sèches ; 3,000 k. de fourrages ; 301 kil. de graines, d'une valeur totale de 3,812 fr. 85 cent. — *Bénéfice*, 2,135 fr. 85 cent. pour deux années et demie, soit 854 fr. 34 cent. par an et par hectare. — *Prix*. La racine sèche de garance (alizari) vaut au minimum 70 fr. le q. m. ; la graine 1 fr. à 1 fr. 50 cent. ; le fourrage 4 fr.

Besoins de la France. En 1853, la France a importé 1,664,750 kil. de racine sèche de garance, en grande partie destinée à l'exportation sous forme de poudre. Au prix actuel de 45 cent. le kil., c'est une valeur de 749,142 fr. Au commerce spécial, elle a importé seulement 41,679 kil., qui valent au même prix 87,478 fr. En garance moulue, la France a importé pour sa consommation 3,917 kil., qui au prix actuel de 1 fr. 10 c.

valent 4,309 fr. L'Algérie pourra aisément suffire un jour à toute cette fourniture, qui se partage entre les pays suivants, dans l'ordre d'importance: Deux-Siciles, Turquie, Zollverein, Autriche, États barbaresques, Toscane, Pays-Bas.

977. Garance, 1850. — Gaston de Montigny, à Saint-Joseph. Médaille d'honneur à l'exposition de Londres.
978. Garance. — Dupré de Saint-Maur. Mention à l'exposition de Londres.
981. Garance d'Oran. — Brice, Caimels et Mistral, de Sidi-Maruf.
982. Garance de quinze mois, 1848. — Les mêmes.

« Ces messieurs exposent un très-bel échantillon de racines de garance qui provient de semis faits le 26 mars 1848, et récoltées fin juin 1849. Ils ont été des premiers à cultiver la garance dans le département d'Oran, et c'est à ce titre que le jury leur accorde la médaille de bronze. » (Rapport du jury de 1849.)

985. Garance indigène de Tlemcen. — Les musulmans de Tlemcen.
983. Garance en poudre. — Les musulmans de Tlemcen, 2 fr. le kil.
986. Garance de dix-huit mois, 1854. — Rohaut de Vaimy.
987. Garance de huit mois, 1854. — Ajouc, de Sidi-Chami.
988. Garance de vingt mois, 1854. — Pépinière du gouvernement, à Mascara.
989. Garance, 1850. — Piglia, à Bône. Mention honorable à Londres.
990. Garance, 1851. — Piglia, à Bône.
994, 995. Garance 1855. — Province de Constantine.
996, 997. Garance, 1852. — Chiral, à Constantine.
998. Garance, 1852. — Aribaud, à Bône.
999. Garance, 1853. — Casteau, à Constantine.

Henné (*Lawsonia inermis*, Linn.).

Plante tinctoriale de la famille des salicariées, propre à l'Afrique et à l'Orient. Ses feuilles, réduites en poudre et délayées dans l'eau sous la consistance d'une pâte, colorent fortement en rouge-orangé brun les parties du corps sur lesquelles on les applique. En Algérie, les femmes se teignent ainsi les mains, les doigts, les ongles, les pieds, les orteils. On en teint aussi la queue et la crinière, le dos et les jambes des chevaux. Cette matière ayant été soumise à l'appréciation de M. Chevreul, ce savant a résumé ses conclusions ainsi qu'il suit :

« Je ne puis juger encore parfaitement le parti qu'on peut tirer en teinture de la feuille de henné ; cependant, sans parler de la partie verte des feuilles, il y a deux principes colorants, l'un jaune, l'autre rouge. Malheureusement, ils sont accompagnés d'une matière brune qui les ternit, quand ils sont appliqués sur les étoffes de laine. Alors la feuille de henné, employée comme on emploie la gaude, par exemple, ne donne point une couleur franche, mais une couleur formée de rouge et de jaune rabattue par du brun ; à moins d'en purifier la matière colorante, on ne peut en obtenir, quant à présent, que des couleurs équivalentes à celles qu'on obtient avec un mélange de gaude et de garance. — La couleur fixée par l'alun, le tartre et un peu de composition d'étain pour l'écarlate, correspond à une couleur que je désigne par l'expression de 4 rouge-orangé rabattu par 3/10 de noir. — La gaude, mélangée à la garance, donne avec les mêmes mordants une couleur absolument semblable. — En supprimant la composition d'étain, la couleur a moins de rouge et plus de brun, car la couleur est 5 rouge-orangé rabattu par 5 1/10 de noir. — La couleur du henné fixée sur la laine, exposée à la lumière comparativement avec la couleur de la gaude et de la garance correspondante, se soutient assez bien le premier mois ; mais, après trois mois d'exposition, la couleur du henné est notablement inférieure à l'autre. — En définitive, la feuille du henné donne à la laine une couleur rabattue qui pourrait à la rigueur remplacer celle qu'on obtient avec la gaude et la garance. Si elle est moins solide à l'air que celle-ci, il faut reconnaître que dans le commerce de la teinture on fait des couleurs semblables avec des ingrédients moins coûteux que la gaude et la garance, qui ont moins de solidité que la couleur du henné : sous ce rapport, le henné présenterait de l'avantage s'il ne coûtait pas plus cher que les ingrédients dont je parle. »

Cette couleur brune, qui gênait dans les expériences ci-dessus, est devenue, entre les mains de M. Tabourin, professeur de chimie à l'école vétérinaire de Lyon, le principe essentiel du henné. Après avoir constaté que les propriétés tannantes de cette substance la rendaient éminemment propre à la teinture en noir, il a pris un brevet d'invention.

Besoins de la France. Le henné est inconnu, il est vrai, mais il peut remplacer le cachou. En 1853, la France a importé pour sa consommation 734,160 kil. de cachou en masse, qui valent, au prix de 1 fr. 50 c. le kil., 1,101,240 fr. L'Algérie pourrait disputer cette fourniture aux Indes anglaises et hollandaises.

1000. Henné en feuilles. — Jardin d'acclimatation de Biskara.
1001. Henné broyé. — Même établissement.

Indigo. — Eupatorium. — Polygonum.

Diverses espèces d'indigotier ont été, à la pépinière centrale d'Alger et au jardin d'acclimatation de Biskara, l'objet d'expériences dont les résultats n'ont pu encore se traduire en conclusion pratique. On peut cependant tenir pour constatées son acclimatation certaine (l'indigotier est cultivé comme plante commerciale dans les régions de Tunis et de Tripoli) et sa vigoureuse végétation. Les données économiques restent seules à éclaircir.

Besoins de la France. En 1853, la France a importé pour sa consommation 1,004,388 kil. d'indigo, qui valent, au prix de 18, 17 et 12 fr. le kil., suivant les qualités, 16,802,591 fr.

1002. Indigo argenté, 1852. — Pépinière centrale.
1003. Indigo tiré des feuilles sèches. — Même établissement.
1004. Indigo argenté, 1852. — Même établissement.
1005. Indigo anil, 1852. — Même établissement.
1006. Indigo tiré des feuilles fraîches, 1852. — Même établissement.
1007. Indigofera anil. — Même établissement.
1008. Indigofera tinctoria. — Même établissement.
1009. Indigo argenté, 1853. — Jardin d'acclimatation, à Biskara.

De récentes expériences autorisent à espérer qu'un arbuste désigné provisoirement sous le nom d'*eupatorium tinctorium*, cultivé à la pépinière centrale, deviendra le rival des indigotiers pour la production du bleu indigo. M. Hardy en avait reçu en 1847 un sujet des mains de M. Houllet, sous-chef des serres du jardin des Plantes de Paris, qui l'avait lui-même rapporté d'un voyage au Brésil en 1840, et le lui avait donné comme réputé propre à la teinture dans son pays natal.

L'analyse des feuilles, à laquelle s'est livré M. Chevreul, a donné lieu aux conclusions suivantes :

« 1° Il est certain que l'*eupatorium tinctorium*, cultivé en Algérie, renferme de l'indigotine. — 2° Il est certain que cette indigotine peut en être extraite à l'état d'indigo propre à être versé dans le commerce. — 3° Il reste à savoir si le rendement de trois parties d'indigo, représentant une partie d'indigotine environ pour mille parties de feuilles, est assez avantageux pour être l'objet d'une exploitation qui entraîne des frais de culture et d'extraction. »

1010. Eupatorium tinctorium. — Pépinière centrale, 1853.

Outre les indigotiers et l'eupatorium, la pépinière centrale cultive le *polygonum tinctorium*, dont on extrait un bleu foncé qui imite l'indigo.

1011. Polygonum tinctorium. — Pépinière centrale, 1853.

Autrefois cultivé en Europe, le végétal qui donne cette couleur a été à peu près abandonné depuis l'introduction de l'indigo.

Noix de galle.

La noix de galle est une excroissance que la piqûre d'un insecte détermine sur les feuilles du chêne vert. A raison de son principe tannin, elle est fort employée dans la teinture en noir. Ses propriétés astringentes la rendent précieuse pour divers emplois.

Besoins de la France. En 1854, la France a importé pour sa consommation 254,046 kil. de noix de galle pesantes, qui valent, au prix actuel de 2 fr. 50 c. le kil., 635,115 fr.; plus 36,786 kil. de noix de galle légères, qui valent, au prix actuel de 0,75 c. le kil., 27,590 fr.; en tout 662,705 fr. L'Algérie, si riche en chênes verts, pourrait concourir, sinon suffire, à cette fourniture, que se partagent les États suivants : Turquie, Égypte, Angleterre, Deux-Siciles, Uruguay, villes anséatiques, Pays-Bas, États sardes.

1012. Noix de galle. — Maklouf Khalfoun, Oran.

Lichens tinctoriaux.

Les lichens tinctoriaux ont figuré en certaines années comme produits d'exportation de provenance algérienne. On les désigne habituellement sous le nom d'*orseille*, genre *roccella*.

Besoins de la France. En 1853, la France a importé 1,154,587 kil. de lichens tinctoriaux, qui valent, au prix (actuel) de 0,90 c. le kilogr., 1,039,128 fr. Les États qui ont concouru à cet approvisionnement sont : Pays-Bas, villes anséatiques, Portugal, possessions anglaises, Bourbon.

1013. Orseille. — Maklouf Khalfoun, Oran.

Safran (*Crocus sativus*).

Le safran était autrefois cultivé par les indigènes. Quelques colons en ont fait des essais qui ont été remarqués aux différentes expositions.

Besoins de la France. En 1853, la France a importé pour sa consommation 2,005 kil. de safran, qui valent, au prix (actuel) de 60 c. le kil., 120,300 fr. C'est l'Espagne qui a fourni presque seule cet approvisionnement.

1014. Safran, 1852, 1853. — Pépinière centrale.
1015. Safran. — Gasbou de Montigny. Médaille d'honneur à Londres.
1016. Safran. — Lutzow, à Bône. Citation favorable à l'exposition de Paris, 1849; mention honorable à Londres, 1851.
1017. Graine de safran, 1853. — Exp. de Londres, 1853.

Pastel (*Isatis tinctoria*, Linn.).

Le botaniste Desfontaines, qui explorait la régence d'Alger, de 1780 à 1784, signalait le pastel comme cultivé par les indigènes. Depuis ce temps on en perd la trace. — La France n'importe pas de pastel.

Gaude (*Reseda luteola*, Linn.).

Croît spontanément en Algérie, en compagnie de plusieurs autres résédacées. — La France n'importe pas de gaude.

Maurelle *ou* **Tournesol** (*Croton tinctorium*, Linn.).

Plante qui donne la teinture de tournesol en drapeau, substance colorante très-usitée. La maurelle, que l'on cultive en France pour ses emplois industriels, est arrachée en Algérie comme plante parasite des champs.

Besoins de la France. En 1853, la France a importé pour 22,568 kil. de pâte de tournesol, valant 37,237 fr.

Sumac (*Rhus*).

L'Algérie possède deux espèces de sumacs indigènes : le S. tezera (*rhus pentaphyllum*, Desf.), et le S. des corroyeurs (*rhus coriaria*, Linn.). L'un et l'autre sont employés par les indigènes pour la préparation et la teinture des cuirs dits marocains. Une école de sumacs a été fondée à la pépinière centrale au moyen de plants venus de Sicile.

Besoins de la France. En 1853, la France a importé pour sa consommation en sumacs et fustets 1,893,429 kil., qui valent, au prix (actuel) de 37 c., 700,569 fr. Les provenances sont : Deux-Siciles, États sardes, Portugal, Espagne, Belgique, Angleterre. L'Algérie pourrait concourir pour une bonne part à cette fourniture.

1018. Sumac virginie, 1854. — Province d'Oran ?
1019. Sumac des corroyeurs. — Plants de Sicile, 1854.
1020. Sumac des corroyeurs. — Plants de Sicile, 1854.
1021. Sumac tezera, 1854. — Province d'Oran.
1022. Sumac glabre de la Caroline, 1854.

Écorces à tan.

Les forêts de l'Algérie sont riches en essences dont les écorces, douées de propriétés tannantes, font l'objet d'une exploitation commerciale. Les plus communes sont, comme en France, les écorces des chênes. Le tannin se trouve aussi dans les écorces de pins, châtaigniers, saules, ormes, grenadiers, aunes.

Besoins de la France. En 1853, la France a importé 3,173,341 kil. d'écorces à tan non moulues, qui valent, au prix (actuel) de 7 cent., 222,134 fr. Les provenances sont : Zollverein, Belgique, Espagne, Algérie. Les forêts de l'Algérie, dûment exploitées, pourraient concourir à l'approvisionnement.

1026. Écorces à tan.
1027. Écorces à tan des forêts de la Calle.
1028. Écorces à tan des forêts de l'Algérie.
1029. Écorces à tan de l'Edough.

TEINTURES SECONDAIRES.

Outre ces plantes, dont les produits tinctoriaux ont de l'importance pratique, soit en Europe, soit en Algérie, il en est un grand nombre d'autres, secondaires jusqu'alors dans l'industrie, mais dont l'énumération peut présenter quelque intérêt, comme produits industriels du sol algérien.

Plantes arborescentes ou fraiescentes.

Caroubier. Les graines teignent en jaune éclatant.
Chêne-liège. De son charbon on obtient le noir d'Espagne pour l'encre de Chine.
Épine-vinette. Bois, racine et écorce teignent en jaune.
Frêne. L'écorce teint en vert, noir verdâtre, vert olive.
Garou ou Daphné. Donne une teinture jaune.

Grenadier. L'écorce du fruit teint en noir ; l'écorce des tiges en jaune ou en rouge.

Lentisque. Le bois et la résine teignent en bleu indigo.

Murier noir. Ses fruits teignent en rose vif peu solide.

Myrte. Ses baies donnent une teinture ardoisée.

Nerprun alaterne. Teinture en jaune.

Noisetier. L'écorce teint en jaune clair ou gris noir ; les feuilles en jaune nankin.

Noyer. Racine, écorce de l'arbre, brou de la noix, teignent en fauve noisette.

Peuplier d'Italie. Les bourgeons teignent en jaune.

Phytolaccadioïca (*bellombra*). Ses baies teignent en rouge corinthe.

Sureau. Teintures variées en jaune, vert pomme, jaune brunâtre, gris brun.

Plantes herbacées.

Anémone (*A. coronaria*). Ses feuilles fournissent une encre verte.

Bétoine. Teinture brune des laines imprégnées de bismuth.

Buglosse. On extrait de la racine l'*orcanette* de France.

Carotte. Teintures en rouge foncé, lilas, rouge bleu, gris bleu.

Centaurée jacée. Teinture en jaune.

Cerfeuil peigne de Vénus. Teinture en jaune.

Cérinthe. Orcanette jaune du commerce. Teint. en rouge avec la racine.

Clinopode (grand basilic sauvage). Teinture en jaune.

Euphorbe. Teinture en bleu clair.

Fraisier. Teinture en gris brun ; en brun de cannelle.

Géranium. Teinture en jaune avec les feuilles.

Iris. Teinture en vert solide avec les fleurs.

Lotier. Teinture en jaune faible avec les feuilles.

Luzerne. Teinture en jaune avec toute la feuille.

Lycope. Teinture noire avec les feuilles.

Orchis male. Teinture en jaune avec les tiges et les feuilles.

Potentille. Produit l'insecte nommé *cochenille de Pologne*.

Renouée persicaire. Teinture jaune rougeâtre avec les feuilles.

Trigonelle fenu-grec (sainegraine). Teint. en vert, en olive, en orange.

Vélar. Teinture en jaune avec les feuilles.

Vipérine. Une des racines nommées orcanettes. Teinture en rouge.

XVI. PRODUITS DIVERS.

Ces produits divers peuvent se ranger en sept groupes :

Les *fourrages*, ou substances alimentaires pour les animaux ;

Légumes verts, ou substances alimentaires pour l'homme, y compris les champignons, lichens et truffes ;

Plantes industrielles, houblon, cardère ;

Condiments, cumins, coriandre ;

Racines aromatiques, vétyver ;

Déchets, drilles ou chiffons ;

Enfin un *herbier* mérite une mention spéciale.

FOURRAGES.

En Algérie, les plantes fourragères croissent abondamment partout et forment des prairies naturelles, sans demander d'autres soins que l'extirpation des hautes herbes parasites. Dans le Tell, ce sont, au printemps, d'immenses espaces couverts, quand les pluies n'ont pas fait défaut en hiver, d'herbes épaisses et hautes d'un mètre et plus. Dans le Sahara, ce sont des gazons moins élevés, mais non moins substantiels. On désigne sous le nom générique d'*adcheb* ces gazons serrés, composés de plantes aromatiques qui pendant toute la saison des pluies couvrent le sol d'une verdoyante végétation, et dont le desséchement pendant l'été détermine dans toutes les tribus un mouvement d'émigration vers le nord pour y trouver des pâturages que l'ardeur du soleil n'ait point consumés. C'est par l'abondance spontanée des foins naturels que s'explique la richesse des Arabes en troupeaux, malgré l'absence de tous soins intelligents.

Dans le Tell, la végétation commence à reverdir en novembre, quelques jours après les premières pluies d'automne. Elle pousse rapidement pendant tout l'hiver, grâce à la température modérée de la saison et aux beaux jours de soleil qui alternent avec les jours de pluie. La maturité arrive dans les plaines basses dès les premiers jours d'avril, et se prolonge jusqu'à la fin de juin, à mesure que du niveau de la mer on remonte le talus incliné du versant méditerranéen. Les indigènes ignorent l'art de couper les foins; quelques individus seulement commencent à l'apprendre à l'école des faucheurs européens; aussi, faute d'approvisionnements, leurs bestiaux dépérissent-ils périodiquement tous les ans. Pour les Européens, au contraire, la coupe des foins est devenue une des opérations premières de la colonisation; mais, peu riches en bestiaux, ils les ont vendus presque en totalité à l'administration militaire pour les besoins de la cavalerie. En 1854, l'armée d'Orient a demandé à l'Algérie une partie de ses approvisionnements en fourrages, à concurrence de 90,974 quintaux métriques. Le reste de l'exportation, dont le chiffre total a été de 94,076 quintaux métriques, se répartit entre le midi et le sud-ouest de la France. Cet ordre de spéculation est sans limites, comme la production naturelle des foins algériens; il suffit de lui trouver des débouchés. Appréciant le mérite de cette richesse agricole, l'administration reconnaît comme cultures, à concurrence de la moitié des concessions, les prairies naturelles nettoyées de mauvaises herbes.

La qualité supérieure de ces foins, due au sol et au climat, a été constatée par une longue expérience et les témoignages les plus compétents. Longtemps méconnue, elle n'est plus contestée aujourd'hui. C'est à l'excellence de leur nourriture que les chevaux arabes doivent en grande partie la vigueur qui les distingue; les moutons et les bœufs, la qualité de leur chair; tous les bestiaux, leur rapide engraissement, dès qu'ils ne souffrent plus de la faim. Ces résultats s'expliquent par l'abondance du principe amer qui domine dans les plantes légumineuses, éléments constituants des prairies naturelles, par celle du principe aromatique qui caractérise la végétation des collines et des montagnes.

Besoins de la France. En 1853, la France a importé 12,352,142 kil. de fourrages, valant 494,086 fr.

Deux grandes familles de plantes se partagent la composition des prairies naturelles : les graminées et les légumineuses; tout le reste est secondaire (1).

GRAMINÉES. Elles sont presque toutes vivaces et croissent dans les terrains les plus frais; elles donnent un fourrage de qualité moins estimée que les légumineuses, et toujours en raison inverse de l'humidité du sol.

Parmi les graminées qui viennent spontanément et en abondance, les plus nombreuses sont les suivantes :

(1) Indications dues à M. Munby, auteur d'une Flore algérienne.

Agrostis (*Agrostis*).

Quatre espèces : *A. elegans*, *A. minima*, *A. verticillata*, *A. vulgaris*.

Alfa. V. *Lygée et Stipe*.

Plantes aussi utiles pour la nourriture des animaux que pour la sparterie.

Alpiste (*Phalaris*).

Les fourrages de la Métidja, et surtout des prairies basses des environs de Boufarik, sont composés en grande partie du *P. aquatica*. Les autres espèces sont le *P. canariensis*, le *P. paradoxa* et le *P. nodosa*. Cette dernière plante vient dans les touffes de palmier nain ; sa feuille longue et nourrissante est très-recherchée par les bestiaux.—On confond aussi sous le nom d'*alpiste* une espèce de mil, destiné à la nourriture des oiseaux, dont l'entrée en franchise de droits dans les ports de la métropole a été autorisée par décret impérial. (Voir FARINEUX ALIMENTAIRES, page 58.)

Avoine (*Avena*).

Quatre espèces : *A. elatior*, ou fromental, *A. sterilis*, ou folle avoine, *A. hirsuta*. L'avoine cultivée est coupée en vert pour fourrage.

Blé (*Triticum*).

Sans parler du froment qui est livré en dépaissance aux bestiaux lorsque sa végétation d'hiver est trop vigoureuse, et fauché en vert aux environs des villes pour la nourriture des chevaux au printemps, ce genre fournit plusieurs espèces qui entrent dans les prairies naturelles, entre autres : le *repens*, ou chiendent, qui, par sa croissance rapide dans les terrains frais, et surtout irrigués, est un des fléaux de la colonisation. On compte encore le *T. ciliatum*, le *T. cæspitosum*, qui vient dans les touffes de palmier nain, le *T. junceum*.

Brise (*Briza*).

Une espèce : *B. viridis*, la grande brise.

Brome (*Bromus*).

Six espèces : *B. divaricatus*, *B. madritensis*, *B. maximus*, *B. mollis*, *B. rubens*, *B. sterilis*.

Chenillette (*Scorpiurus*).

Quatre espèces : *S. muricata*, *S. subvillosa*, *S. sulcata*, *S. vermiculata*.

Cretelle (*Cynosurus*).

Trois espèces : *C. cristatus*, *C. echinatus*, *C. elegans*.

Dactyle (*Dactylis*).

Trois espèces : *D. glomerata*, *D. pungens*, *D. repens*.

Dis (*Arundo*).

Le dis (*arundo festucoides*, Desf.) croît en touffes dans les lieux les plus arides, dans les fentes des rochers ; il est d'une grande ressource pour la nourriture des bestiaux, quand les autres herbes sont desséchées.

La force de sa tige le rend propre à la sparterie. (Voir page 114.)

Fétuque (*Festuca*).

Les prairies algériennes en possèdent une douzaine d'espèces, dont la plus appréciée est la *F. pratensis*.

Fléole (*Phleum*).

Le *P. pratense* abonde dans les prairies de Boufarik.

Flouve (*Anthoxanthum*).

Deux espèces : *A. odoratum, A. caryophyllea*.

Honque (*Holcus*).

Deux espèces : *H. lanatus, H. mollis*.

Ivraie (*Lolium*).

Une espèce : *L. perenne*, ray-grass d'Angleterre.

Lygée (*Lygæum*).

Une espèce : *L. spartum*, une des plantes connues sous le nom d'*alfa*. (Voyez ce mot.)

Mélique (*Melica*).

Deux espèces : *M. aspera, M. ciliata*.

Mil (*Milium*).

Trois espèces : *M. cœruleum, M. multiflorum, M. paradoxum*. Plantes qui résistent à la chaleur, et dont les bestiaux recherchent les tiges pendant l'été.

Orge (*Hordeum*).

Trois espèces : *H. murinum, H. maritimum, H. crinitum*. L'orge cultivée (*H. hexastichum*) est donnée en vert aux bestiaux, soit en dépaissance dans les champs, soit en bottes coupées.

Panis (*Panicum*).

Plusieurs espèces. Les racines du *P. dactylum* remplacent celles du *T. caninum* pour le chiendent. Une espèce de panis a été envoyée par le jardin d'acclimatation de Biskara comme fournissant une graine oléagineuse. (V. pag. 74.)

Paturin (*Poa*).

L'espèce la plus commune est le *P. bulbosa*. Les autres espèces sont *P. annua, P. divaricata, P. rigida, P. distans, P. festucaformis*. Ces deux dernières espèces sont des plantes aquatiques.

Polypogon.

Deux espèces qui viennent dans les lieux marécageux : *P. maritimum, P. monspeliense*.

Stipe [*Stipa*].

Espèces nombreuses qui couvrent d'immenses espaces, vraies *steppes*. La plus commune est le *S. tortilis*. Les autres espèces sont : le *S. barbata, S. juncea, S. lagusca, S. parviflora, S. phleoides, S. tenacissima*. Le *S. barbata*, appelé par les Arabes *drin*, est un des principaux aliments des chameaux dans le désert. Le *S. tenacissima* est une espèce d'*alfa*, connue surtout pour ses emplois en sparterie, mais non moins précieuse comme fourrage résistant à toutes les ardeurs du soleil, à toutes les sécheresses du sol.

Vulpin (*Alopecurus*).

Une espèce : *A. bulbosus*.

LES LÉGUMINEUSES. Celles-ci sont presque toutes annuelles ; elles viennent principalement sur les coteaux, dans les terrains secs, dans les clairières qui existent entre les broussailles et sur les guérets où ont été récoltées les céréales. Leurs graines germent dès les premiers jours d'automne, et les plantes qui en naissent se développent admirablement pendant la saison d'hiver. Les printemps secs sont surtout funestes à leur production spontanée. Dans les terrains intermédiaires, ni trop secs ni trop humides, les graminées annuelles s'associent aux légumineuses pour composer les prairies. Cette combinaison produit les fourrages les plus estimés. — Les espèces de légumineuses qui entrent le plus abondamment dans la composition des fourrages sont les suivantes :

Astragale (*Astragalus*).

Nombreuses espèces, dont les plus remarquables sont : *A. bæticus*, *A. caprinus*, *A. hamosus*.

Biserrule (*Biserrula*).

Une espèce : *Biserrula pelerina*.

Gesse (*Lathyrus*).

Six espèces : *L. aphaca*, *L. cicera*, *L. clymenus*, *L. ochrus*, *L. sylvestris*, *L. sativus*. Cette dernière est cultivée en Algérie par les Espagnols, sous le nom de *zijas*.

Hippocrepe (*Hippocrepis*).

Trois espèces : *H. ciliata*, *H. multisiliquosa*, *H. unisiliquosa*.

Lentille (*Ervum*).

Outre les espèces cultivées, cinq espèces spontanées : *E. hirsutum*, *E. lentoides*, *E. monanthes*, *E. tetraspermum*, *E. vicioides*.

Lupin (*Lupinus*).

Trois espèces ; *L. angustifolius*, *L. hirsutus*, *L. luteus*.

Luzerne (*Medicago*).

C'est le genre dont l'abondance naturelle forme la richesse des prairies algériennes. Nombreuses espèces, dont les plus communes sont : *M. arabica*, *M. echinus*, *M. helix*, *M. intertexta*, *M. lupulina*, *M. marginata*, *M. minima*, *M. orbicularis*, *M. polymorpha*, *M. scutellata*, *M. tribuloïda*, *M. turbinata*. La luzerne cultivée, sans être spontanée en Algérie, croît à merveille dans les terrains profonds où elle est cultivée. (Voir page 140.)

Mélilot (*Melilotus*).

Six espèces : *M. cretica*, *M. italica*, *M. messanensis*, *M. officinalis*, *M. parviflora*, *M. sulcata*.

Orobe (*Orobus*).

L'*O. atropurpureus*, commun dans les prairies humides de la Métidja, fournit une excellente nourriture.

Phaque (*Phaca*).

Les chèvres broutent avec avidité une espèce : *P. bætica*.

Pied-d'oiseau (*Ornithopus*).

Trois espèces : *O. compressus*, *O. ebracteatus*, *O. scorpioides*.

Pois (*Pisum*).

Le pois cultivé dans les jardins croît spontanément dans quelques localités. Le pois gris se cultive comme fourrage.

Sainfoin (*Hedysarum*).

Compose avec la luzerne la principale richesse des prairies algériennes. Le *H. coronarium* est une belle plante dont les tiges atteignent un développement de 3 mètres, et égalent la grosseur du petit doigt. Les autres sont *H. flexuosum*, *H. capitatum*, *H. caput galli*, *H. Fontanesii*.

1050. Sainfoin. — M. Fruitié, de Chéragas.

« M. Fruitié a exposé des échantillons de plantes fourragères spontanées qui forment, en Algérie, le fond de la production fourragère. On y remarquait surtout un pied de sainfoin (*hedysarum flexuosum*), haut de près de 3 mètres, et deux touffes, l'une de luzerne (*medicago polymorpha*), l'autre d'une vesce qu'il désigne sous le nom de *vesce tigrée*, qui approchaient de bien près de la force et du volume de celle du sainfoin... Le jury, appréciant la bonne tenue et l'ancienneté des exploitations de M. Fruitié (il est colon depuis 1834), et la direction habile et intelligente qu'il leur a donnée, lui décerne une médaille d'or. » (Rapport du jury de 1849.)

Trèfle (*Trifolium*).

Quoique ce genre soit très-nombreux en espèces, il entre peu dans la composition des prairies algériennes. Le *T. pratense* est spontané dans la Métidja. Les autres espèces que l'on rencontre sont : *T. angustifolium*, *T. elegans*, *T. glomeratum*, *T. isthmocarpum*, *T. procumbens*, *T. resupinatum*, *T. stellatum*, *T. spumosum*. La culture du *T. incarnatum* ou *farrouch* a été essayée par quelques colons.

Trigonelle (*Trigonella*).

Espèces : *T. fenugræcum* et quelques autres secondaires.

Vesce (*Vicia*).

Nombreuses espèces : *V. atropurpurea*, *V. biflora*, *V. bithynica*, *V. equina*, *V. hybrida*, *V. lutea*, *V. narbonensis*, *V. polyphylla*, *V. sativa*. La culture de la vesce a été introduite dans quelques vesces, seules ou mêlées avec les pois, surtout les pois gris, les fèves, l'orge ou le seigle.

Dans les autres familles, les plantes fourragères sont beaucoup moins communes ; il convient cependant de citer, parmi les végétaux spontanés, la *chicorée sauvage* et le *pissenlit*, de la famille des composées, comme très-estimés des Arabes et des colons.

PLANTES FOURRAGÈRES DIVERSES.

L'énumération suivante, en langue arabe, des végétaux herbacés, frutescents ou arborescents dont se nourrissent les troupeaux du désert, particulièrement les chameaux, complétera la liste des plantes fourragères de l'Algérie. Ce sera en même temps une indication pour les voyageurs et un appel à la science botanique, qui n'a recueilli et déterminé que le moindre nombre de ces espèces [1].

El-aâkuif.
Azbian.
El-âzir.
El-adjerem.
Affit.
El-ademe.
El-aarich (scabieuse).
El-arfedj.
El-alned.

El-belhal.
El-bethom (térébinthe).
El-berjiq.
El-bageul (pourpier).
Ben-naaman (coquelicot).

El-bine.
Bou-nagar.
El-bihach.
Bou-kharis.
Ech-chabrag.
Chihh (armoise odorante).
El-chagâa.
Ech-cheliath.
Ech-chérirah.

Ed-djefen.
Ed-djelâb.
El-djnd.
El-djedar.
El-dereuf.

Ed-doum (palmier nain).
Ed-demrâne.
Ed-drîne.
Ed-delnef.
Deubâl.
Ed-djemir (sycomore).
Drâa.
Dil-el-bar.

El-fil.
El-ferou.

El-guezahh.
El-ghâres.
El-guetof (arroche).
El-goeteum (phillyrea).
El-garthoufa.

[1] Nous empruntons cette liste à l'intéressant mémoire du général Daumas sur le chameau, en rétablissant l'ordre alphabétique.

El-guelgelâne (dolique).
El-guiz.
El-ghebir (ruellie).
El-guehouân.
El-hadj (coloquinte).
El-beulm.
El-hama.
El-halfa (stipa, lygæum).
Hamimeuch.
El-harmel (peganum harmala).
El-hhar.
El-haref.
El-igthân.
El-koubar.
El-karneb (choux).
El-kelokh.
El-karteum.
El-khorchef (artichaut sauvage).
El-kuertem.
El-koddar.
El-kuesob (caroubier).
El-kheud.
El-kuikoute.
El-hsiheur.
El-khebir (mauve).
El-khanfeur.

El-kerat.
El-khemoun (cumin).
El-kerkaz.
Larth.
Lazal.
Lezoul. (
Ledene.
Lella.
El-merakh (asclépiade).
El-meker (herniaire).
El-mrar (absinthe).
El-mechith (polypode).
El-metnan.
El-melahh.
El-mâh.
El-mourar.
En-nasi (charlon).
En-nagad.
El-nedjil.
En-neguig.
En-netil.
En-nédjem.
Oudene-en-nadja.
Er-râbi.
Er-retem (genêt).
Er-reguig.
Er-reumt.

El-reguime (mauve).
Es-saliân.
Es-sefar.
Es-sad (souchet).
Es-sedra (jujubier sauvage).
Es-sambari.
Es-scieuse (chardons).
Sor.
Sag-el-gherabe.
Es-sigue.
Es-seuagh.
Es-seunra.
Teskir (jusquiame).
Et-tafegh.
Et-tharf (tamarix).
Tiguenteus (pyrèthre).
Ticheret.
Et-tâlem.
El-yanthite, yathithar.
Es-zit (olivier cultivé).
El-zateur (thym).
Zeboudji (olivier sauvage).
Es-zaïzaf (peuplier blanc de Hollande).
Es-zagzag.

PRAIRIES ARTIFICIELLES.

Pour obtenir pendant l'été des fourrages verts, les colons ont essayé de créer des prairies artificielles de diverses plantes : celles en luzerne ont parfaitement réussi. Dans de bonnes conditions de sol et d'entretien elles donnent, sans irrigation, quatre à cinq coupes par an, et, avec irrigation, huit à dix. Celles en sainfoin, moins nombreuses, ont aussi réussi. Quant au trèfle, la chaleur du soleil dessèche trop rapidement les feuilles. — Dans toutes les expositions agricoles, des prix sont attribués aux plus belles prairies artificielles pouvant procurer du fourrage vert pendant les chaleurs.

En vue des besoins de l'été, les colons ont introduit certaines plantes, entre lesquelles on distingue les suivantes :

Chou cavalier.

Ce chou, qui ne pomme pas et ne donne que des feuilles, atteint 2 mètres et plus de hauteur. Il résiste bien à la sécheresse sur les terrains qui ont du fond. Ses feuilles, détachées de la tige à mesure que la plante s'élève, sont une précieuse ressource pendant les ardeurs de l'été.

Canne à sucre.

Cultivée comme fourrage et irriguée, elle donne quatre à cinq coupes.

FOURRAGES SECONDAIRES.

Il est quelques plantes cultivées pour des emplois spéciaux, dont la feuille fournit un bon fourrage. Telles sont :

1° La garance, dont la feuille vaut 4 fr. les 100 kil.

2° La patate, dont le feuillage très-épais et très-abondant pèse presque autant que les tubercules. Les bestiaux le mangent avec plaisir, et il présente cet avantage de venir à une époque où le fourrage vert est rare.

3° La moutarde blanche, qui, semée aux premières pluies d'automne, fournit un fourrage précoce au printemps.

4° Le maïs. Voir CÉRÉALES, page 57.

5° Les millets. Voir *ibidem*, page 58.

6° Les sorghos. Voir *ibidem*, page 58.

7° Les lentilles. Voir page 60.

FOURRAGES-RACINES.

En Algérie comme en Europe, certaines racines conviennent pour la nourriture des animaux. Telles sont les betteraves, les carottes, les topinambours, les raves, les navets, les pommes de terre. Les colons qui engraissent ou qui élèvent des vaches laitières en tirent bon parti. — Voir LÉGUMES VERTS ci-dessous.

PAILLES.

L'administration militaire achète des colons, au prix moyen de 5 fr. le quintal métrique, une certaine quantité de pailles de céréales, en partie longue, pour le couchage des troupes et la couverture des meules de fourrage, et en partie courte, pour la ration des chevaux. Dans les fermes, la paille d'orge est préférée à celle du blé; celle du blé dur, dont la tige est presque pleine, à celle de blé tendre, dont la tige est fistuleuse. La paille de seigle est réservée pour emplois industriels. La paille de maïs, quand elle n'est pas consommée en vert par les bestiaux, se vend pour couchage. La paille ou tige de sorgho fait d'excellents balais.

Les indigènes moissonnent les épis des céréales en laissant la paille dans presque toute sa longueur; celle-ci est consommée sur place par les bestiaux, ou desséchée par le soleil ou brûlée par l'incendie, lequel fait partie des procédés indigènes de culture. Quelques colons, tout en adoptant la méthode de couper haut l'épi, fauchent ensuite ras terre la paille restée debout. Ils obtiennent ainsi une paille courte, brisée et mêlée comme le foin, très-convenable comme litière.

LÉGUMES VERTS.

Tous les légumes cultivés dans les jardins d'Europe réussissent en Algérie. Quelques-uns même s'y reproduisent spontanément ou à peu près, presque sans aucun soin; tels sont: aubergines, asperges, cardons, céleri, carottes, citrouilles, melons, navets, oignons, oseille, panais, pastèques, persil, pourpier bâtard, tomates. Trois espèces, rares en Europe, y sont communes: le gombo (*hibiscus esculentus*, Linn.), le melouchier (*corchorus olitorius*, Linn.) et le souchet comestible (*cyperus esculentus*, Linn.). D'autres, quoique aussi communes en Europe, y sont importées d'Algérie à titre de primeurs. Telles sont: les artichauts, objet de vastes cultures dans la banlieue d'Alger, surtout à Hussein-Dey et la Maison-Carrée; les petits pois, les haricots verts. C'est par milliers de kilogrammes que l'on compte en hiver et au printemps les expéditions de ces trois légumes en France. Il serait facile d'y joindre les asperges et les ananas. Entre toutes, la famille des cucurbitacées y prospère avec facilité. Les melons musqués de l'Algérie rappellent ceux de Valence, d'où les colons ont souvent fait venir des graines. Les pastèques couvrent le sol, précieux rafraîchissement pendant les chaleurs. Les citrouilles de toute espèce étalent le long des murs ou au tronc des arbres leurs énormes volumes ou leurs formes bizarres.

Avant la conquête, les indigènes cultivaient toutes nos plantes potagères; les oignons, particulièrement, que l'on trouve dans tous les jardins des oasis. Ils faisaient même un aliment, sans attendre les temps de disette, de diverses plantes sauvages que dédaignent généralement les Européens; entre autres : *l'artichaut sauvage* (en arabe *korchef*), dont la présence atteste la puissance végétative du sol ; le *palmier nain*, dont ils goûtent les jeunes pousses et les fruits; le *phelipea*, le *talrouda*, etc...

Besoins de la France. En 1853, la France a importé 1,177,169 kil. de légumes verts, valant 117,717 fr.

Ail.

Produit d'un grand usage dans la nourriture des colons algériens émigrés de l'Europe méridionale. Plante de spéculation autant que de consommation pour les jardiniers, qui conservent les caïeux en longs cordons. Récolte en juillet, août, septembre.

Alkekenge.

Quelques plants ont été introduits dans les jardins européens : il n'a pas été donné suite à cette innovation.

Ananas.

Faute d'argent et faute de débouchés, la culture de l'ananas, d'un succès assuré et facile en Algérie, n'a pas été encore entreprise. La rapidité des communications entre Alger et Paris ne peut tarder à développer cette spéculation. On a signalé comme éminemment favorables à l'ananas les eaux thermales qui en un grand nombre de localités de l'Algérie forment des courants d'eau sans emploi, à Hammam-Meskoutin particulièrement.

Artichaut.

Cultivé en grand pour l'exportation autant que pour la consommation locale. L'espèce la plus répandue dans les cultures européennes est le violet hâtif. On a introduit le gros vert de Laon, qui est préférable pour seconde saison. Les Arabes cultivent une variété qui ressemble beaucoup à celle-ci, qui a peut-être plus de parties mangeables, mais en diffère cependant par les piquants qui terminent les écailles du fruit. Les artichauts se plantent pendant tout l'hiver : les plantations peuvent durer 4 ou 5 ans. On commence à récolter en décembre, et à partir de janvier c'est un produit aussi commun que tout autre légume. Les plantations les plus étendues existent autour d'Alger, dans la commune de Hussein-Dey, où les jardiniers vendent d'avance leur récolte à des marchands, qui l'exportent en grandes quantités en France. Il s'est fait des marchés importants pour toute la récolte au prix de 40 c. la douzaine d'artichauts. — Sous le nom de *khorchef*, les indigènes mangent avec plaisir les côtes et le fruit de l'artichaut sauvage. La présence de cette plante atteste une grande fertilité dans le sol.

Asperges.

Les asperges sont peu cultivées, soit parce qu'elles occupent trop longtemps le sol avant de produire, soit parce que les Arabes apportent sur les marchés de grandes quantités d'asperges sauvages, qui sont d'un goût tout aussi délicat, et très-abondantes. Les asperges cultivées se récoltent dès le mois de février.

Aubergine.

On en cultive deux variétés, l'une oblongue, l'autre plus courte et plus ronde. Semée dans les premiers mois de l'année, l'aubergine se récolte à partir de juillet. Elle se reproduit d'elle-même sans culture.

Bette. V. *Poirée.*

Betterave.

On cultive, pour manger, la betterave jaune, et surtout la rouge de Castelnaudary. Semée en septembre et en octobre, elle peut servir de bonne heure au printemps. De janvier à mars, on peut encore échelonner deux semis, dont les plantes prendront tout leur développement avant l'arrivée de l'extrême sécheresse.

Cardons.

Semés en automne, se récoltent en janvier, février, mars. Ils se reproduisent spontanément.

Carottes.

Semées en automne, on peut en avoir dès le mois de janvier. Les semis échelonnés pendant les mois d'hiver en fournissent pour le printemps et l'été. Les carottes se reproduisent spontanément.

Céleri. Céleri-rave.

Les céleris sont d'une culture très-délicate en Algérie ; le céleri-rave est la variété la plus avantageuse. Semé en juin, il se récolte en automne et pendant l'hiver.

Cerfeuil.

Le cerfeuil peut se semer et se récolter à peu près toute l'année.

Chicorée.

On en cultive pour salade d'été deux variétés : la chicorée frisée ou endive, la chicorée en feuilles entières et plus larges nommée escarole. Semée en juin et juillet, on en conserve jusqu'en décembre.

Choux.

Les variétés qui réussissent le mieux en Algérie appartiennent à la race des choux cabus qui sont : chou de Bonneuil, chou pain de sucre, chou cœur de bœuf, chou pomme indigène. Toutes ces variétés se sèment dans le courant de l'automne, à partir de septembre, pour être coupées à partir de décembre et pendant tout l'hiver. Les semis d'hiver, repiqués au printemps, donnent jusqu'au début de l'été.

Choux-fleurs.

On commence à en récolter en décembre : ils sont communs en janvier et février, et atteignent des proportions énormes.

Chou-rave.

On cultive le blanc et le violet, tous deux également bons. Les semis peuvent commencer en septembre et en octobre et s'échelonner pendant toute l'année. A la différence du navet, qu'il remplace dans les mêmes usages, le chou-rave s'obtient très-facilement pendant l'été.

Ciboule.

Se récolte dès le mois de janvier. Employée en assaisonnement.

Civette ou Appétit.

Employée comme la ciboule en assaisonnement. Se plante en bordure en novembre.

Concombre.

On cultive le blanc cru ou cuit, que l'on mange en salade, et le vert, qui fournit les cornichons. Semés de mars en mai, ils peuvent être cueillis, le blanc dès juin, le vert dès juillet.

Courges ou Citrouilles.

Les principales espèces cultivées en Algérie sont : le potiron gros jaune, le vert d'Espagne, la courge de Valparaiso, la courge pleine de Naples et celle à la moelle. On sème de mars à mai ; on récolte de mai jusqu'à octobre. Les fruits se conservent bien pendant l'hiver, et fournissent une bonne nourriture pour les hommes et pour les animaux. La famille des cucurbitacées est une de celles qui présentent en Algérie la plus vigoureuse végétation.

Cresson.

On utilise deux variétés : le cresson de fontaine, qui croît spontanément, et abonde dès les mois de décembre et janvier ; le cresson alénois, qui croît aussi très-vite, et que l'on peut obtenir toute l'année, au moyen de semis successifs.

Dolics.

Espèce de haricots, dont on cultive en Algérie deux variétés : le dolic à onglet, ou *mongette* des Provençaux, et celui à longues gousses, appelé vulgairement *haricot-asperge*.

Épinards.

Au moyen de semis échelonnés, on a des épinards à peu près toute l'année. Dès le mois de décembre on les sert comme primeurs.

Fèves.

On cultive en Algérie la fève grosse des marais, celle de Windsor, celle dite julienne, et enfin celle de Mahon, la plus grosse de toutes. La fève de marais, que cultivent les Arabes, et celle de Mahon, sont les plus profitables. Semée à l'automne, on mange égoussée la fève en vert pendant tout l'hiver. On la récolte comme grain sec dès le mois de mai. (Voir page 59.)

Fraises.

Donnent abondamment dès les mois de janvier, février et mars.

Giraumon.

Cucurbitacée qui se sème en avril et se récolte à partir de juin.

Gombo (*Hibiscus esculentus*, Linn.).

Plante potagère propre à l'Algérie. On sème en avril pour récolter à partir de juillet jusqu'en novembre.

Haricots.

Parmi les haricots à rame, on cultive les haricots de Prague, rouge, bicolore, jaspé, marbré, le haricot Sophie ; à manger écossés, soit verts, soit secs. Parmi les nains, les haricots de Bagnolet, plein de la Flèche, ventre de biche, nègre, jaune du Canada, sont les meilleurs. On sème en mars, avril et mai, pour récolter en vert dès les mois d'avril et mai ; en sec, tout l'été. Les semis d'été donnent une récolte d'automne en octobre et jusqu'en novembre.

Laitues.

On cultive, pour salade d'hiver et de printemps, la laitue pommée et la romaine. La laitue pommée peut se semer de septembre à mai; la romaine de septembre à mars. On en coupe dès le mois de décembre.

Lentilles.

Se sèment d'octobre à février, et se récoltent à partir de juin. — (Voir page 60.)

Melons.

Les melons viennent admirablement en Algérie. On sème de mars à mai; on commence à récolter en juin jusqu'en octobre. Les principales espèces cultivées en Algérie sont : les cantalous, principalement le gros prescott, celui de Cavaillon et le noir de Portugal; les melons de Honfleur et d'Espagne, à chair blanche. De ces derniers, on peut faire des semis échelonnés, de manière à obtenir des récoltes tardives qui se conservent pour l'hiver.

Melouchier *(Corchus olitorius, Linn.).*

Plante potagère propre à l'Algérie. — Famille des tiliées.

Navets.

Les variétés qui réussissent le mieux en Algérie sont : le long des Vertus, celui de Meaux, le rond blanc et le rose du Palatinat. Le turneps vient très-gros, mais il est moins bon à manger que le précédent. On ne le sème que pour le bétail. Les semis de navets commencent à la fin de septembre et s'échelonnent jusqu'en juin. La récolte commence au printemps, et fournit des produits exquis pendant toute la saison tempérée.

Oignons.

On cultive indistinctement le blanc et le rouge, tous deux également estimés. On fait des semis en septembre et en janvier. Les jardiniers mahonais choisissent particuliérement le 15 août pour leurs semis d'oignons. Les premiers semis donnent de bons produits dès le mois de janvier; les seconds, dès le mois de mai. Ceux-ci servent principalement pour la conserve, qui se fait, comme celle des aulx, sur une grande échelle, pour la vente autant que pour la consommation. Les indigènes cultivaient de tout temps les oignons.

Oseille.

Au moyen d'irrigations pendant l'été, on a de l'oseille bonne à faire cuire à peu près toute l'année, à partir du mois de décembre.

Panais.

Les semis de septembre montent ordinairement à graine au printemps; les semis de janvier donnent des racines pendant toute l'année.

Pastèque, melon d'eau.

Semés au printemps, se récoltent dès juillet et pendant toute l'arrière-saison. Les pastèques se reproduisent spontanément, et se trouvent fréquemment dans les lieux isolés, sans culture. Les indigènes, et à leur exemple les Européens, en font une grande consommation pour se rafraîchir pendant les fortes chaleurs.

Patates.

Nous les avons mentionnées comme plantes à fécule et à fourrage; plantées en mars, elles donnent leurs premiers produits dès la fin de juillet, et la récolte se continue jusqu'au mois d'octobre. Les pointes de feuilles

fraîches ont le goût des épinards, qu'elles peuvent remplacer pendant
l'été.

Persil.

Comme le cerfeuil, il donne toute l'année, au moyen d'un semis d'hiver et d'un semis d'été.

Piments.

Les indigènes, et d'après eux les Européens, cultivent deux variétés de
piments, fort appréciés comme condiments toniques : l'une plus longue,
connue sous le nom de poivre long; l'autre plus courte et plus grosse.
Celle-ci est la plus âcre au goût. On sème au printemps ; on récolte dès le
mois d'août. Les piments, enfilés par un cordon, sont conservés pendant
tout l'hiver dans les ménages. En Europe, le piment est classé comme den-
rée coloniale. (Voir page 75.)

Pimprenelle.

Cultivée comme fourniture de salade, se sème en janvier et février, se
récolte dès le mois de mars.

Poireau.

Semé, comme l'oignon, en septembre et en janvier, il fournit de même
des produits bons à manger en tout temps.

Poirée ou Bette.

Peu cultivée; se sème en février.

Pois.

Les petits pois, semés dès le mois de septembre, donnent en novembre
leurs premiers produits, qui s'échelonnent de mois en mois jusqu'en avril
et mai. En janvier et février ils sont communs; en mars, avilis. On les
cultive en grand autour d'Alger pour l'exportation. Les pois ordinaires se
sèment également en automne et se récoltent en vert au printemps, dès le
mois de mai en sec. Les variétés les plus estimées sont : les michaux divers, les clamart, le pois sans parchemin, le mange-tout.

Pois-chiche, Pois pointu, Garbanço.

Se sème comme le pois ordinaire, dans l'automne, jusqu'en janvier,
et fleurit au printemps. A l'état de légume sec, il est très-agréable et
très-nourrissant : les colons espagnols en font une consommation très-
considérable.

Pois carré, Gesse.

Sous le nom de *sijas*, gesse, les Espagnols cultivent le pois carré,
comme le pois chiche.

Pommes de terre.

Nous en avons déjà parlé à l'article des *Plantes à fécules*, page 69.
Plantées en février jusqu'à la fin de mars, on les récolte à partir de juin.
Une deuxième plantation en mai donne ses produits en septembre et octobre. Une troisième plantation dans ces derniers mois fournit une troisième récolte en janvier. Les pommes de terre réussissent un peu moins
bien qu'en Europe, et surtout s'y conservent plus difficilement. Aussi leur
prix se maintient-il toujours fort élevé.

Potiron.

Variété de courge qui, comme ses congénères, se sème en avril pour se
récolter en été et en automne. Elle atteint fréquemment des dimensions
énormes. Des fruits pesant 60 kil. et plus ne sont pas rares.

Pourpier.

Le pourpier ordinaire croît spontanément dans les champs et les vignes. Une variété, dite pourpier doré, se sème en mai. Les deux fournissent des salades rafraîchissantes. On appelle aussi *pourpier de mer* une broussaille grise commune en Algérie, qui n'a rien de commun avec le pourpier : c'est l'*atriplex halymus*, Linn, le *guetof* des Arabes, l'*arroche*.

Radis.

On cultive le radis rose et le gros radis noir. Le premier se sème et se récolte toute l'année, au moyen d'arrosages. Le second, semé de septembre à février, fournit ses produits, d'une saveur très-prononcée, au printemps et en été.

Raves.

Se sèment et se récoltent comme le radis. On préfère la variété petite rose.

Romaine. V. *Laitue*.

Safran.

On le cultive comme condiment dans les jardins indigènes, surtout dans les oasis du Sahara, pour son emploi tinctorial. (Voir page 132.)

Salsifis.

Se sème en septembre et en janvier.

Scolyme d'Espagne.

Sorte de chardon à fleur jaune, branchu, à feuillage roide et très-piquant, fort commun le long des chemins. Semé en septembre, il développe une racine charnue qui vaut au printemps le salsifis et la scorsonère.

Scorsonère.

Se sème en septembre et en janvier.

Souchet comestible. V. FRUITS ET GRAINS, p. 73.

Tomates ou Pommes d'amour.

Semées de janvier en mars, elles produisent à partir de juillet, pendant toute l'arrière-saison. La tomate se reproduit spontanément.

Champignons.

Les champignons abondent en hiver, après les grandes pluies suivies de quelques jours de soleil; on trouve plusieurs espèces comestibles et d'excellent goût.

Truffes (*Tuber niveum*, Desf.).

Une espèce de truffe (*torfa* des indigènes) est abondamment répandue dans certaines parties de l'Algérie, principalement dans les sables de la partie du Sahara voisine du Tell. Elle est blanche, globuleuse, très-délicate. La plupart des truffes sont blanches; quelques-unes sont rougeâtres et marbrées intérieurement, plus compactes, plus dures et d'un meilleur goût; on en trouve de plus grosses que le poing. Les Arabes en font grand cas; desséchées, elles sont un article d'exportation sur les marchés du Sahara. Elles abondent, dit-on, dans les années pluvieuses. Les truffes indigènes sont connues depuis longtemps. Ebn-Batouta dit que les déserts de l'Afrique en produisent une grande quantité. On lit dans Ben-Khaldoun, à propos d'un musulman : « Il était pauvre, et gagnait sa vie, ainsi que ses deux fils, en ramassant des truffes et autres plantes. »

Lichen comestible (*Parmelia esculenta*).

Ce lichen, le même que celui dont se nourrissent les populations tartares, est commun dans le Sahara algérien. On l'a quelquefois utilisé avec succès pour la nourriture des chevaux, et même des hommes.

Houblon.

Le houblon vient parfaitement en Algérie, et donne des produits de très-bonne qualité. La plantation peut se faire à la fin d'octobre, lorsque la plante cesse de pousser, ou bien au commencement de février, avant que la végétation ne reprenne. Les supports seront fournis la première année par de forts roseaux; les suivantes par des bambous ou des perches de saules. — La culture du houblon s'est peu répandue jusqu'à présent; les populations allemandes qui ont émigré en Algérie sont naturellement appelées à l'y introduire. On y boit beaucoup de bière fabriquée dans les brasseries du pays; il y a donc un premier débouché assuré.

Besoins de la France. En 1853, la France a importé 793,171 kil. de houblon, valant 2,776,099 fr.

1031. Houblon, 1854. — Pépinière du gouvernement, à Mascara.

Cardère, Chardon à foulon.

Plante dont les capitules coniques, et composés d'écail'es rudes, acérées et crochues, servent de cardes pour peigner un grand nombre d'étoffes. La culture n'en a été tentée que par un petit nombre de colons. Le développement spontané des plus grandes espèces de chardons en Algérie doit bien faire augurer de celle-ci. — En 1853, la France a exporté 1,463,894 kil. de cardères, d'une valeur (actuelle) de 2,195,841 fr., ce qui indique que le débouché de ce produit serait à l'étranger plutôt qu'en France.

1032. Chardon cardère. — Costerizan, de Saint-Louis.

Cumin.

Le cumin est la graine d'une plante annuelle qui entre comme condiment dans la cuisine des indigènes. Ils s'en servent aussi en médecine vétérinaire; ils appliquent une décoction de fleur de froment et de cumin à la jument qui avorte.

1033. Cumin. — Maklouf Khalfoun, à Oran.

Coriandre.

Sous le nom de *casbar*, la coriandre, autre graine potagère, figure comme condiment dans la cuisine indigène. Quelques colons en ont exposé des lots aux concours provinciaux.

Vétyver.

Le *vétyver* est la racine du *vetyveria odoratissima* (Bory de Saint-Vincent). Son odeur très-pénétrante la fait placer dans le linge pour en éloigner les mites. La plante, qui est originaire de l'Inde, talle et se développe dans l'Inde avec une telle vigueur, qu'un seul éclat fait une touffe énorme dans le courant d'une année. Par sa force de végétation, elle paraît très-propre à procurer l'assainissement des terres humides et basses, en élevant le niveau des fonds marécageux. Ses tiges et ses feuilles donnent une paille assez longue et des plus solides, avec laquelle on peut faire d'excellentes couvertures en chaume, des paillassons de longue durée. Dans les colonies, on en fait des éventails, des chasse-mouches odorants. Les Indiens prennent l'infusion de vétyver contre les fièvres et le rhumatisme, comme sudorifique, et même comme boisson d'agrément.

1051. Paquet de racines de vétyver. — Pépinière centrale.

Drilles ou Chiffons.

L'Algérie en exporte des quantités assez considérables. En 1854, le montant de l'exportation a été de 164,734 fr.

Besoins de la France. En 1853, la France en a importé 1,468,954 kil., valant 146,895 fr. Sur cette quantité, l'Algérie comptait pour 831,499 kil., et occupait le premier rang dans les pays de provenance.

Herbier.

M. Hardy a réuni dans cet herbier la collection des plantes qu'il cultive à la pépinière centrale.

1053, 1054. Deux portefeuilles de plantes desséchées.

En résumé, sur cette section, l'Algérie peut concourir dans une large mesure à l'approvisionnement de la France, qui a importé de l'étranger pour 653 millions de matières végétales en 1853. Les principales branches de la production algérienne sont ou seront : les céréales en grains et en farines ; les légumes frais à titre de primeurs ; les fruits frais, tels que citrons, oranges et leurs variétés ; les fruits secs, tels que dattes ; les huiles d'olive, les essences, les tabacs en feuilles ou fabriqués, les soies gréges, les cotons en laine, les fourrages, les bois d'ébénisterie, les liéges, les végétaux filamenteux pour sparterie et papier, les garances, etc., dont l'ensemble ouvre à l'agriculture algérienne un débouché de plusieurs centaines de millions.

SECTION III.

SUBSTANCES MINÉRALES.

Les substances minérales connues ou exploitées en Algérie doivent être rangées en deux grandes classes, suivant qu'elles sont NON MÉTALLIQUES OU MÉTALLIQUES.

XVII. SUBSTANCES NON MÉTALLIQUES.

Sauf la houille qui n'a pas été encore trouvée, mais que l'on recherche activement, et que l'on ne désespère pas de découvrir, la plupart des matières minérales d'une grande importance dans l'industrie se rencontrent en Algérie en abondance et de qualité supérieure. Sans entreprendre une énumération complète, on peut citer les pierres à bâtir, de toute dimension, dont on exploite autour des principales villes de belles carrières ; les marbres, dont deux gisements surtout, ceux de Filfila et d'Aïn-Tembalek, sont appelés à une grande faveur ; le plâtre, la chaux, la terre à brique, les calcaires hydrauliques, les pouzzolanes, les sels. L'Algérie possède tous les matériaux de construction, bien que l'imperfection des routes, impossible à éviter au début de notre occupation, ait forcé de les négliger pour recourir aux produits étrangers dont les transports par voie de mer étaient plus économiques. Chaque jour réalise un progrès dans l'emploi des ressources propres au pays.

Marbres.

Quoique l'on n'ait pas encore retrouvé le fameux marbre de Numidie, si recherché par le luxe romain, on a pu constater l'existence en Algérie d'un nombre considérable de carrières de marbre, depuis les variétés communes jusqu'aux plus précieuses, qui promettent à une exploitation intelligente de fructueux résultats. Quelques-unes ont même déjà acquis une véritable célébrité : tels sont les marbres blancs statuaires de Filfila et les marbres translucides, dits albâtre antique, d'Aïn-Tembalek, dont il sera parlé avec détail à propos des échantillons.

Besoins de la France. En 1853, la France a importé 7,2 1,610 kil. de marbres de diverses espèces, valant 830,969 fr. ; mais ce chiffre est loin de donner un aperçu exact du débouché ouvert aux marbres du Filfila. En Europe, les besoins des seuls marbres statuaires de Carrare s'élèvent par an à 100,000 tonnes, dont l'Algérie peut prétendre fournir une grande partie.

Les gisements de marbre reconnus en Algérie sont ainsi répartis dans les trois provinces.

Dans la province d'ALGER :

Une seule carrière, récemment découverte, au cap Matifoux, par M. Maraughi, qui a acquis du propriétaire du sol le privilége de l'exploitation. Le marbre est d'un grain très-fin, d'un jaune doré ; il rappelle la brousselle d'Italie, et convient parfaitement pour les constructions monumentales. Trois blocs taillés figurent à l'Exposition universelle.

Dans la province d'ORAN :

Cap Falcon, près Mers-el-Kébir. Marbres siliceux d'un beau vert.

Environs d'Hadjar-Roum, entre Tlemcen et Sidi-bel-Abbès, chez les Ouled-Mimoun. Marbres gris à veines jaunes.

Mansoura, près Tlemcen.

Aïn-Tembalek, près de la route d'Oran à Tlemcen, non loin du pont de l'Isser. Marbre albâtre antique ; marbre onyx, improprement appelé d'abord aragonite.

Dans la province de CONSTANTINE :

Région de Bône. Marbre blanc ou gris.

Oued-el-Aneb, dans l'Édough.

Cap de Garde, à l'ouest du golfe de Bône.

Filfila, à l'est de Philippeville. Deux concessions.

Oued-Noukhal, région de Jemmapes.

Hadjar-el-Bid, vallée de l'Oued-el-Beugrat. Marbres calcaires saccharoïdes, blancs, gris clair ou mouchetés.

Bou-Sellam (Ras-el-Oued), région de Sétif.

Les Segnia. — Souagui-el-Hamra. — Guelma.

1035. Marbre blanc. Carrières romaines du mont Filfila.
1036. Calcaire saccharoïde blanc, compacte des anciennes carrières romaines du mont Filfila. Puissance de plusieurs mètres (indéterminée), à 2 kil. de la mer.
1037. Marbres blancs de Filfila, à l'est de Philippeville. — Delisle, propriétaire.
1038. Marbre vert moucheté de noir.
1039. Marbre de Carrare, type comparatif.
1040. Marbre nuancé blanc et rouge.

Les marbres du mont Filfila composent en partie la roche du massif montueux de ce nom, à l'est de Philippeville. Anciennement exploitées par les Romains, les carrières s'étendent à ciel ouvert sur une superficie de 250.000 mètres carrés. Analogues aux marbres statuaires de Carrare, dont ils égalent la beauté, ces marbres sont saccharoïdes, translucides, très-pleins, faciles au travail, fins de grain, et dans les conditions les meilleures d'extraction, au voisinage de chutes d'eau et à la distance de quelques kilomètres de la mer, dont le rivage d'embarquement n'est éloigné que d'une lieue et demie du port de Stora. Dans cet immense massif se trouvent réunis des marbres de toutes couleurs et nuances : blanc semi-cristallin ; pâles à filets rouges et jaunes ; gris à teintes, plus ou moins mouchetés de substances métalliques ; bleu turquin nuancé et veiné de filets noirs ; noir foncé presque uniforme, marqué légèrement par des filets gris et blancs ; beau jaune nuancé passant au rouge plus ou moins prononcé et orné de fines arborisations noires ; nuancé et jaspé de vert blanc et noir, de vert clair et foncé, de pourpre rose et vert, clair et blanc. On extrait des blocs de 3 mètres de longueur. Une compagnie s'est formée au capital de 10 millions pour l'exploitation des marbres de Filfila, dont deux lots ont déjà été concédés.

1041. Marbre rougeâtre de provenance algérienne.
1042. Marbres de diverses couleurs.
1043. Marbres gris et verts, de diverses nuances.
1044, 1045, 1046. Marbres noirs veinés de filets jaunes.
1047. Marbre rougeâtre.
1048. Marbre nuancé.
1049. Marbre verdâtre.
1050. Fragment de roche extrait d'un gisement considérable situé aux Ouled-Mimoun, près Tlemcen. — Guignard, propriétaire.
1051. Fragment d'un gisement considérable situé à Mansoura, près Tlemcen. — Rossi, entrepreneur.
1052. Fragment de roche extrait d'un gisement considérable situé aux Ouled-Mimoun, près Tlemcen. — Guignard, propriétaire.
1053. Marbre gris vert de Filfila, près Philippeville. — Voir n. 1040.
1054. Calcaire marbre rubanné du mont Filfila. — Voir n. 1040.

1055. Marbre gris verdâtre de Filfila, près Philippeville. — Voir n. 1040.
1056. Marbre gris du Ruisseau-d'Or. — Environs de Bône.
1057. Marbre gris du Fort-Génois. — Environs de Bône.
1058. Marbre gris bleu du Fort-Génois. — Environs de Bône.
1059. Marbre gris. — Environs de Bône.
1060. Boutons en marbre des anciennes carrières romaines d'Aïn-Tembalek. — Delmonte, marbrier à Oran.
1061, 1062, 1063. Marbre dit aragonite. — Même provenance.

La découverte des marbres d'Aïn-Tembalek, anciennement exploités par les Romains jusqu'à l'année 428, époque de l'invasion des Vandales en Afrique, constitue un des événements industriels les plus importants pour l'Algérie. Ces marbres, désignés d'abord sous le nom d'aragonites et reconnus plus tard pour appartenir à la variété dite *marbres onyx* ou *albâtre antique*, n'ont pas leurs similaires dans le monde entier; car c'est la seule carrière connue. Les gîtes, au nombre de cinq, s'étendent sur une vaste superficie, dont les limites ne sont pas déterminées, au territoire de Sidi-Abdeli sur la rive droite de l'Isser, à 20 lieues de la mer; ils sont traversés, non loin du pont de l'Isser, par la route d'Oran à Tlemcen. Les deux principaux gisements sont composés uniquement d'albâtre antique parfaitement translucide alternant avec des calcaires moins purs : l'ensemble présente une puissance de 15 à 18 mètres. Les bancs composés d'albâtre antique parfaitement translucide y présentent une épaisseur reconnue de plus de 3 mètres, sur une étendue telle qu'on peut en extraire au moins un million de mètres cubes. On a pu en détacher des blocs d'environ 7 mètres de long avec une grande épaisseur sans fissure. La valeur du mètre cube de cette matière est estimée varier de 1,500 à 6,000 francs. — Ces marbres, découverts en 1850 par M. Delmonte, marbrier italien établi à Oran, ont été reconnus en 1851 par M. Ville, ingénieur en chef des mines, et visités en détail par M. Comynet, ingénieur civil. Soumis à l'appréciation de sculpteurs, de géologues et d'architectes, ils ont excité une admiration unanime.

1064. Marbre onyx. — Mêmes carrières.
1065. Supports en marbre onyx translucide. — Carrières d'Aïn-Tembalek.
1066. Fragment d'onyx calcaire translucide. — Mêmes carrières.
1067. Marbre onyx. — Mêmes carrières.
1068. Marbre onyx; cachets et objets divers.
1069. Marbre onyx; serre-papier.
1070, 1071. Marbre onyx à veines d'un rose vif.
1072. Marbre onyx translucide; fragments variés.
1073. Fragment d'un chapiteau en marbre des anciennes carrières romaines d'Aïn-Tembalek, près de Tlemcen.
1074. Lavabo en marbre onyx translucide. — Carrières romaines d'Aïn-Tembalek.
1075. Marbre onyx rose rubané, lame oblongue rosée. — Mêmes carrières.
1076-1084. *Idem*. Tables blanches ou à veinures variées, dont plusieurs ont 57 cent. sur 70 cent.
1085. Urnes en marbre onyx translucide, fabriquées à Paris par M. Autet.
1086. Vases de forme hémisphérique, avec pied en marbre onyx translucide.
1087. Pendule en marbre onyx translucide.
1088. Vase en marbre onyx translucide.
1089. Colonne provenant des exploitations romaines d'Aïn-Tembalek.
1090-1094. Échantillons de marbres de la province de Constantine.

Granits, Gneiss, Porphyres.

L'Exposition permanente contient les échantillons suivants :

1095. Granit des bords de la Seybouse, près du Condiat-Meona; environs de Bône.
1096. Granit quartzeux pouvant s'extraire par blocs de 20 mètres de longueur; environs de Bône.
1097. Granit gris du port de Collo.
1098. Gneiss de l'anse des Caroubiers, près de Bône.
1099. Porphyre de la Voile-Noire, massif de l'Edough.
1100. Porphyre du cap de Fer, à l'extrémité est du golfe de Stora. C'est de là qu'est venu le bloc qui a servi de piédestal pour la statue du maréchal Bugeaud, duc d'Isly, à Alger.

On trouve de beaux porphyres aux environs de Rovigo, dans la province d'Alger.

Gypses.

Les carrières de gypse sont d'une extrême abondance en Algérie, et la qualité en est généralement excellente. Les principaux gisements sont les suivants :

Dans la province d'ALGER (terrains tertiaires) :

A 8 kil. nord du télégraphe de l'Oued-Ras, région de Tenez.
A 12 kil. nord-est du même télégraphe ; à découvert sur 500 à 600 mètres.
Montagne des Plâtres, près du camp de Kerbak, à 18 kil. sud de Tenez.

(Terrains secondaires) :

Au Zakkar, à 6 kil. N. E. de Miliana. Exploité pour les besoins de cette ville.
Au Djebel-Afroun, à 26 kil. ouest de Blidah ; pas très-pur.
Grotte du Chrétien, à 4 kil. nord-ouest de Mouzaïa-les-Mines.
Rive droite du Bou-Roumi, à 6 kil. de Mouzaïa-les-Mines.
Rive droite de la Chiffa, à 7 kil. nord de Médéah.
Vallée de l'Oued-Djemaa, dans l'Atlas, à 30 kil. sud d'Alger.
Rive droite de l'Oued-Djebla, à 46 kil. sud-sud-est d'Alger.
Confluent de l'Oued-Haad et de l'Oued-Isser, à 50 kil. sud-est d'Alger.
Environs d'Aumale, rive droite de l'Oued-Lakaal, à 90 kil. sud-est d'Alger.
Au sud-est de Cherchell, à 3 kil. de la mer et de Cherchell.

Dans la province d'ORAN :

Mers-el-Kebir, à 3 kil. du rivage. Exploitation abandonnée.
Montagne des Lions, sur le rivage de la mer, à 12 k. N. E. d'Oran. Exploité.
Christel, à 22 kil. nord-est d'Oran, à 500 mètres de la mer. Exploité.
Mouley-Ismaël ; affleurement long de 1,000 mètres, très-pur.
Camp du Figuier ; exploité pour les besoins du Figuier et de la Sénia.
Tafaraoui, au sud d'Oran, en avant du mont Tessala.
Tessala, exploité pour les besoins du Sidi-bel-Abbès.
Arbal ; associé au basalte, et sans doute à une source salée voisine.
Barrage du Sig ; à 50 k. S. E. d'Oran ; couche de 10 m. d'épaiss., très-pur.
Plaine de Ceïrat, rive gauche de l'Oued-Habra.
Arzew ; à 2 kil. nord-est de la saline ; affleurement de 120 mètres carrés.
Autre à l'extrémité sud-est de la saline.
Stidia ; à 2 kil. de la mer. Exploité pour le village.
Près du télégraphe des Cheurfa, rive gauche du Chélif, à 11 kil. de la mer.
Dj.-Dis, près du télégraphe de Hachem-Daro, 7 kil. nord-est de Mostaganem.
A 6 k. S. E. du télégraphe de Bou-Kamel, à 29 k. du rivage, r. g. du Chélif.
A 3 k. S. O. du télégraphe de Sid-Brahim, à 34 k. du rivage, r. g. du Chélif.
Saïda ; au sud-est d'Oran, subdivision de Mascara.
Tiaret, à l'est-sud-est d'Oran, subdivision de Mostaganem.
Bou-Anech, à 25 kil. sud de Sidi-bel-Abbès.
Djebel-Ouléah, chez les Ouled-Hassa, 2 gîtes.
Nedroma ; au sud-ouest d'Oran, subdivision de Tlemcen.
Teniet-el-Gibs, à 5 kil. de Sebdou ; exploité pour les besoins de Sebdou.
Sidi-Sahia, à 4 kil. ouest sud-ouest de Sebdou.
Aïn-Temouchen, à 14 kil. ouest chez les Ouled-Guérab ; associé au sel gemme. — Autre à Oued-el-Lham, à 4 kil. est sud-est d'Aïn-Temouchen.
Oued-Tallout, près d'Hadjar-Roum.
Rive droite de la Tafna, à 10 k. S. E. de l'embouch. Exploité pour Tlemcen.
Rive gauche de la Tafna, chez les Beni-Senous, à 2 k. N. du village de Tléta.
Autre au Djebel-Méhalla, rive droite de la Tafna, à 4 kil. nord-est de Tléta, chez les Beni-Senous.

Dans la province de Constantine :

Dj.-Chettaba ; aux environs de Constantine.
Hamma de Constantine, au nord de Constantine.
Guelma. — El-Arrouch, au sud du camp. — Nechmeya. — Batna. — Biskara, près de la route de Constantine. — Bou-Arif, près de Batna. — Oueldj-et-el-Missia, près Djidjelli ; Tacknacht-el-Had. — Beni-Minioun (Beni-Mçaoud). — Outaïa, en avant de Biskara, confins du désert.

1101. Gypse blanc de l'Arba, province d'Alger.
1102. Gypse du camp de Kerbach, route de Tenez à Orléansville.
1103. Gypse de la province d'Oran.
1104, 1105. Gypse de la montagne des Lions, province d'Oran.

Argiles, Tuiles.

La briqueterie et la tuilerie sont nées avec les besoins de la colonisation, et l'ont partout accompagnée. Il est peu de localités où elles n'aient trouvé à leur service de l'argile de bonne qualité. Dans les oasis, les maisons des ksours sont bâties avec des briques de terre séchées au soleil.

1106, 1107. Tuiles fabriquées par M. Boutinet avec de la terre d'Espagne.
1108. Tuile renaissance. — Terre des environs d'Alger.
1109, 1110. Tuiles. — Fabre, à Bône.
1111, 1112. Brique. — Fabre, à Bône.

Lignites, Anthracites.

Bien qu'on ait constaté quelques indices de combustible minéral au Fondouk, à Teniet-el-Had, aux environs de Tenez, dans la province d'Alger ; sur le plateau de Terni, à la montagne des Lions et aux environs de Mers-el-Kébir dans la province d'Oran ; des débris carbonisés sur le territoire des Sodratas, province de Constantine, il n'y a jusqu'à ce jour que deux gisements importants constatés en Algérie : celui de Smendou, connu depuis longtemps, et qui a été l'objet d'études et de forages ; le second, découvert en 1850 par M. l'ingénieur des mines Ville, celui de l'Isser ou Hadjar-Roum. Le gouvernement a accordé des fonds pour des travaux de vérification.

1113, 1114, 1115, 1116, 1118. Lignites d'Hadjar-Roum, subdivision de Tlemcen.
1119. Lignites de Smendou, 1851.

Dans le bassin tertiaire de Smendou, les lignites sont intercalées dans les assises marno-argileuses de cette formation. Les travaux, commencés en 1848, ont fait reconnaître, à une profondeur de 38 mètres, 5 assises de lignites d'une puissance variable ; la plus puissante présente une épaisseur de 67 centimètres, qui pourra être exploitée pour la consommation locale et pour le chauffage de Constantine, dont les environs sont dépourvus de bois.

Sel marin.

Le sel marin est une substance extrêmement commune en Algérie, soit dans les lacs salés et les eaux saumâtres, soit en amas de sel gemme. Les principaux dépôts sont :

Dans la province d'Alger :

Djelfa, sel gemme du Dj.-Sahari, 94 0/0 de chlorure de sodium.
Zahrez ; lac salé, fournissant en été une couche 0^m,70 c. d'épaisseur.
Kasba, au sud-est d'Aumale. Exploitée par les Arabes.
Mela-m'ta-el-Habeth, 12 kil. ouest de Tenez. Exploitée par les Arabes.

Dans la province d'Oran :

Saline d'Arzew. Lac salé.
Sebkha d'Oran. Lac salé.
El-Melah, à 12 kil. ouest d'Aïn-Temouchen. Sel gemme.

Arbal. Source salée.
Oued-Tallout. Puits salés. Exploitation par les Arabes.
Oued-Mégar, entre Mostaganem et Ténez. Eau salée.
Oued-Khelfa. Sel gemme.

Dans la province de CONSTANTINE :

Au sud-est de Milah. La couche de sel gemme atteint 8 à 10 mètres d'épaisseur. Exploitée par les Arabes.
Près de Oufaïa, route de Biskara. Sels gemmes.
Khaber-Merouacha, pays des Beni-Salah. Saline.
Dj. Chettaba, près de Constantine.
Lacs salés, au nombre de douze environ.
Beni-Maroi, vallée de l'Oued-Djinjin (Kabylie). Salines.
Beni-Grioua, vallée de l'Oued-Imna (Kabylie). Saline.
A Chaabet-Recas, près Kremba, on trouve un sel d'une autre nature, le sulfate acide d'alumine et de fer.
1121. Sel gemme de la montagne de sel entre Boghar et Laghouat (Djelfa).
1122. Sel de la saline d'Arzew.

« Le lac salé d'Arzew, situé à 14 kil. de ce port, présente une surface d'environ 24 kil. carrés. Il est alimenté par de nombreuses et de puissantes sources salées, dont les eaux s'accumulent pendant la saison pluvieuse, en se mêlant aux eaux pluviales. Pendant toute la saison sèche, ces eaux s'évaporent spontanément, et laissent sur la plus grande partie de la surface qu'elles couvraient une quantité de sel qui, d'après diverses estimations, serait comprise entre 300,000 et 850,000 tonneaux. — Médaille de bronze au concessionnaire M. Bedel. » (Rapport du jury en 1849.)

Pouzzolane, mortier hydraulique.

On trouve de la pouzzolane :
Dans la province d'ALGER, à Hussein-Dey, aux environs de Blidah (dix-huit espèces), entre Ténez et Orléansville;
Dans la province d'ORAN, 12 gîtes près de l'embouchure de la Tafna; 9 près d'Aïn-Temouchent; à Rachgoun; auprès de Tient, à 6 kil. S. de Nemours;
Dans la province de CONSTANTINE, à Guelma, à l'Oued-Neça près d'El-Arrouch.
Les cendres des bains maures, à Tlemcen, sont employées pour faire du mortier hydraulique.
1123. Pouzzolane de l'île de Rachgoun, province d'Oran.

Ardoises.

Les ardoisières sont rares en Algérie; une a été signalée dans les monts Ouarensenis, subdivision d'Orléansville; une autre dans la forêt des Attafs, subdivision de Milianah.
Les argiles schisteuses de l'Oued-el-Kébir peuvent être débitées en ardoises.

Argile à poterie, pyriteuse.

Dans la province d'ALGER. — Territoire du faubourg Bab-el-Oued.
Au Fondouk; argiles pyriteuses. Vieux-Ténez; argiles pyriteuses exploitables pour faire de l'alun et du sulfate de fer.
Dans la province d'ORAN. — Arzew, argile à poterie.
Dans la province de CONSTANTINE. — Environs de Constantine, Milah, El-Arrouch.

Asphaltes, Bitumes.

Dans la province d'ALGER. — Boghar, marnes bitumineuses.

Dans la province de CONSTANTINE. — Khanguet-el-Khalema, environs de Djidjelli.

Calcaires hydrauliques.

Dans la province d'ALGER : environs de Blidah, entre Tenez et Orléansville.

Dans la province d'ORAN : environs d'Arzew.

Dans la province de CONSTANTINE : El-Arrouch.

Pierres meulières.

Dans la province d'ALGER, on a employé comme pierres meulières les porphyres du Zakkar. On pourrait également tirer parti des diorites de l'Afroun et du pic de Mouzaia; du basalte de Dellys; des porphyres feldspathiques de l'Oued-Sahel et d'Aumale, des filons de granit du Bouzaréah, etc.

Dans la province d'ORAN, les Arabes retirent des meules à couscousson dans les calcaires de la partie supérieure du terrain tertiaire qui présentent la structure compacte presque cristalline. Le pâté basaltique d'Aïn-Temouchen, les poudingues quartzeux de la montagne des Lions, peuvent aussi fournir des meules à moudre.

Dans la province de CONSTANTINE, on cite les pierres servant pour le même usage : dans les grès secondaires au S. de Bône; — chez les Oulad-Amrieub; — les Beni-Khettab; — à Tébessa. — Dans l'îlot Pisan, s'exploitent des meules à repasser.

Pierres à feu.

Au Dj.-Cherchar, au S. de l'Aurès, les Arabes exploitent des pierres à feu.

Pierres lithographiques.

On en a découvert au Sidi-Mecid, près de Constantine.

Pierres à pavé.

Les plus estimées sont :

Dans la province d'ALGER, les grès du Fondouk, — de Dellis, — d'Aïn-Talazid, au S. de Blidah, — du Vieux-Tenez.

Dans la province de CONSTANTINE, les pierres de la Calle.

Pierres précieuses.

Dans cette catégorie on peut ranger les grenats que l'on trouve assez abondamment dans le pays de Bône.

Soufre.

Se trouve dans la province d'ALGER : mines de Oued-bou-Aïssi.

Dans la province d'ORAN : à El-Morra, dans le Chott-el-Gharbi.

Dans la province de CONSTANTINE : on trouve des pyrites de fer donnant du soufre par leur décomposition, à la Calle; — au Filfila; — à l'Oued-Guebli.

Terre à porcelaine.

Dans la province d'ORAN : à 8 kil. N. E. de Lalla-Maghrnia. — Elle provient de la décomposition d'un porphyre blanc essentiellement feldspathique.

Terre à foulon, à savon.

Connue sous le nom de *t'fol*, cette terre est employée par les Arabes en guise de savon pour le lavage des étoffes de laine. On en trouve :

Dans la province d'ORAN : au N. E. de Lalla-Maghrnia.

Ce gîte provient de la décomposition d'un porphyre feldspathique blanc. Ce savon est onctueux et jouit d'une certaine transparence ; il ne renferme que des traces de substances solubles dans l'eau. Il agit sur le linge en absorbant les matières grasses par capillarité plutôt que par dissolution.

Dans la province de Constantine : à Mehounech, oasis du sud traversée par l'Oued-el-Biod ; à Khanguet-Sidi-Nadji, à l'entrée de la vallée de l'Oued-el-Arab, oasis des Ziban.

Sources minérales, thermales.

L'Algérie possède des sources minéro-thermales qui, sous le rapport de l'abondance des eaux, de la diversité et de l'énergie des propriétés thérapeutiques, ne le cèdent à aucune de celles qui font aujourd'hui la prospérité de plusieurs contrées d'Europe. Dans les endroits où sourdent la plupart de ces eaux, on remarque des ruines de bassins, de piscines, qui attestent l'usage qu'en ont fait les Romains, en même temps qu'elles témoignent de leur efficacité. Les Arabes continuent de nos jours à fréquenter les sources thermales, et leur empressement à venir y chercher la santé dénote qu'elles n'ont rien perdu de leurs antiques propriétés. Quelques-unes d'entre elles, mieux placées ou plus renommées, reçoivent particulièrement, chaque année, un concours considérable d'indigènes, auxquels commencent à se mêler les malades européens.

Le département de la guerre a, de son côté, avisé à utiliser ces précieuses ressources au profit de l'armée. Par ses soins, des établissements provisoires ont été installés à Hammam-Righa, à Hammam-Meskhoutin. Des dispositions pour les malades militaires ont été prises aux bains de la Reine.

Les principales sources thermales de l'Algérie sont les suivantes :

Dans la province d'Alger :

Hammam-Melouan, près de Rovigo, à 40 kil. d'Alger. Thermale saline, analogue aux eaux de Bourbonne, mais plus énergique.
Mouzaïa. Minérale acidule. Exploitée pour boisson en 1854 par une société.
Aïn-Barout, à 4 kil. ouest de Mouzaïa-les-Mines. Sulfureuse froide.
Aïn-Hammam, à 4 kil. nord-est de Miliacah. Thermale, 29°.
Hammam-Righa. 16 kil. nord-est de Miliana. Plusieurs sources thermales (41° 50 à 35°). — A 2,000 mètres est de Hammam-Righa, source acidule et ferrugineuse (20° 50).
Environs de Tenez. Minérale.

Dans la province d'Oran :

Source des bains de la Reine, sur le bord de la mer, entre Oran et Mers-el-Kebir : 47° 50. L'analyse a constaté sur 1 kil. 856 gr. d'eau 2 gr. chlorure de sodium, 2 gr. carbonate de chaux, 78 gr. sulfate de magnésie. — Ces eaux sont bonnes contre un grand nombre d'affections externes et internes, telles que débilités d'estomac, lenteurs digestives, rhumatismes simples et goutteux.
Arcole. Minérale acidule.
Hammam-Sidi-Aït. Groupe d'eaux thermales (52 à 55°), région de l'Oued-Soughai, près du confluent avec le Rio-Salado.
Hammam-bou-Hadjar. Groupe d'eaux thermales (58 à 61°), à l'E. de la Sebkha d'Oran.
Aïn-el-Hammam, à 20 k. sud-ouest de Mascara. Thermales (50°), alcalines.
Ouled-Sidi-ben-Youb, à 22 k. sud de Sidi-bel-Abbes. Minérale.
8 kil. N. E. de Lalla-Maghrnia. Saline et ferrugineuse (30°) ; près du gîte de terre à porcelaine.
Hammam-Sidi-Chikh. Thermale (34°) ; r. g. de l'Oued-Mouilah, à 4 k. de Lalla-Maghrnia.

6 kil. nord-ouest Sebdou, r. g. de la Tafna. Deux sources thermales (25°).

Sidi-Obdli, Thermale (38°), rive gauche de l'Isser, à 9 kil. du pont.

Hammam-Sidi-bel-Kheir (36°), r. g. de la Tafna, 10 k. N. E. de Laïla-Maghrnia.

Hammam-bou-Grara. Thermale (48°), r. g. de la Tafna, 42 kil. nord-est de Laïla-Maghrnia.

Aïn-Merdja, r.g. de la Tafna; 1,500 mètres sud de Tikembrit; thermale (23° 1/2).

Dans la province de CONSTANTINE :

Hammam-Meskhoutin, près de Medjez-Amar, non loin de Guelma. Thermales ;
(55°) à la source principale, 35° à 46° aux autres. Limpidité et cristallisation remarquables. Salines avec odeur sulfureuse, se rapprochant des eaux
de Balaruc, Plombières, Bagnères-de-Bigorre. Au milieu des bains d'Hammam-Meskhoutin existent des ruines qui témoignent que les Romains
avaient là des établissements très-importants. L'administration y a établi un
hôpital militaire et prépare la création d'un village. Les cônes formés à la
surface du sol par les dépôts calcaires des sources jaillissantes constituent,
par leur nombre, leur hauteur et leur disposition, un des plus intéressants
phénomènes géologiques de l'Algérie.

Hammam-Ali-Labrak. Thermales, 35°.

Hammam-el-Mazen.

Aïn-Djaballah et Adjen.

Hammam-Ouled-Ali. Thermales, 35° ; au voisinage du Bou-Zitoun.

Hammam-N'bails-el-Medhar. Thermales, 37°. Cercle de Guelma.

Hammam-bou-Hallout. Thermale sulfureuse, 44° ; légèrement sulfureuse
vers le Djebel. Medjada, non loin de Djimilah. Entouré d'un bassin de construction romaine.

Drâ-el-Kaïd. Gazeuse.

Hammam bou-Sellam, 19 kil. sud-ouest de Sétif. Groupe de sources thermales
dans le travertin (41° 1/2 à 49°).

Oued-Rhiba, sur la route de Guelma à Tifech. Source thermale (52°). Ruines
romaines.

Hammam-Breda, terre d'Héliopolis. Thermale (29°).

Kasbaïl; à mi-chemin de Djimilah à Sétif.

El-Hammam-Kabes, sulfureuse à 47° dans le Bordj-el-Mehl, à l'est du Sahara.

Ma-Allah ; source ferrugineuse entre Milah et Djimilah, au sud de Ferdjioua.

El-Hammam-Tozer, au nord et à quelques kil. de Tozer.

El-Garza, sur la tribu des Ouled-Daoud, cercle de Constantine; sulfureuse, à 37°.

Hammam-Grouss, sur la tribu des Tménia, cercle de Constantine.

Hammam-Beni-Ilhechia, sur la tribu des Beni-Zedra ; cercle de Constantine.

Hammam-bou-Thaleb, sur la tribu des Ouled-Sesiau (50°) ; cercle de Sétif.

Hammam-Msilusan, sur la tribu des Ouled-Solthan, cercle de Sétif.

Hammam-Mta-el-Biben, sur la tribu des Ouennougha, sulfureuse (70°) ; cercle
de Bordj-bou-Aréridj.

Hammam-Oued-el-Kessob, sur la tribu des Maâdid; même cercle.

Hammam-Kambeized, sur la tribu des Outaia, cercle de Biskara; sulfureuse, 40°.

Hammam-Mta-Djendel, tribu des Guerbes ; sulfureuse, 40° ; cercle de Bône.

Hammam-Rellaïa, sur la tribu des Zardezas, 40° ; cercle de Guelma.

Hammam-Mta-Achaich, tribu des Ouled-Cheudam, 60°; même cercle.

Hammam-Ouled-Heid, tribu des Hanenchas; même cercle.

Hammam-Ouled-Messaoud, sulfureuse, 42° ; cercle de la Calle.

Hammam-Sidi-Traah, tribu des Ouled-Nasseur ; même cercle.

Hammam-Amiza, tribu des Beni-Amar; même cercle; sulfureuse, 37°.

Kef-el-Hammam, tribu des Braptia; même cercle; sulfureuse, 35°.

XVIII. SUBSTANCES MÉTALLIQUES.

Les montagnes qui encadrent les fertiles plaines de l'Algérie renferment dans leurs flancs de nombreux et variés gisements métalliques, dont l'industrie privée est appelée à tirer de grands bénéfices. La colonie peut y trouver des sources inépuisables de travail, la France une large compensation aux lacunes de sa production. Entre tous, le plomb et le cuivre abondent dans les mines de l'Algérie, et ces deux métaux sont rares en France. Parmi les variétés de fer, une des plus importantes, celle qui fournit le bon acier, nous manque également; l'Algérie en contient de très-puissants gîtes. L'antimoine, le manganèse, le nickel, le zinc, le mercure, sans être aussi communs, ne sont rien moins que rares, et peuvent répondre à toutes les commandes de l'industrie métropolitaine. L'or, l'argent, le cobalt, l'arsenic, complètent cette collection de produits, auxquels manque seulement, entre les métaux de l'ancien monde, l'étain, dont la présence dans les monts Zakkar a été signalée au dix-huitième siècle par le docteur Shaw, mais qui n'a pas été encore retrouvé.

L'exploration des richesses métalliques de l'Algérie date de dix ans à peine, et déjà l'on compte par centaines les gisements reconnus, dont chaque année augmente le nombre et l'importance. Adoptant le système introduit en France, le département de la guerre accorde d'abord des permis qui attribuent le droit et le privilége des recherches aux inventeurs, et peuvent ensuite être convertis en concessions si les résultats justifient cette aliénation du domaine public.

Celles-ci sont au nombre de onze, savoir : cinq dans la province d'Alger : Mouzaïa, Oued-Merdja, Oued-Allelah, cap Tenez, Oued-Tafilez ; six dans la province de Constantine : Méboudja, Aïn-Morka, Kharezas, Bou-Hamra, Kef-oum-Theboul, Hamimàt.

Les mines de cuivre de *Mouzaïa*, concédées en 1844, ont une superficie de 5,200 hectares, dans la chaîne de l'Atlas, au sud de Blidah. Un instant suspendus, les travaux ont été repris en 1853. Cette année, il a été extrait 7,400 quint. métr. de minerai, d'une valeur brute de 231,500 fr. En 1850 et 1851, l'extraction avait été de 24 à 25,000 quint. métr. par an. Au 31 août 1851, il avait été extrait et exporté 1,008,548 kil. de minerai, et 600,000 kil. environ de mattes à 20 et 22 p. 100 de teneur. En 1854 et 1855, les travaux ont continué, malgré de sérieux embarras financiers. Des expériences réitérées ont constaté le rendement suivant des cuivres de Mouzaïa : cuivre, 98,668 p. 100 ; antimoine, 0,961 ; argent, 0,371. Pour leur traitement, une fonderie spéciale a été créée en France, à Caronte, près le port de Bouc, dans le golfe de Lion, usine parfaitement placée pour disputer à celle de Swansea, dans le comté de Galles, le monopole des cuivres de tous les pays qui bordent le bassin de la Méditerranée. Jusqu'au fonctionnement complet de l'usine, l'exportation du minerai en Angleterre a été autorisée par décrets spéciaux. L'établissement de Mouzaïa se compose : 1° du village de ce nom ; 2° de deux blockhaus aux exploitations d'Aumale et de Nemours; 3° d'une usine de préparation mécanique des minerais ; 4° d'une usine à fusion des minerais ; ces deux usines reçoivent le mouvement d'une machine à vapeur de la force de 12 chevaux ; 5° de fours à chaux, à plâtre, à brique ; 6° de 21 kilomètres de routes d'exploitation ; 7° enfin, d'une exploitation agricole qui comprend 7 hectares de jardins potagers et de vignes, 20 hectares de prairies et 120 hectares de cultures diverses.

La mine de l'*Oued-Merdja*, au sud-ouest de Blidah, dans la chaîne de l'Atlas, concédée en 1852, comprend une étendue de 11 kilom. carrés. Le minerai se compose de pyrite de cuivre disséminée en nodules dans une gangue de carbonate de fer et de chaux spathique. En 1853, il avait été extrait 283 quint. métr., d'une valeur de 7,076 fr.; en 1854, les travaux ont été suspendus à la suite d'une faillite qui a englouti les ressources pécuniaires de la compagnie concessionnaire. A l'essai, le minerai a donné au premier triage 12 p. 100 de cuivre, et 32 p. 100 sur un échantillon pur. Exempt d'antimoine et d'arsenic, le minerai se prête à une facile exploitation, qui paraît appelée, par l'importance des filons, à un grand développement.

La concession de l'*Oued-Allélah*, dans le district métallifère de Tenez, remonte à 1849, et comprenait d'abord une étendue de 15 kilom. carrés, qui a reçu en 1853 une extension de 7 kilom. carrés. Des travaux considérables ont été exécutés; en 1852, une machine à vapeur a été installée, une seconde en 1854; elles ont consommé en 1854 220 tonnes de houille. La production de 1854, atteinte par la même faillite qui a frappé la compagnie de l'Oued-Merdja, s'est arrêtée à 950 tonnes, dont 396 ont été expédiées tant à l'usine de Septème, en France, qu'à Swansea. Le rendement en cuivre du minerai enrichi par le lavage est de 15 à 20 p. 100, outre 315 grammes d'argent pour 100 kil. de minerai. Les travaux, qui ont occupé environ 300 ouvriers, dont 100 mineurs et manœuvres, formaient au 31 décembre 1854 8,996 mètres d'avancements. Les eaux d'épuisement sont utilisées par des canaux d'irrigation. L'abondance et la régularité de richesse des filons, la qualité supérieure du cuivre, promettent à cette entreprise un brillant avenir.

La concession du cap *Tenez* et celle de l'*Oued-Taffilez*, l'une et l'autre remontant à 1849, comprennent, la première, 11 kilomètres carrés; la seconde, 12. Réunies dans les mains de la même compagnie, elles se sont mises en mesure de donner en 1855 une impulsion sérieuse à leurs travaux.

Dans la province de Constantine, les mines concédées de la *Méboudja*, de *Kharezas*, de *Bou-Hamra*, de *Aïn-Morka*, appartiennent au riche district métallifère de Bône. Le minerai qu'elles contiennent est le fer oxydulé magnétique, qu'on exploite à Dannemora, en Suède, et dans les montagnes de l'Oural, minerai qui donne les meilleurs aciers connus. Celui de l'Algérie ne le cède point en qualité ni en richesse à ceux qui précèdent. L'analyse y constate 50 à 72 p. 100 de fer. La France peut ainsi se procurer dans sa colonie en quantité inépuisable une matière qui occupe le premier rang dans les éléments de la puissance industrielle.

La concession de la *Méboudja*, dans le mont Bélélieta, à 14 kilom. au sud-ouest de Bône, comprend 14 kilom. carrés de superficie. Pour le traitement de ses minerais, la Société a créé dans la plaine l'usine dite de l'*Allélik*, composée de deux hauts-fourneaux de grandes dimensions, et munie d'une soufflerie à vapeur de la force de 60 chevaux. Le combustible est fourni par les forêts de l'Edough et des Beni-Salah, dans lesquelles la compagnie a obtenu un affouage proportionnel à ses besoins. Les charbons provenant de ces bois ont une densité et un poids qui dépassent de 25 p. 100 les résultats qu'on obtient en France avec les meilleures essences.

La concession de *Kharezas*, sise également au mont Bélélieta, comprend 10 kilom. carrés. Les travaux, longtemps suspendus, ont repris en 1853, et ont produit cette année 5,500 quint. métr. de minerai de fer, à 24 c. le quintal. Rendu à quai, à Bône, le quintal revient à 67 cent.

La concession de *Bou-Hamra*, de la même date, est sise au monticule de ce nom, au sud-ouest de Bône, et dans la plaine qui s'étend au pied de cette ville. Elle comprend 13 kilom. carrés. Les travaux, qui ont repris en 1853, après une longue suspension, ont extrait 1,900 quint. métr. de minerai de fer, au prix moyen de 49 cent. sur le carreau de la mine.

La concession d'*Ain-Mokra*, connue aussi dans les premiers temps sous le nom de Macta-el-Haddid, sise au mont Bellout, qui occupe le sommet de la chaîne de l'Edough, dans les forêts à l'est de Bône, comprend un gîte qui, par son étendue et sa richesse, peut être comparé aux plus célèbres de l'Europe centrale.

La concession de *Kef-oum-Theboul*, dans la région de la Calle, occupe 10 kilom. carrés de surface. Elle contient un minerai de plomb argentifère, dont l'exploitation donne de fructueux résultats. On y a découvert récemment de l'or, dont l'extraction accroîtra sensiblement les bénéfices déjà élevés de la compagnie. En 1853, il a été extrait 59,405 quint. m. de minerai, d'une valeur totale de 365,290 francs, tout entier exporté à Marseille. Le rendement moyen est de 55 à 60 p. 100 de plomb, et 175 gr. d'argent par 100 kil. de minerai. La couche atteint parfois 2 mètres d'épaisseur. Une population de 200 à 300 ouvriers y trouve le bien-être par un travail assuré.

La concession plus récente de *Hammimat* est située sur le territoire des Haractas, au sud-est de Constantine, dans le voisinage du plateau de Sensa et de la fontaine dite Aïn-Babbouch. On y trouve des affleurements de minerai d'oxyde d'antimoine vitreux ou cristallin, d'une étendue remarquable, ainsi que des gîtes de mercure sulfuré. A l'essai, le minerai d'antimoine a donné 84,32 d'antimoine pur et 15,68 d'oxygène. Le cinabre (mercure sulfuré) a donné une teneur moyenne de 0,088 de mercure. Les travaux occupent une quarantaine d'ouvriers.

Antimoine.

Un des métaux communs en Algérie : on le trouve particulièrement dans les mines de plomb et de cuivre gris, dont il rend le traitement difficile. Il est exploité sous deux états : l'oxyde et le sulfure. Les populations du Sahara sont fournies d'antimoine par l'oasis du Touât, dans le désert : c'est l'objet d'un petit commerce sur les marchés indigènes. Cet antimoine sert à préparer le cosmétique nommé *koheul*, avec lequel les femmes se teignent en noir les sourcils et les paupières pour donner à leurs yeux plus d'éclat et de douceur, et, pense-t-on, aussi dans un but hygiénique, pour fortifier la vue. Cette pratique, universelle dans le monde musulman, remonte à la plus haute antiquité, car elle était connue des dames grecques et romaines. Il paraît que le sulfure de plomb remplace quelquefois pour cet usage le sulfure d'antimoine.

En France, l'antimoine d'Algérie a principalement servi à la fabrication du blanc d'antimoine pour remplacer le blanc de plomb dans la peinture.

Besoins de la France. En 1853, la France a importé 437,403 kil. de minerai d'antimoine (dont 245,967 d'Algérie), valant 174,961 fr.

Les principaux gisements d'antimoine sont :

Dans la province d'ALGER :

Bou-Aïssi (Bou-Aziz), à l'est de Tenez. (Permis de recherches.)

Oued-Allélah, dans le cercle de Tenez ; territoire de Montenotte.
Oued-bou-Hallou, 13 kil. sud de Tenez.
Souma, à l'est de Blidah, au pied du petit Atlas.
Mouzaïa, au sud de Blidah, dans le petit Atlas.
Ouarensenis, dans le cercle d'Orléansville.

Dans la province d'ORAN. (Néant.)

Dans la province de CONSTANTINE :

Dj.-Sensa, près d'Aïn-Babbouch. Oxyde d'antimoine radié.
Dj.-Hamimat, au nord-est d'Aïn-Babbouch. Antimoine oxydé et vitreux.
(Concession.)
Bou-Zitoun, région de Guelma. Antimoine sulfuré.
Fedjoudj, région de Guelma. Antimoine sulfuré.
Dj.-Debbar, région de Guelma. Antimoine sulfuré.
Hammam-Ouled-Ali (près de). Antimoine sulfuré.
Dj.-Taya, région de Guelma. Antimoine sulfuré, antimoine oxydé.
Ferdjioua. Antimoine oxydé.
Dans les galènes antimoniales de l'Oued-Cherf, des Ouled-Babour, du
Dj.-Garza, de Sidi-R'gheis, de Scheggagua.
Dans cette province, l'antimoine est l'objet d'exploitations sérieuses, sui-
vies, en certaines années, d'exportations considérables.

1124. Oxyde d'antimoine et cinabre. — Mines du Dj.-Taya.
1125. Oxyde d'antimoine radié rendant 75 à 80 pour 100 d'antimoine ; puissance de
20 à 30 c. — Provenant de la mine Sensa, près Aïn-Babbouch, tribu des Haractas,
à 90 kil. au sud-est de Constantine.
1126. Antimoine sulfuré. — Mines du pays de Guelma.
1127. Sulfure et oxyde d'antimoine mélangés de cinabre. — Du Dj.-Taya.
1128. Sulfure d'antimoine mélangé d'oxyde. — De la mine du Taya, à 30 kil. ouest
de Guelma.

Argent.

Plusieurs cours d'eau portent en Algérie le nom de *Oued-Fodda*, rivière de l'argent, indice, a-t-on pu penser, de la présence de l'argent ;
mais la présence de substances brillantes, le mica, entre autres, explique
suffisamment cette dénomination.

L'argent est exploité sous deux états : cuivre gris argentifère, plomb
sulfuré ou galène argentifère. Les principaux gisements sont :

Dans la province d'ALGER :

Bou-Aïssi. Cuivre gris argentifère. 280 gr. d'argent par 100 k. de minerai.
Oued-bou-Halou. Cuivre gris argentifère.
Oued-Allélah. Cuivre gris argentifère. — 0ᵏ,422 d'argent par 100 kil. de
minerai à 40 0/0 de teneur en cuivre.
Mouzaïa. Cuivre gris argentifère.
Bouzaréa. Plomb argentifère ; traces sans importance.
Ouarensenis, dans le cercle d'Orléansville.
Dj.-Mostadjeb, oasis des Beni-M'zab. Plomb argentifère.

Dans la province d'ORAN :

Rouban, pays de Sebdou. Plomb sulfuré argentifère, 125 grammes d'argent
pour 100 kil. de minerai.

Dans la Province de CONSTANTINE :

Kef-oum-Theboul. Plomb argentifère. (Concession.)
Anoël, dans le Bou-Thaleb. Plomb argentifère (Permis de recherches.)
Dj.-Greyer, pays de Jemmapes. Plomb argentifère. (Permis de recherches.)
Dj.-Magroun, versant sud de Sidi-R'gheis. Cuivre argentifère.

Ouled-Noukkal, tribu des Radjetas. Plomb argentifère.

Naïb-el-Azrig. Plomb sulfuré argentifère.

Dj.-Ouesta, frontières de Tunis. Plomb sulfuré argentifère.

Skikda, pays de Philippeville. Plomb sulfuré argentifère.

Kef-el-Hammam, frontières de Tunis? Cuivre gris argentifère.

Dj.-Kala, tribu des Ouled-el-Hadj, sud de Collo. Plomb sulfuré argentifère.

Dj.-Khemdek-Chaou, tribu des Beni-Salah, sud de Collo. Plomb sulfuré argentifère.

Dj.-bou-Mezroug, pays de Batna. Traces de plomb argentifère.

Chaab-er-Reças, près Kremiça. Galène grenue argentifère.

Arsenic.

Se trouve mêlé aux mines de cuivre, dont il rend le traitement difficile. On l'exploite incidemment avec les autres minerais. On l'a signalé particulièrement :

Dans la province d'ALGER, à Mouzaïa et à Bou-Aïssi ;

Dans la province de CONSTANTINE, près de Hammam-Ouled-Ali, à l'état d'arsenic sulfuré rouge ou réalgar. On a reconnu sa présence dans les sources d'Hammam-Meskhoutin.

Cobalt.

A été constaté dans la province d'ALGER, aux mines de Mouzaïa.

Cuivre.

Le cuivre est un des métaux qui font le plus défaut à la France. En 1853, elle a importé de l'étranger en minerai 2,473,736 kil., valant 2,473,736 fr.; en cuivre pur de première fusion, 8,029,559 kil., valant 23,285,721 fr., en tout, sans compter le cuivre laminé et allié au zinc ou à l'étain, une quantité de 10,503,295 kil., valant 25,285,721 fr., sur quoi l'Algérie figure seulement pour 59,562 kil., valant 59,562 fr.

Très-commun en Algérie, où son nom arabe, *nahs*, donné à certaines localités, indique sa présence, il est exploité sous les états suivants: cuivre pyriteux, cuivre gris, cuivre carbonaté, cuivre oxydé, quartz cuprifère. Ses principaux gisements sont :

Dans la province d'ALGER :

Oued-Merdja, dans l'Atlas. Cuivre pyriteux.

Oued-Kebir, dans l'Atlas. Cuivre pyriteux, cuivre gris.

Dalmatie, au pied de l'Atlas. Cuivre pyriteux, cuivre gris.

Souma, au revers nord de l'Atlas. Cuivre gris, cuivre pyriteux.

Oued ben-Acklil, au sud-est de Souma. Cuivre pyriteux.

Mouzaïa, dans l'Atlas. Cuivre pyriteux, cuivre gris.

Aïn-Kerma, région de Miliana. Cuivre pyriteux.

Aïn-Rehan ; Oued-Rehan, région de Miliana. Cuivre pyriteux.

Zakkar, région de Miliana.

Oued-Soutlay. Veines de carbonate de chaux cuprifère, de 0ᵐ,01 à 0ᵐ,15 d'épaisseur. (Permis de recherches.)

Oued-Adelia, nord-est de Miliana. Cuivre pyriteux. (Permis de recherches.)

Oued-Aïdousse, gorge des Righa. Cuivre pyriteux.

Hammam-Righa, région de Miliana. Cuivre pyriteux, cuivre oxydé.

O.-Alieiah, région de Tenez. Cuivre pyriteux; cuivre gris argentifère.

Kef-el-Hammam (9 kil. de Tenez). Cuivre gris argentifère.

Cap Tenez, région de Tenez. Cuivre pyriteux. (Concession.)

O.-Tafilez, région de Tenez. Cuivre pyriteux. (Concession.)

Dj.-Haddid, 7 kil. ouest de Tenez. Cuivre pyriteux; cuivre gris; fer. Ce dernier minerai n'ayant donné que 25 0/0 de fonte à l'essai dans un haut-fourneau, en a renoncé à l'exploitation pour s'en tenir au cuivre.

Oued-bou-Hallou, à 13 kil. sud de Tenez. Cuivre pyriteux, cuivre gris.

Sidi-bou-Aïssi, à 9 kil. de Tenez. Cuivre pyriteux, cuivre gris argentifère. 34 0/0 de cuivre pur. (Permis de recherches.)

Dans la province d'ORAN :

Sidna-Oucha, à 8 kil. nord-est de Nemours. Cuivre pyriteux. Exploitation ancienne.

Bou-Anech, à 25 kil. de Sidi-bel-Abbès. Peu d'importance.

Ouled-Ali, les Bhamadia, Arbal. Cuivre pyriteux. Filon de 0^m,30 d'épaisseur en moyenne.

Goessiha, environs de Saint-Cloud. Carbonate de cuivre.

Rouban, pays de Sebdou. Cuivre pyriteux; quartz cuprifère.

Oued-Habla, pays de Sebdou. Quartz cuprifère.

Ouled-Moziz, région de Lalla-Maghrnia.

Dans la province de CONSTANTINE :

Kef-oum-Theboul, région de la Calle. Cuivre carbonaté.

Aïn-Barbar, dans l'Edough. Cuivre pyriteux.

Mersa-el-Mehella, Edough. Cuivre pyriteux. En quelques points la veine atteint 50 centimètres d'épaisseur. (Permis de recherches.)

O.-Mecadjar, à l'est du Filfila. Cuivre pyriteux. (Permis de recherches.)

Chaabr-el-Ouara, entre les monts Guerbès et le Filfila. Cuivre pyriteux.

Dj.-Cheraïa, région de Collo. Cuivre pyriteux.

Khenai-el-Djema, au cap Bougarone. Cuivre pyriteux.

Dj.-Magroun, au Sidi-R'gheis. Cuivre carbonaté (Permis de recherches.)

Aïn-en-Nahs, à 37 kil. sud-est de Constantine, exploitée par les Romains, qui occupaient la ville de Sigus, représentée aujourd'hui par N'couça.

Oued-Bibi, à l'ouest de Stora. Cuivre pyriteux.

Oued-Sahel, en Kabylie. Cuivre.

Dj.-Toudja, à 25 kil. ouest-sud-ouest de Bougie. Cuivre gris.

Beni-Soliman, en Kabylie. Cuivre pyriteux.

Aïn-Kenchla, dans l'Aurès. Cuivre carbonaté vert.

Batna....

Oued-Cherfa, territoire des Sodratas. Cuivre.

1129. Cuivre gris de Mouzaïa, en échantillons.
1130. Cuivre de Mouzaïa de 1re fusion. — Pattes et lames fondues en cuivre forgé.
1131. Cuivre gris cristallisé. — Mines de Mouzaïa.
1132. Cuivre natif. — Les mêmes.
1134. Minéral de cuivre. — Les mêmes.

Les filons de Mouzaïa fournissent principalement du cuivre gris disséminé dans une gangue de marnes schisteuses, de fer carbonaté, de baryte sulfatée. Ils ont été l'objet d'une concession exploitée par une société qui, après des épreuves difficiles, est parvenue à donner à ses travaux une nouvelle activité. On fait sur le minur, par un triage à la main, trois catégories de minerai : 1° le minerai riche à 15 ou 20 0/0 qu'on exporte directement; 2° le minerai moyen à 4 0/0, qu'on envoie à l'usine de concentration; 3° le stérile, qu'on rejette. Dans l'usine de concentration on produit des mattes riches à 20 0/0, qu'on exporte, et des scories noires vitreuses, qu'on rejette.

1135. Cuivre pyriteux. — Mines de l'Oued-el-Kebir; environs de Blidah.
1136. Minerai de cuivre pyriteux. — Mêmes mines.
1137, 1138. Cuivre de l'Oued-Merdja, à 15 kil. de Blidah. — Les mêmes.

Le minerai de l'Oued-Merdja se compose de pyrite de cuivre disséminé en nodules dans une gangue de carbonate de fer et de chaux spathique.

1139. Minerai de cuivre — Souma, pays de Blidah.
1140. Cuivre pyriteux. — Mines du Zakkar, pays de Miliana.
1141. Cuivre oxydé et pyriteux. — Gorge des Righas, pays de Miliana.
1142. Minéral de cuivre du Cimetière juif. — Environs de Miliana.

1143. Fer carbonaté et oxydé et pyrite cuivreuse des Beni-Redja. — Sources de l'affluent de l'Oued-Boussouaa.
1144. Minerai de cuivre pyriteux. — Minerai de l'Oued-Ablouse.
1145. Cuivre pyriteux. — Mines de l'Oued-Allélah, pays de Tenez.
1146. Minerai de cuivre. — Les mêmes.
1147. Minerai de cuivre pyriteux de l'Oued-Boukendak. — Concession de l'Oued-Allélah.
1148. Minerai de cuivre de l'Oued-Allélah.
1149. Cuivre pyriteux de l'Oued-Allélah. —
1150. Cuivre pyriteux de l'Oued-bou-Halou. — Pays de Tenez.
1151. Cuivre gris de Kef-el-Hammam, de Sidi-bou-Aïssi. — Pays de Tenez.
1152. Cuivre pyriteux du cap Tenez. — Pays de Tenez.
1153. Cuivre pyriteux de l'Oued-Taffilez. — Pays de Tenez.
1154. Fragment d'un bloc roulé de cuivre pyriteux trouvé près de Tensalmet. — Province d'Oran.
1155. Minerai de cuivre carbonaté de Kef-oum-Theboul. — Prov. de Constantine.
1156. Cuivre carbonaté. — Mines de Kef-oum-Theboul.
1157. Cuivre pyriteux. — Mines de Mers-el-Mellaha, dans l'Édough.
1158. Cuivre et zinc. — Mines d'Aïn-Barbar, dans l'Édough.
1159. Plomb, cuivre, antimoine et houille des mines de Cheggagua.
1159 *bis.* Cuivre du Djebel-Cheggagua.
1160. Minerai de cuivre pyriteux, accompagné de blende brune et de galène de la mine d'Aïn-Barbar. — Tribu des Hamenda.
1160 *bis.* Cuivre gris argentifère de Kef-el-Hammam. — Province de Constantine.

Étain.

Le docteur Shaw mentionne l'étain parmi les métaux constatés de son temps dans les monts Zakkar. Aucune découverte n'est venue justifier cette allégation.

Fer.

Non moins que le cuivre, le fer manque à la France, surtout le fer propre à la fabrication de l'acier. L'importation de 1853 s'est élevée, en minerai de fer, à 28,324,544 kil., valant 849,736 fr.; en fonte brute, à 73,673,581 kil., valant 14,734,716 fr.; en tout, sans compter le fer en barres, platiné ou laminé, ni l'acier, une quantité de 102,018,125 kil., valant 15,584,452 fr. L'exportation des fers de Suède représente un mouvement de 20,000,000 kil., qui constitueraient, en raison du tonnage moyen des navires du commerce à 150 tonneaux, le chargement de 200 navires par an pour les seules usines de Bône, qui élaborent un minerai de qualité parfaitement égale à celle du fer de Suède.

L'Algérie est très-riche en mines de fer, et particulièrement en fers aciéreux de première qualité. Ce métal est exploité sous les états suivants : fer carbonaté ou spathique, fer oligiste, fer hydroxydé ou hématite brune ; fer oxydulé magnétique ; fer peroxydé ou hématite rouge ; fer titané ; pyrite de fer. Les principaux gisements sont :

Dans la province d'ALGER :

Mouzaïa. Fer oligiste, fer hématite, fer spathique.
Souma. Hématite brune.
Oued-el-Kebir. Fer carbonaté ; hydroxyde de fer ; pyrite de fer.
Oued-Merdja, dans le petit Atlas. Fer carbonaté.
L'Arba. Fer oxydé, fer oligiste.
Sidi-Madani. Fer oligiste.
O.-Taffilez, dans le cercle de Tenez. Fer carbonaté spathique. (Concession.)
O.-Allélah. Fer carbonaté spathique. (Concession.)
Cap Tenez, dans le cercle de Tenez. Fer. (Concession.)
Zakkar. Fer carbonaté ; hématite brune.
Oued-Rehan. Hématite.
Ouarensenis. Hématite.
Vallée du haut Chélif. Fer.

Le Jurjura, appelé par les Romains *mons Ferratus*, recèle certainement dans les flancs de ses chaînes de nombreuses richesses métallurgiques, particulièrement en fer.

Dans la province d'ORAN :

Cap Ferrat, pays d'Arzew. Fer oligiste micacé, contenant 64,5 pour 100 de fer métallique. (Permis de recherches.)

Dj.-Mansour, pays d'Arzew. Fer oligiste micacé. (Permis de recherches.)

Ravin d'Oran, route de Mers-el-Kebir. Traces non exploitables.

Montagne des Lions. Carbonate de fer hydroxydé. Amas lenticulaire de 40 mètres de long sur 50 mètres de puissance, pouvant donner de bonnes fontes pour acier à cause du manganèse qu'il contient. Il rend à l'essai 30 0/0 de fonte. (Permis de recherches.)

Aïn-Kebira ; chez les Traras, revers nord du Dj.-Fillausen. Anciennement exploité ; reconnu en 1851.

Dj.-Aouaria ; chez les Traras, au pied du revers nord au bord de la mer. Reconnu en 1851.

Bab-M'teurba ; chez les Traras. Exploitation ancienne ; reconnu en 1851.

El-Kolla, à 4 kil. de Nemours ; anciennement exploité ; reconnu en 1851.

Mersa Honain, dans les Traras. Reconnu en 1851.

O.-Hamad ; à 2 kil. E. de l'embouchure de la Taïna, dans les Traras ; reconnu en 1851.

O.-el-Merdja, dans les Traras. Reconnu en 1851.

Ouled-Sidi-Sofi, à 4 kil. S. du rivage. Anciennement exploité ; reconnu en 1851.

Mouley-ed-Dris ; chez les Traras.

Dahra. Hématites brunes.

Saïda, au sud de Mascara. Hématites brunes.

Dans la province de CONSTANTINE :

La région de Bône contient d'immenses gisements de fer oxydulé magnétique qui présentent tous les caractères des minerais célèbres de Danemora, en Suède, dont l'exportation a été en quelque sorte monopolisée par l'Angleterre, et au moyen desquels cette nation s'est assuré jusqu'à ce jour la supériorité dans les aciers fins. Cette fabrication, poussée jusqu'à un chiffre de consommation extraordinaire (en 1851, 277 millions de kil. de fer Danemora), est devenue pour l'Angleterre un élément suprême de prospérité commerciale. La province de Bône fournit à la France les moyens de rétablir l'égalité des avantages, car elle possède, avec la même inépuisable abondance, la même qualité de minerai de fer. Quatre concessions ont été déjà accordées, celles d'Aïn-Morka, de Bou-Hamra, celle de Kharezas, celle de la Méboudja. Cette dernière a fondé dans la plaine de Bône l'établissement des forges et fourneaux de l'Alélik, qui est en pleine activité. Le reste de la province contient aussi de nombreux gisements de minerai de fer à d'autres états. Les principaux sont :

Aïn-Morka, ou Meckta-el-Haddid, dans l'Edough. — Fer oxydulé magnétique. (Concession.)

Oued-el-Aneb dans l'Edough. Fer oxydulé ; hématite.

Anse des Caroubiers, environs de Bône. Fer titané.

Fort Génois, environs de Bône. Fer hydraté, fer oxydulé.

Bélélieta, montagne au S. O. de Bône. Fer oxydulé magnétique.

Bou-Hamra, au sud de Bône. Fer oxydulé magnétique. (Concession.)

Bourbeïs, dans l'Edough. Fer oxydulé magnétique. (Permis de recherches.)

Karezas, dans l'Edough. Fer oxydulé magnétique. (Concession.)

Marouana, au nord du lac Fezzara. Fer oxydulé magnétique. (Permis de recherches.)

Méboudja, dans les monts Bélélieta. Fer oxydulé magnétique. (Concession.)

— De la concession de la Meboudja dépend l'établissement de l'Alélik, dans la plaine de Bône.

El-M'kimen dans les monts Béléhéta. Fer oxydulé magnétique.

Filfila. Pyrite de fer; fer oligiste, mêlé au fer oxydulé magnétique. (Permis de recherches.)

Les gisements du Filfila contiennent des masses énormes de minerais tout à fait identiques à ceux si renommés de l'île d'Elbe. Ils rendent 65 0/0 environ de fonte.

Skikda; pays de Philippeville. Fer oxydulé magnétique.

Chaab-el-Onara; entre les monts Guerbès et le Filfila. Cuivre.

O.-Taoumaners, pays de Collo. Fer oligiste.

Adran-Amellal, Kabylie, dans les Babors. Hématite rouge.

Beni-Medjalid, Kabylie. Hématite rouge.

Beni-Ouerzeddin, Kabylie. Hématite.

Beni-Seliman, au sud de Bougie. Hématites.

Bou-Grioua, vallée de l'Oued-Imna. Fer.

Oued-Sahel, Kabylie. Fer.

Djef-Amini, pays de Setif. Hématites brunes.

Ouled-Solthan, pays de Sétif. Fer.

Dj.-Sommah ou Guergous, pays de Sétif. Blocs de minerai de fer.

Oued-Fendek, pays de Jemmapes. Fer.

Dj.-bou-Ksaïb, vallée supérieure de l'O.-Noukhal, pays de Jemmapes. Hématite.

Vallée de l'Oued-el-Aroug, près la Calle, sur la route de Bône. — Fer peroxydé. Puissance des couches, 1m 50 à 2m. Rendement 48 50 à 53 0/0 de fer. — Exploitation ancienne.

Naïb-el-Azreg, frontière de Tunis. Fer oligiste.

Batna. Fer.

Outha-Zama, pays de Sétif. Hématites.

Dj.-Chair, Ouled-Chelief. Hématites.

Ouled-Naber. V. Dj.-Amini.

1161. Minerai de fer oligiste. — Mines de Sidi-Madani. — Prov. d'Alger.

1162. Fer oxydulé. — Mines de la Béléhéta. — Prov. de Constantine.

1163. Fer hydroxydé de l'Oued-Erban. — Exploité par Abd-el-Kader.

1164. Minerai de fer du Djebel-Balia.

1165. Minerai de fer de Mondei-Eddris, dans les Traras.

1166. Minerai de fer des environs d'Aïn-Temouchen. — Prov. d'Oran.

1167. Fer oligiste du Dj.-Mansour. — Environs d'Arzew.

1168. Minerai de fer oligiste micacé, rendant de 55 à 58 pour 100 de fer. — Puissance de la couche, plusieurs mètres (indéterminée), provenant du versant oriental du mont Filfila, à 1,500 mètres de la mer, et à 24 kil. à l'est de Philippeville.

1169. Fer oxydulé. — Mines de la Meboudja. — Province de Constantine.

1170. Fer oxydulé. — Mines d'Aïn-Marabout (Filfila). — Province de Constantine.

1171. Fer oxydulé. — Mines de Béléhéta.

1172. Minerai de fer d'Aïn-Morka. — Environs de Bône.

1173. Fer oxydulé d'Aïn-Chougga. — Province de Constantine.

1174. Fer oxydulé. — Mines de Mekta-el-Haddid, près Bône. — Même qu'Aïn-Morka.

1175. Fer oxydulé. — Mines de El M'kimen. — Province de Constantine.

1177. Minerai de fer oxydulé, rendant de 62 à 66 pour 100 de fer. — Puissance de la couche, plusieurs mètres (indéterminée), provenant d'Aïn-Marabout, montagne du Filfila, à 3 kil. de la mer, à 20 kil. E. du port de Philippeville.

1178. Minerai de fer oxydulé, tenant de 60 à 62 pour 100 de fer. — Puissance de la couche, 8 à 10 mètres, provenant de la fosse Ripert, concession du Bou-Hamra, à 3 kil. du port de Bône.

1179. Fer oxydulé. — Mines du Mekta-el-Haddid.

1181. Minerai de fer magnétique, rendant de 45 à 48 pour 100 de fer.— Puissance de la couche, environ 1 mètre, provenant de l'embouchure du SafSaf, à 2 kil. est du port de Philippeville.

1182. Minerai de fer de Bou-Hamrah. — Environs de Bône.

1183. Minerai de fer oxydulé, rendant de 55 à 60 pour 100 de fer. — Puissance de la couche, plus de 1 mètre, provenant du périmètre de Marouania, vallée de l'Oued-el-Ksob, à 28 kil. du port de Bône.

1185. Minerai de fer du Fillfila, près de Philippeville.
1186. Minerai de fer. — Mine du mont Fillfila.

Manganèse.

Besoins de la France. En 1853, la France a importé 5,020,878 kil. de manganèse, valant 502,087 fr.

Ce métal est exploité en Algérie à l'état d'oxyde. Les principaux gisements sont :

Dans la province d'ALGER :

Bouzaréa, pointe Pescade. Traces de peu d'importance. Recherches non suivies d'exploitation.

Dans la province d'ORAN :

Dj.-Tassa; pays de Sebdou; chez les Beni-Senous.

Des grès tertiaires colorés en noir par une forte proportion d'*oxyde de manganèse* ont été signalés aux environs de Mostaganem. Les mêmes grès se retrouvent dans les terrains tertiaires des environs d'Oran.

Dans la province de CONSTANTINE :

Dj.-Halia, dans la traversée de Jemmapes à Philippeville.

1191. Manganèse oxydé du Dj.-Tassa, près des Beni-Senous.

Mercure.

Le mercure se trouve en Algérie à l'état d'oxyde ou cinabre. Un litre environ de mercure natif a été recueilli dans la terre aux environs d'Arzew, mais il serait possible qu'il provînt d'un vase cassé à la surface du sol. — Les principaux gisements sont tous dans la province de Constantine, aux lieux suivants :

Dj.-Noukhal, région de Jemmapes. — Cinabre. (Permis de recherches.)
Aïn-el-Tarfa, à l'O.   id.
Dj.-Greyer au S. E.   id.   (Permis de recherches.)
Sayofa,   id.   id.   (Permis de recherches.)
Bou-Zitoun, pays de Guelma, id.   (Permis de recherches.)
Fedjoudj,   id.   id.   (Permis de recherches.)
Dj.-Taya,   id. Cinabre mêlé à l'oxyde et au sulfure d'antimoine.
Hammat, près d'Aïn-Babbouch. — Cinabre. (Concession.) Rendement, 0,088 de mercure.

Le Dr Shaw a signalé la présence du cinabre au mont Zakkar dans la province d'Alger, mais il n'a pas été encore retrouvé.

Nickel.

Ce métal a été constaté dans la province d'Alger, dans les minerais de Mouzaïa et de Bou-Aïssi.

Besoins de la France. En 1853, la France a importé 581 kil. de nickel, valant 7,553 fr.

1192. Minerai de nickel des filons de Mouzaïa.

Or.

La tradition arabe signale la présence de l'or en plusieurs localités de l'Algérie, particulièrement à Frendah dans la province d'Oran. On a cru reconnaître sa présence à la dénomination de l'Oued-*Deheb* (ruisseau d'or), donnée à plusieurs cours d'eau ; mais elle peut s'expliquer par la présence de toute autre matière brillante.

On a reçu aussi plusieurs fois de la poudre d'or et de diamants comme provenant des parties méridionales de l'Algérie ; en remontant à la source, on a reconnu que ces minéraux proviennent de l'intérieur de l'Afrique.

La découverte de l'or en Algérie est due à l'exploitation de la mine de kef-oum-Theboul, dont le minerai en a fourni une certaine quantité, associée au plomb et à l'argent. De même à Jemmapes.

Plus tard on a constaté la présence de ce métal précieux dans des échantillons de galène argentifère rapportés du Dj.-Mostadjeb, auprès de Ghardaïa, dans l'oasis des Beni-Mzab.

Plus récemment, M. Nicaise, de Dalmatie, a découvert de l'or dans les ravins du petit Atlas. Les échantillons soumis à l'Académie des sciences ont donné lieu à un rapport très-favorable de M. Dumas.

Plomb.

Le plomb est commun en Algérie, et les indigènes n'ignorent pas entièrement l'art d'en tirer parti. Pour le raffiner, ils disposent le minerai en couches alternant avec le bois, puis y mettent le feu, et obtiennent, dit-on, en quelques lieux, 80 p. 100 de plomb fondu, dont ils fabriquent des balles. Sous les Turcs, on le vendait en petites barres sur les marchés.

Besoins de la France. En 1853, la France a importé 4,373,276 kil. de minerai de plomb, valant 1,749,710 fr., plus 15,919,342 kil. de métal brut, valant 8,755,638 fr.; en tout 20,293,342 kil., valant 13,129,914 fr. L'Algérie ne figure dans cette importation que pour 706,421 kil., valant 286,971 fr.

Ce métal est exploité en Algérie à l'état de sulfure de plomb ou galène, souvent argentifère. Les principaux gisements, que signale quelquefois le surnom indigène de *recas* (plomb), sont :

Dans la province d'ALGER :

Bouzarea, pointe Pescade. — Plomb sulfuré argentifère. Veines et nids ayant quelquefois 0m,24 d'épaisseur, disséminés irrégulièrement dans des veines de quartz blanc hyalin. (Permis concédé.)

O.-Arbatach, dans la vallée et sur les bords. Plomb sulfuré. 47 0/0 de plomb sur 100 kil de schlich, et 15 grammes d'argent.

O.-M'serahou, affluent de l'Arbatach, chez les Beni-Isser. Plomb sulfuré.

Dalmatie, au revers nord de l'Atlas. Plomb sulfuré, mélange au cuivre gris et au zinc.

Oued-Aïdous, gorge des Righas, au nord-est de Miliana. (Permis de recherches.)

Aïn-Kerma, au territoire de Miliana. Plomb sulfuré.

Aïn-Rehan, Oued-Rehan, au territoire de Miliana. Plomb sulfuré.

O.-Alléfah, au sud de Tenez. Plomb sulfuré. (Concession.)

Cap Tenez, région de Tenez. Plomb. (Concession.)

O.-Taffilez, région de Tenez. (Concession.)

Oued-bou-Halon, 13 kil. sud de Tenez. Plomb. (Permis de recherches.)

Dj.-Zakkar, dans les environs de Miliana. (Permis de recherches.)

Boghar, au sud de Médéah.

Ouarensenis, dans le cercle d'Orléansville.

Dj.-Mostadjeb, dans l'oas. de Beni-Mzab.

Dans la province d'ORAN :

Coudiat-er-Recas, à 12 kil. ouest-sud-ouest de Sebdou. Plomb sulfuré.

Ouled-el-Mazis, à 10 kil. nord-ouest de Lalla-Maghrnia. Plomb sulfuré. Anciennement exploitée.

Dj.-Tessa, chez les Beni-Senous, à 24 kil. ouest de Sebdou. Plomb sulfuré.

Bouban; cercle de Sebdou, frontières du Maroc. Plomb sulfuré argentifère.

Guessila, environs de Saint-Cloud. Plomb sulfuré.

Dans la province de CONSTANTINE :

Aïn-Barbar, dans l'Edough. Plomb sulfuré.

Chaabr-el-Ouera, entre les monts Guerbes et le Filfila. Plomb sulfuré.

Oued-Mecadjer, à l'est du Jurjura. Plomb sulfuré.

Mersa-el-Mehalla, dans l'Edough. Plomb.

Hammam-M'La-Baïls. Plomb sulfate carbonaté.

O.-Noukhal, région de Jemmapes. Plomb argentifère. Rendement, 0,7050 plomb et 0,00180 à 0,00070 d'argent.

Skikda, région de Philippeville. Plomb sulfuré.

Bou-Zitoun, au nord-ouest de Guelma. Plomb sulfuré. (Permis de recherches.)

Sayofa, pays de Jemmapes. (Permis de recherches.)

Kef-oum-Theboul. Plomb argenti-aurifère. (Concession.)

Dj.-Garza, terre des Sodratas. Plomb sulfuré antimonial; phosphate et carbonate de plomb. (Permis de recherches.)

Bou-Thaleb, au S. de Sétif. Plomb sulfuré argenti-aurifère. Rendement, 80 pour 100 de plomb. Les indigènes viennent de fort loin s'y approvisionner de balles que fabriquent les habitants du pays.

Anoil, dans le Bou-Thaleb. Plomb sulfuré argentifère. Même observation.

Bodzeur, à 8 l. sud de Sétif. Plomb sulfuré, carbonaté.

Bou-Merzoug, pays de Batna. Plomb sulfuré argentifère.

Beccaria, près Tébessa. Plomb sulfuré.

Chaab-er-Recas, près Kremiça. — Galène grenue argentifère. Rendement, 0,4380 de plomb et 0,00020 gr. d'argent.

Dj.-Ouesta, frontière de Tunis. Plomb sulfuré argentifère. Des échantillons ont donné par 100 kil. de minéral 65 k. 750 gr. de plomb et 0,0080 d'argent. Ancienne exploitation.

Dj.-Kalaâ, territoire des Ouled-el-Hadj, sud de Collo. Galène argentifère, exploitée par les Romains.

Khandek-Chaou, territoire des Beni-Salah, sud de Collo. Galène antimoniale.

Oued-Cherf, territoire des Sodratas. Galène antimoniale.

Dj.-Greyer, au S. E. de Jemmapes. Plomb argentifère.

Naïb-el-Azreg, dans le Dj.-Ouesta, chez les Hammema, frontière de Tunis. Plomb sulfuré argentifère; fer oligiste. Des échantillons de galène ont donné pour 100 kil. de minerai 57,10 de plomb et 0,045 gr. d'argent, d'autres 65 kil. 75 de plomb et 0,030 d'argent.

O. de Collo. Plomb sulfuré.

Cheggagua. Galène antimoniale.

1193. Minerai de plomb argentifère. — Mines de la pointe Pescade.
1194. Galène de Bouzaréa. — Environs d'Alger.
1195. Minerai de plomb de Dalmatie. — Environs de Blidah.
1196. Galène de l'Oued-Rehan. — Environs de Miliana.
1197. Galène de Théla du Djebel-Tassa.
1198. Galène terne. Mines de Kef-oum-Theboul.
1199. Mines de plomb et de zinc de l'Oued-Mazig.
1200. Galène. — Mines du Djebel-Cheggagua.
1201. Galène brillante à grandes facettes, rendant 70 kil. de plomb et 150 gr. d'argent par 100 kilog. de schlich. — Kef-oum-Theboul.
1202-1207. Plombs de chasse. — Lefebvre et Cie, quincailliers, à Alger.

« MM. Lefebvre et compagnie, à Alger, ont exposé cinq échantillons de plomb de chasse, qui témoignent de la bonne fabrication de ce produit dans l'usine qu'ils ont établie à Alger. Citation favorable. » (Rapport du jury de 1849.)

Zinc.

Besoins de la France. En 1853, la France a importé en minerai de zinc 329,834 kil., valant 39,580 f.; en métal de première fusion, 25,503,765 kil., valant 14,027,070 fr. ; en tout 25,833,599 kil., valant 14,066,650 fr.

Ce métal est exploité en Algérie sous deux états : blende ou sulfure de zinc ; calamine ou carbonate de zinc.

Les principaux gisements sont :

Dans la province d'ALGER :

Bou-Aïssi, pays de Tenez.

Dalmatie, au revers nord de l'Atlas. Blende, mélangée au cuivre gris et au plomb sulfuré.

Ouarensenis, cercle d'Orléansville.

Dans la province d'ORAN :

Ouled-Maziz, dans le cercle de Lalla-Maghrnia.

Dans la province de CONSTANTINE :

Aïn-Barbar, dans l'Édough. Blende.
Bou-Zitoun, au nord-ouest de Guelma. Calamine.
Mersa-el-Mchalla, pays de Bône Blende.
Oued-Zoug, à l'ouest de la route de Bône à Guelma. Calamine.

1208. Minerai de zinc de Dalmatie. Environs de Blidah.

OUVRAGES EN MÉTAUX.

1209. Tranchant de hache en fer algérien.
1210, 1211, 1212, 1213, 1214, 1215. Poignards, sabres, épées lisses, épées damassées en acier des hauts-fourneaux de l'Alélik.
1216. Minerais, fontes, fer et acier fondu des mines de l'Alélik, près de Bône. — Assortiment de limes fabriquées avec du minerai de fer du gîte d'Aïn-Morka. — État successif du produit, minerai, fonte grise, fonte blanche, fer, acier, laitier.

« Nous soussignés, Jackson frères, fabricants d'acier, à Assailly, commune de Loretta (Loire), déclarons avoir expédié à MM. de Bassano et compagnie, à Paris, une botte pesant kil. 28,80 acier fondu à l'état de lingots bruts de barres étirées au marteau. Nous attestons que ces barres proviennent des fontes sorties elles-mêmes des concessions de minerai que MM. de Bassano et compagnie ont obtenues en Algérie (la Méhoudja), fondues sous les yeux de l'un de nous, converties par nos soins en fer, et enfin en acier fondu, dans nos propres usines. La qualité de la fonte, la manière dont les fers se sont comportés au travail, nous portent à croire qu'ils réunissent toutes les qualités nécessaires pour faire de bons aciers fondus. »

« Aciéries d'Assailly, le 21 juillet 1849.

« *Signé* JACKSON FRÈRES. »

1217. Vue des hauts-fourneaux de l'Alélik ; lithographie. — Assortiment de limes fabriquées en France avec le fer du gisement d'Aïn-Morka.
1218. Limes, crochets et burins fabriqués avec les fontes aciéreuses de l'usine de l'Alélik.

Ces outils, destinés aux travaux des grands ateliers de construction de machines, ont été expérimentés et éprouvés aux usines de Seraing, en Belgique, et à Paris, notamment dans les ateliers de la compagnie du chemin de fer de Saint-Germain. Ils ont donné dans le travail des pièces les plus résistantes des résultats aussi satisfaisants que les mêmes outils fabriqués avec les meilleures qualités d'aciers anglais.

1219. Couteaux, ciseaux, fourchettes, fabriqués à Paris avec des aciers algériens.
1220. Acier des fontes aciéreuses de Bône. — Talabot et Cie
1221. Assortiment de faux fabriquées en France avec les fers algériens.
1222. Masse de fonte. — Mention honorable à l'exposition de Londres.
1223. Fer travaillé à froid dans les hauts-fourneaux de l'Alélik, près Bône. — Minerai de fer aciéreux ; diverses coulées des hauts-fourneaux de l'Alélik.
1224. Fonte aciéreuse des minerais de Bône.
1225. Fontes.
1226, 1227, 1228, 1229. Barres d'acier rond et plat, prov. des fontes aciéreuses de Bône.
1230. Faucille de fer algérien. (Industrie indigène.)
1231. Serpe à tailler les arbres en fer algérien.
1232. Truelle et ciseau propres à la menuiserie.
1233. Fer de bêche en fer algérien.
1234. Roue en fer.
1235, 1236, 1236 *bis*. Cognées de diverses formes en fer algérien.
1237. Pioches et houes en fer algérien.
1238. Espèce de serpe à taillant droit et à taillant coudé, en fer algérien.

1230. Rasoirs fabriqués avec des fers algériens.

« Une paire de ces rasoirs, sur lesquels est écrit *Mekta-el-Haddid*, m'a été donnée, dit M. l'ingénieur des mines Fournel : je m'en sers depuis deux ans et plus sans interruption, et je puis déclarer que jamais je n'avais fait usage d'aussi bons instruments : ils sont certainement supérieurs aux rasoirs que j'employais auparavant, sur lesquels était écrit *ultimatum*, et que j'avais achetés moi-même chez un des meilleurs couteliers de Londres, sans regarder au prix. » (*Richesse minérale de l'Algérie*, tom. I, p. 84.)

1242. Barres d'acier algérien.

DISTRIBUTION GÉOGRAPHIQUE.

Si, au lieu de cette énumération par espèces, on groupe sous chaque localité les substances minérales qui s'y trouvent, on obtient le classement suivant, où domine l'ordre géographique, ébauche incomplète de la carte géologique de l'Algérie, au point de vue des applications industrielles.

I. PROVINCE D'ALGER.

Fort de l'Empereur, Bab-el-Oued, Bouzaréa. — Carrières calcaires ; calcaires bleuâtres, jaunes, coquilliers. Grès. Argile à briques ; argile à pouzzolane. Puissantes carrières à Bab-el-Oued, qui ont servi à construire la jetée du port.

Pointe Pescade, Bouzarea. — Plomb sulfuré argentifère. (Permis de recherches.) Peu d'importance. Traces de fer, de manganèse, de cuivre, de peu d'importance.

Cheragas. — Carrières ; argile à briques.

Hussein-Dey. — Argiles à pouzzolane.

Fondouk. — Grès pour pavés ; argile pyriteuse ; lignite.

— au sud, sur l'Arbatach. — Plomb sulfuré.

— au sud, sur l'Oued-M'serakou. — Plomb sulfuré.

L'Arba. — Fer oligiste ; fer oxydé. Argiles pyriteuses.

Dellis. — Grès pour pavés.

Blidah (environs de). — Calcaires hydrauliques.

Aïn-Thalazid, au sud de Blidah. — Grès quartzeux pour pavés.

O.-el-Kebir, au sud-est de Blidah. — Cuivre ; fer. (Permis de recherches.)

O.-el-Merdja, au sud de Blidah. — Cuivre, fer. (Concession.)

Sidi-Madani, au sud de Blidah. — Fer oligiste. (Permis de recherches.)

Dalmatie, les environs, au sud. — Cuivre, plomb, zinc. — Un des filons produit un mélange de blende, de galène et de cuivre gris. D'autres filons fournissent un mélange de cuivre gris et de pyrite cuivreuse à gangue de carbonate de fer plus ou moins décomposée. (Permis de recherches.)

Haute-Chiffa, gorges de l'Atlas. — Gypse.

Souma, les environs, au sud. — Cuivre, fer. (Permis de recherches.)

Oued-ben-Acklil, sud-est de Souma. — Cuivre. (Permis de recherches.)

Vallée de l'Arrach. — Source thermale de Mélouan. Gypses, diorites, dits gypses et porphyres de Rovigo.

L'Afroun, à 10 kil. ouest de Blidah. — Gypses.

Aumale, les environs. — Grès, gypse. Indices accidentels de lignite.

Kasba, à 50 kil. est-sud-est d'Aumale. — Source salée, exploitée par les Arabes.

Mouzaïa. — Cuivre, fer, antimoine, arsenic, nickel, cobalt. (Concession.) Source minérale acidule. (Permis d'exploitation.)

Bourouci (aux sources). — Gypse de la vallée du Chrétien.

— à 4 kil. ouest de Mouzaïa-les-Mines. — Gypse ; source sulfureuse, près d'Aïn-Barout.

Petit-Atlas. — Or, découvert en 1855 par M. Nicaise, de Soumah.

Boghar, sud de Médeah. — Sources bitumineuses.

Djelfa ou Dj.-Sahari. — Sel gemme.

Zahrez. — Lac salé, alimenté par les eaux salées du Dj.-Sahari.

Miliana. — Argile à briques; carrières:
— au nord-est. — Gypses.
Zeffour, à 12 kil. de Miliana. — Carrières.
Aïn-Hammam, à 3 kil. nord-est de Miliana. — Source minérale acidulée et ferrugineuse.
Aïn-Kheraza, à 26 kil. sud de Miliana. — Gypse.
Oued-Adélia, près du télégraphe. — Cuivre. (Permis de recherches.)
Oued-Sultan, territoire de Miliana. — Cuivre. (Permis de recherches.)
Oued-Aïdous, gorges des Righas, au nord-est de Miliana. — Cuivre, plomb. (Permis de recherches.) Les travaux d'exploitation ont produit, en 1851, 60 quintaux métriques de minerai, ayant à Miliana une valeur de 1,200 francs.
Aïn-Kerma, pays de Miliana. — Cuivre, plomb.
Oued-Rehan, Aïn-Rehan. — Cuivre, plomb.
Hammam-Righa. — Source thermale, source acidule et ferrugineuse.
Attafs (forêt des), subdivision de Miliana. — Ardoises.
Vallée de l'Oued-Souffay. — Cuivre. (Permis de recherches.)
Zakkar-Gharbi. — Cuivre. (Permis de recherches.)
Cherchell. — Gypse; carrières de pierres de taille. (Permis d'exploitation.)
Teniet-el-Had. — Grès, argile à briques; gypses. Indices de lignite.
Tenez, 12 kil. à l'ouest. — Source salée (Melah-m'ta-el-Habeth).
Oued-Allelah. — Cuivre, fer, plomb. (Concession.)
Oued-Tafliez. — Cuivre, fer, plomb. (Concession.)
Cap Tenez. — Cuivre, fer, plomb. (Concession.)
Bou-Aïssi. — Cuivre, argent, antimoine; mélange d'arsenic, fer, zinc, nickel, soufre. (Permis de recherches.)
Kef-el-Hammam. — Cuivre.
Oued-bou-Halou. — Cuivre, plomb, argent, antimoine. (Permis de recherches.)
Dj.-Haddid. — Cuivre, fer. (Permis de recherches.)
Vieux-Tenez. — Calcaire à ciment, pierres à pavés; carrières calcaires, source minérale; argiles pyriteuses, indices (inexploitables) de lignite. (Permis de recherches.)
Entre Tenez et Orléansville. — Gypses, calcaires hydrauliques.
Ouarensenis. — Plomb, fer, zinc, ardoises.
Vallée du haut Chélif. — Fer.
Orléansville, au sud. — Calcaires coquilliers, gypses, argiles à briques.

II. PROVINCE D'ORAN.

Oran, environs. — Calcaires hydrauliques, calcaires jaunes et blancs; grès calcaires; mouches de fer oligiste, de peu d'importance, grès
— schisteux, argiles, gypses; belles carrières à Ras-el-Aïn.
— à 3 kil. ouest. — Source thermale des Bains de la Reine.
— à 10 kil. sud. — Source acidule d'Arcole.
— à 31 kil. nord-est. — Sources thermales de Sidi-Abàli.
Blockhaus du Rocher. — Lignite.
Cap Falcon, près Mers-el-Kebir. — Marbres.
Route d'Oran à Mers-el-Kebir. — Marbres; traces de fer oligiste.
Montagne des Lions. — Combustible minéral, marbres, fer. (Permis de recherches.)
Guessiba, entre Arzew et Saint-Cloud. — Gypse, cuivre, plomb (permis de recherches); ancienne exploitation arabe.
Arzew. — Gypse, calcaires hydrauliques, argile à poterie; lac salé dit d'Arzew. (Concession.)
Cap Ferrat. — Fer oligiste micacé. (Permis de recherches.)
Dj.-Mansour, à 1,200 mètres sud-ouest du cap Ferrat. — Fer, amas de 10 mètres sur 1.
Tensalmet, au sud de Misserghin. — Cuivre.
Sebkha d'Oran, extrémité orientale. — Sources thermales de Hammam-Sidi-

Aïn. Autres sources thermales de Bou-Hadjar, à 2 kil. ouest des précédentes.

Arbal, à 8 kil. au sud, territoire des Ouled-Ali. — Cuivre, gypse, source salée.

Dj.-Tessala. — Gypses.

Dj.-Tafaraoui. — Gypses.

Mouley-Ismaël. — Gypses.

Le Sig, au barrage. — Gypses.

Ceirat (plaine de). — Gypses.

Mostaganem. — Gypses, grès quartzeux, durs et tendres.

O.-Megar, entre Mostaganem et Tenez. — Eau salée.

Mazagran. — Argile à briques.

Dhara. — Fer.

Les Ouled-Rhéa, les Ouled-Sbéa. — Fer, gypses.

Mascara, — Grès calcaires et quartzeux, calcaires tendres, argiles à briques.

— 20 kil. sud-ouest. — Sources thermales d'Oued-el-Hammam.

Saïda. — Gypse, plomb.

Tiaret. — Gypses.

— à 25 kil. est. — Cuivre, fer.

Ouled-Sidi-Ali-ben-Youb, à 22 kil. au sud de Sidi-bel-Abbès. — Sources minérales.

Bou-Anech. — Cuivre, simple accident sans application industrielle.

Sidi-Daho, télégraphe sur la route de Sidi-bel-Abbès à Tlemcen. — Fer.

Dj. de Doum, Argo-ben-Sor; Assa, près des sources de l'Isser. — Fer.

Aïn-Temouchen, à 12 kil. ouest. — Sel gemme (Oued-Melah) des Ouled-Khaffa.

— environs. — Pouzzolane, gypses.

Aïn-Tekbalet. — Marbre onyx antique. (Exploitation.)

Tlemcen. — Salpêtre exploité avant la conquête.

Plateau de Terni, au sud de Tlemcen. — Traces de lignite.

Mansoura, près de Tlemcen. — Marbres.

Sources de l'Isser. — Fer.

Vallée de l'Isser. — Bassin carbonifère. — Lignite, marbres, grès. Travaux exécutés sur les gîtes de lignite par les soins de l'administration.

O.-Tailout, environs de Hadjar-Roum. — Puits salés. — Gypses.

Sidi-Abdli, à 31 kil. nord-est de Tlemcen. — Source thermale.

Sebdou, à 6 kil. nord-ouest. — Source minérale.

— à 6 kil. nord. — Salpêtre, grottes; exploité avant la conquête.

Koudiat-er-Reças, à 12 kil. ouest-sud ouest de Sebdou. — Plomb, gypse.

O.-Habla. — Quartz cuprifère.

Djebel-Tassa, chez les Beni-Senous, à 24 kil. ouest de Sebdou. — Plomb, cuivre, manganèse. (Permis de recherches.)

Rouban, frontière du Maroc. — Plomb argentifère, cuivre; ancienne mine très-remarquable. (Permis de recherches.)

Lalla-Maghrnia, à 8 kil. N. E. — Source saline et sulfureuse non utilisée.

— à 4 kil. nord. — Source thermale de Hammam Sidi-Chikh.

— à 6 kil. nord-est. — Terre à savon.

— à 8 kil. nord-est. — Terre à porcelaine.

— à 10 kil. nord-est. — Source thermale de Hammam-Sidi-bel-Kheir.

— à 12 kil. nord-est. — Source thermale de Hammam-bou-Ghrara.

Ouled-Mazig, à 10 kil. nord-ouest de Lalla-Maghrnia. — Plomb, cuivre, zinc; ancienne exploitation. (Permis de recherches.)

Nemours, à 6 kil. sud de Tiout. — Pouzzolane.

Sidna-Oucha, à 8 kil. nord-est de Nemours. — Cuivre. (Permis de recherches.)

Nedroma. — Gypse.

Traras. Aïn-Kebira, revers nord du Dj.-Fillausen. — Fer.

— Bab-M'teurba. — Fer; exploitation ancienne.

— Mersa-Honaïn. — Fer.

— Oued-Hameud, à 2 kil. est de l'embouchure. — Fer.

— Oued-el-Merdja. — Fer.

— Djebel-Aouaria, à 4 kil. sud-est de Nemours. — Fer.

— El-Kolla, à 4 kil. sud-est de Djemma-Ghazaouät. — Fer; ancienne exploitation.

— Ouled-Sidi-el-Sofi. — Fer; ancienne mine fort importante, à 4 kil. sud de la mer.

O.-Garrouba, à 8 kil. sud de l'embouchure de la Tafna. — Fer.

La Tafna, près de l'embouchure. — Pouzzolane.

— à 5 kil. sud. — Source thermale d'Aïn-Merdja.

— à 4 et 11 kil. — Pouzzolane.

Rachgoun (île). — Pouzzolane.

Sahara, Chott-el-Gharbi. — Soufre d'El-Morra ou Aïn-Morra. (Demande en permis.)

III. PROVINCE DE CONSTANTINE.

Constantine, environs. — Calcaires gris, blancs et roses, travertins poreux et roses, marbres.

Dj.-Chettaba, Dj.-Mansoura, le Hamma. — Gypses.

Sidi-Mecid. — Pierres lithographiques.

Smendou. — Lignites, grès calcaires.

Milah. — Gypses, Argiles rouges.

— 12 kil. O. — Sel gemme, des Ouled-Kebbab.

El-Arrouch. — Grès calcaires, gypses, calcaires hydrauliques, argile à briques et à poterie, pierre à ciment naturel

Jemmapes. — Grès durs et tendres, calcaires, lignites. Plomb, mercure, or.

Aïn-el-Tarfa, Arbi-Skikda, Dj.-Magzhe (permis de recherches), à l'O. de Jemmapes. — Mercure.

Savela, Jemmapes. — Plomb, zinc, mercure. (Permis de recherches.)

Bou-Ksaïba, vallée supérieure de l'Oued-Noukhal. — Fer oligiste et oxydulé, plomb argentifère, mercure sulfuré, marbres. (Permis de recherches.)

Djebel-Greyer, au S. E. de Jemmapes. — Plomb argentifère, mercure. (Permis de recherches.) Rendement, 25 pour 100 de plomb et 0,003 d'argent.

Oued-Fendek. — Fer oligiste micacé.

Philippeville. — Carrières romaines. Schistes compactes, grès durs et tendres. Marbres.

Skikda, à l'E. de Philippeville. — Fer, plomb. (Permis de recherches.)

Embouchure du Saf-Saf, 2 kil. E. de Philippeville. — Fer, plomb.

Vallée du Saf-Saf. Argile à briques.

Ed-Dis, près Philippeville. — Grès.

Stora. — Fer, cuivre, calcaires cristallins, chaux hydraulique. — Barytine.

Oued-Bibi, O. de Stora. — Cuivre.

El-Arraka, O. de Stora. — Fer oligiste micacé.

Filfila, E. de Philippeville. — Fers, cuivres, plombs, marbres. (Permis de recherches.)

O.-Mecadjer, à l'E. du Filfila. — Cuivre pyriteux, plomb sulfuré. (Permis de recherches.)

Chaab-el-Ouara, entre les monts Guerbès et Filfila. — Fer, plomb, cuivre.

Cap de Fer. — Porphyres, micaschistes grenatifères.

Bône. — Calcaires, marbres, gneiss, argiles à brique, fer magnétique, pierres meulières.

Bou-Hamra, au S. de Bône. — Fer magnétique. (Concession.)

Dj.-Belélieta, (Concessions de Méboudja, Kharezas, M'kimen) au S. O. de Bône. — Fer magnétique.

Dj.-Edough, à l'O. de Bône. (Comprend les gîtes de Dj.-Bellouth, Aïn-Barbar, Oued-el-Aneb, Mersa el-Mehaïla, Aïn-Chougga, Bourbeïa, Marouania, Aïn-Morka. — Fer, cuivre, plomb, zinc, marbres.

Hadjar-el-Bid, Oued-el-Beugrat, région de Bône. — Marbres calcaires saccharoïdes.

Cap Toukkouch, à l'O. de Bône. — Cuivre.

O.-el-Aneb. — Marbres, fer oxydulé, hématites.

Aïn-Barbar; au Dj.-Edough, à 2 kil. de la mer. — Cuivre, zinc, plomb.

Mersa el-Mehatia, au Dj.-Edough. Cuivre, plomb, zinc. (Permis de recherches.)

L'Alélik. — Etablissement de forges dans la plaine de Bône, fondée par la compagnie de la Méboudja.

Cap de Garde. — Marbres.

Oued-Zoug, à l'O. de la route de Bône à Guelma. — Antimoine, zinc.

Kharber-Merouaha, Beni-Salah. — Saline.

La Calle. — Tuf calcaire, grès durs et tendres, argile à briques.

Vallée de l'Oued-el-Aroug, au S. O. de la Calle. — Fer.

Kef-oum-Theboul. — Plomb argenti-aurifère, cuivre. Usine en activité. Concession définitive.

Koudiat-Tsefiret ; terr. des Ouichaoua, nord-ouest de la Calle. — Plomb, cuivre.

Guelma. — Tufs calcaires. Argile à briques, pouzzolanes, travertins gris, marbres, gypses.

Dj.-Mahouna, S. de Guelma. — Plomb, cuivre.

Bou-Zitoun, N. O. de Guelma. — Plomb, antimoine, mercure, zinc. (Permis de recherches.)

El-Khanga, près Bou-Zitoun. — Gîtes reconnus.

Hammam-Berda, près du Dj.-Zitoun. — (Permis de recherches.)

Hammam-Ouled-Ali, près du Dj.-bou-Zitoun. — Gîte reconnu.

Aïn-Boudiar, près du Dj.-Zitoun. — Gîte reconnu.

Dj.-Taya, à l'O. de Guelma. — Antimoine, mercure. (Permis de recherches.)

Dj.-Garza, Terre des Chaguaguas, rives de l'O.-Cherf, à 70 kil. de Guelma. Plomb, antimoine, cuivre. La couche de plomb atteint de 0,40 à 0,55 d'épaisseur. Rendement en plomb, 70 à 73 pour 100; en cuivre, 0,550 à 0,357; en argent, 0,010 et 0,005 gr. (Permis de recherches.)

Fedjouaj, à l'O. d'Héliopolis. — Antimoine, zinc, plomb, mercure.

Hammam-M'Bails, au Dj.-Zahan, à 40 kil. E. de Guelma. — Plomb.

Ouled-Daoud, terre des Sodratas, vallée de l'O.-Cherf. — Plomb, antimoine. (Permis de recherches.)

Oued-Cherfas, terre des Guerfas et des Sodratas. — Cuivre, plomb. (Permis de recherches.)

Hammam-Meskhoutin. — Sources thermales, tufs calcaires, arsenic.

Nechmeya, route de Bône à Guelma. — Gypses.

Route de Nechmeya à Dréan. — Grès calcaires.

Chaab-er-Recas, près Kremiça. — Plomb, cristaux de sulfate acide d'alumine et de fer. Rendement pour 100 kil., 43 k. 800 plomb, 0,020 gr. d'argent.

Tébessa. — Pierres à moudre.

Près du Dj.-Beccaria. — Plomb.

Naïb-el-Azreg, au Dj.-Ouesta, vallée de l'O.-Milleg, chez les Hammema. — Plomb.

Dj.-Haminin, près de l'O.-Milleg, frontière de Tunis. — Plomb.

Dj.-Hammai, près d'Aïn-Babbouch, à 90 kil. S. E. de Constantine, sur la route d'Aïn-Beïda. — Antimoine, mercure. (Concession.)

Dj.-Magroun, sud de Sidi-Reghèis, terre des Haractas. — Cuivre. (Permis de recherches.)

Sidi-Reghèis, terres des Haractas. — Cuivre carbonaté, antimoine, plomb. (Permis de recherches.)

Sigus, à 37 kil. S. E. de Constantine, route de Biskara. — Asphalte, cuivre.

Aïn-en-Nahs,) à 18 kil. de Biskara. — Calcaires gris, blancs, roses, gypse.

El-Outaïa, au S. de Biskara. — Sels gemmes, gypses.

Oasis du Ziban. — Terre à foulon.

Sahara, en diverses localités. — Salpêtre.

Tuggurt. — Salpêtre.

Batna. — Calcaires gris, blancs, roses, gypses, fer, cuivre, plomb argentifère.

Bou-Arif, région de Batna. — Gypses.

Dj.-Bou-Merzoug, au N. de Batna, terre des Ouled-Chilia. — Plomb sulfuré. (Permis de recherches.)

Aïn-Kenchla, dans l'Aurès. — Cuivre.

Sétif. — Marbres, schistes marneux, fer.]

Ouled-Soltan, région de Sétif. — Fer.

Ontha-Zaïna, région de Sétif. — Fer.

Bodzeur, à 8 lieues S. de Sétif. — Plomb.

Bou-Thaleb, Anoïl ou Anouen-bou-Thaleb. — Plomb. (Permis de recherches.)

Dj.-Anini, près de Sétif. — Fer, plomb.

Beni-Sefren, à 60 kil. E. S. E. de Sétif. — Salpêtre.

Ouled-Cherf, Ouled-Addi, les Sebaiou, à 80 kil. S. E. de Sétif. — Salpêtre.

Ouled-Deradj-Cheraga, Meira, à 72 kil. sud-est de Sétif. — Salpêtre.

Ouannougha, ouest de Sétif. — Fer.

Bougie. — Carrières de grès gris, de grès quartzeux.

Bou-Grioua, vallée de l'O.-Irnna, près Bougie. — Fer, salines.

Khandek-Chaou, territoire des Beni Salah, près Collo. — Fer.

Oued-Tammaners, ouest de Collo. — Fer.

Adrar-Amellah, dans les Babor. — Fer.

Beni-Marni, vallée de l'O.-Djinjin, Kabylie de Djidjelli. — Salines.

Beni-Medjaled, Beni-Ourzeddin, entre Sétif et Djidjelli. — Fer.

Beni-Touloutdou-Kbaria, pays de Collo?

Bou-el-Maden, Kabylie. — Fer.

Ilot Pisan, golfe de Bougie. — Meules à repasser.

Beni-Seliman, sud de Bougie. — Fer hématite.

Khenay et Djema, près du cap Bougarone. — Cuivre.

Djidjelli. — Tufs calcaires, grès durs et tendres. Fers.

Beni-Mimoun, Beni-bou-Méaoud. — Gypses.

Bou-Sellam (Ras-el-Oued). — Marbres.

Collo, à l'ouest. — Fer, cuivre, plomb.

Dj.-Cheraïa, à 5 kil. de Collo. — Carrière romaine de granit.

Oued-Sahel, Kabylie. — Cuivre, fer.

Oued-Amrieub. — Pierres à moudre.

Beni-Khettab, en Kabylie. — Pierres à moudre.

En résumé, sur la section des matières minérales, l'Algérie peut largement concourir aux approvisionnements de la France, principalement en marbres, fers, cuivres, plombs et antimoines. Ces seuls articles représentent à l'importation française une valeur de 68 millions, débouché qui sollicite la production algérienne.

SECTION IV.

FABRICATIONS.

Les produits classés dans cette section procèdent de diverses et nombreuses industries, dont les unes étaient naturalisées dans la régence d'Alger avant la conquête française, dont les autres sont nées de la colonisation européenne. Nous énumérerons d'abord ces dernières.

En même temps que l'armée et la population civile prenaient possession du sol, s'installaient les agents de ces industries premières qui répondent aux besoins essentiels de l'existence, savoir :

Pour la *nourriture* : boulangers, bouchers, tripiers, charcutiers, aubergistes de tout degré, en outre des épiciers et autres commerçants qui vendent, sans les façonner, les produits à consommer ;

Pour le *vêtement* : tailleurs, modistes, lingères ;

Pour la *chaussure* : cordonniers, bottiers ;

Pour la *coiffure* : coiffeurs, perruquiers, chapeliers ;

Pour les *constructions* : briquetiers, tuiliers, carriers, chaufourniers, tailleurs de pierre, maçons, charpentiers, menuisiers, plâtriers, serruriers, vitriers, couvreurs, peintres en bâtiments ;

Pour les *ameublements* : tourneurs en chaises, tapissiers, ébénistes ;

Pour les *besoins de la vie domestique* : ferblantiers, potiers, chaudronniers, lampistes ;

Pour les *besoins de la vie agricole* : charrons, forgerons, maréchaux ferrants, taillandiers, tonneliers, bourreliers, selliers ;

Pour la *préparation des tissus* : teinturiers ;

Pour la *préparation des peaux* : tanneurs, corroyeurs ;

Pour *besoins divers* : cordiers, fabricants de vannerie, sparterie, etc.

Sur cette première couche d'industries qui accompagnent ou suivent de près la naissance des centres de population, une seconde est venue se superposer qui, dans ses objets ou ses emplois, répond à un état plus avancé de civilisation. Dans cette catégorie doivent entrer :

Les services de voitures qui roulent sur les principales routes ;

Les moulins à farine, mus par les animaux, l'eau ou le vent, dont un grand nombre existent déjà en Algérie ;

La fabrication des pâtes alimentaires (semoules, vermicelles, macaroni), établie à Alger, Oran, Mostaganem, Tlemcen, Guelma, etc. ;

Les moulins à huile perfectionnés, fondés à Alger et dans le Sahel qui l'entoure, ainsi qu'à Tlemcen, Bougie, Philippeville, Bône, la région de Guelma ;

Les fabriques de crin végétal, filasse, pâte à papier, et autres produits du palmier nain, de l'alfa, du dis, installées à Alger ou préparant la matière première pour les fabriques de France ;

Les confiseries et conserves de fruits à Alger, d'olives à Alger, à Bougie et Tlemcen, de sardines et poissons à Alger ;

La fabrication des tabacs, populaire partout, et particulièrement perfectionnée à Alger, Oran et Philippeville ;

Le teillage et rouissage des filasses de lin et de chanvre ; les essais de filage de soie au rouet ;

La parfumerie, la distillation des plantes aromatiques, la fabrication des essences, naturalisées à Alger, dans le Sahel, à Blidah ;

La fabrication de vins, liqueurs, esprits, alcools, eaux-de-vie; les brasseries, dont le nombre va croissant d'année en année;

La fabrication de produits chimiques, qui débute chez quelques colons et dans les établissements métallurgiques;

La fabrication de chandelles, introduite à Alger, Milianah, Oran, etc.;

La bouchonnerie ou travail du liége ouvré, qui occupe deux maisons à Alger;

La savonnerie, fondée à Bône et tentée à Saint-Cloud;

La marbrerie, organisée comme exploitation de matière première à l'est, dans les monts Filfila, à l'ouest, dans les carrières d'Aïn-Tekbalet; organisée, comme industrie artistique, à Alger et Oran;

La raffinerie de sel indigène, qui compte un établissement à Alger;

La fabrication du plomb de chasse, pratiquée par une maison de la même ville;

La tabletterie, qui associe ses travaux à ceux de l'ébénisterie;

L'orfévrerie, la bijouterie, l'horlogerie, la broderie; complément des habitudes de bien-être ou de luxe.

A un ordre plus élevé d'opérations, dont les unes sont les préludes de la grande industrie, dont les autres en font partie, appartiennent quelques entreprises rares encore, mais qui se multiplient d'année en année. Telles sont:

Les imprimeries typographiques et lithographiques, établies à Alger, Blidah, Milianah, Médéah, Oran, Tlemcen, Mostaganem, Constantine, Philippeville, Bône: de leurs presses sortent 10 journaux;

L'éclairage au gaz, à Alger;

Les ateliers de mécaniciens, ouverts dans les principales villes;

Les filatures de soie à la vapeur, annexes des pépinières officielles d'Alger et de Bône;

L'égrenage mécanique en grand du coton, organisé au Hamma d'Alger, à Oran, au Sig;

Les scieries mécaniques pour l'exploitation des bois, établies à Alger, Batna, etc.

Les moulins à farine mus par la vapeur, qui fonctionnent à Alger, Cherchell, Oran, Philippeville, Bône;

Les moulins à huile, les fabriques de chocolat et autres usines mues par la vapeur, à Alger, Oran, Bougie, Philippeville, Bône;

Les fabriques d'instruments aratoires perfectionnés (charrues, défonceuses et défricheuses, moissonneuses, machines à battre le blé, à égrener le coton), fonctionnant à Alger, Oran;

La papeterie, qui est en voie de construire d'importantes usines dans la Métidja et au pied de l'Atlas;

Les constructions navales, qui ont déjà fourni aux armateurs d'Alger et de Philippeville l'occasion de montrer leur esprit d'entreprise et les ressources forestières de la colonie;

Les fonderies mécaniques, installées à Alger et Oran;

Enfin, au premier rang d'importance, les usines métallurgiques, procédant soit à l'exploitation des mines, soit à la préparation et à la mise en œuvre des minerais.

Parmi les produits de ces industries, quelques-uns ne sont pas de nature à entrer dans le cadre de l'Exposition, d'autres ont été mentionnés à l'occasion des matières animales, végétales et minérales dont ils sont la transformation; ceux qui restent vont trouver place dans les classes suivantes.

12.

XIX. PRODUITS CHIMIQUES.

L'Exposition ne contient qu'un petit nombre d'échantillons de produits chimiques (les sels gemmes et lacustres ayant été compris dans les matières minérales), spécialité industrielle qui commence à peine à se développer en Algérie. Les indigènes préparaient et préparent encore l'alun et le salpêtre; les Européens ont fabriqué du sulfate de fer et du sulfate de cuivre, et, dans un autre ordre d'entreprises, l'acide citrique et le citrate de chaux. Par l'incinération des plantes salines on a obtenu de la soude. Le sulfate de baryte se trouve à l'état naturel. Tel est en quelques mots le tableau résumé de ce groupe de productions algériennes.

Sulfates de cuivre et de fer (vitriol).

1242. Sulfate de cuivre provenant des mines de Mouzaïa.
1243. Sulfate de fer provenant de la même exploitation.

L'abondance des pyrites de cuivre permet avec avantage la fabrication du sulfate de cuivre. Quant au sulfate de fer, on peut l'obtenir des argiles riches en pyrites de fer, comme il s'en trouve au Fondouk, à Tenez, à la montagne des Lions. On pourrait même avec ces pyrites fabriquer de l'acide sulfurique fumant. Cette double fabrication se ferait, par un avantage propre à l'Afrique, entièrement sans combustible, au moyen de la chaleur solaire, tandis que cette chaleur est inefficace dans les régions plus froides de l'Europe.

Sulfate d'alumine (alun).

Dès les temps anciens, l'alun de Barbarie a été renommé. Rome le comptait parmi les tributs du sol africain. Au moyen âge il apparaît dans les traités de commerce des villes chrétiennes avec les cités musulmanes de l'Afrique du nord comme un article important d'échange. Aujourd'hui encore il figure sur les marchés du Tell et du Sahara. Les indigènes comme les Européens l'emploient dans la teinture pour fixer les couleurs, et s'en servent pour préparer les peaux.

Nitrate de potasse (salpêtre).

A Tlemcen, les Arabes, avant notre conquête, exploitaient le salpêtre pour la fabrication de la poudre. On trouve du nitre dans le calcaire tertiaire de Misserghin, au S. E. de la plaine d'Eghris, dans les argiles schisteuses d'Arzew.

Dans la province de Constantine, cette industrie subsiste dans l'oasis du Zab, à Doufna, Biskara, Doucen, Lioua, Thonda; dans diverses localités au S. de Sétif;

A M'gaous, dans le Hodna, chez les Beni-Sefren, 60 kil. S. E. de Sétif;

A El-Cherf, chez les Ouled-Ali, à 80 k. S. E. de Sétif;

A Sebdou, même région;

Chez les Ouled-Deradj, même région :

A Tuggurt, récemment soumis à notre domination.

Le nitre de Sebdou est de qualité supérieure, et se vend 30 fr. l'hectolitre; celui de N'gaous ne vaut que 15 fr.

Dans le Ziban, on procède ainsi qu'il suit à la fabrication du salpêtre :

Les matériaux sont d'abord soumis à un lessivage à l'eau froide dans des réservoirs en argile battue, d'une capacité de 2 hectolitres au plus, où on les laisse séjourner, au contact de l'eau, pendant un espace de deux ou trois jours. On soutire ensuite, au moyen d'un conduit en roseau, placé à la partie supérieure du réservoir et bouché par un fausset en bois, les eaux chargées des sels solubles que renfermaient les terres, et on les soumet à une première concentration dans des bassins exposés à l'action du soleil; la majeure partie du sulfate de chaux entraîné en dissolution se précipite sur les parois de ces bassins, et la concentration du nitre s'achève, au moyen de la chaleur, dans de petites chaudières en cuivre dont la capacité ne dépasse pas 10 à 15 litres (Duboeq, mémoire sur la constitution géologique de Zibau et de l'Ouad-R'ir).

Le salpêtre est employé à la fabrication de la poudre. Quant au soufre, il vient d'Europe, et le charbon est fourni par le bois de laurier-rose.

Une salpêtrerie d'essai a été établie à Biskara par les soins de l'administration française.

Acide citrique, citrate de chaux.

Deux produits que la distillerie algérienne a extraits des fruits du citronnier. On peut en voir des échantillons dans la boîte d'essences exposée par M. Simounet, n° 172.

Sulfate de baryte.

On en trouve de grandes masses au col de Mouzaïa et ailleurs.

Soude.

Quelques colons de la province d'Oran ont imaginé d'obtenir de la soude naturelle par l'incinération des *soudes* (*salsola*), plantes salines qui abondent dans cette région. Ce produit, présenté sous le nom de *barille*, a figuré aux concours provinciaux.

Natron, trona.

Le commerce algérien trafique d'une substance nommée *natron* ou *trona*. C'est le sesquicarbonate de soude mêlé avec une certaine quantité de sel marin et de sulfate de soude lorsqu'on le retire des lacs. Quelques sebkhas (lacs salés) de l'Algérie en contiennent sans doute, et les efflorescences qu'on rencontre dans les Chott renferment peut-être des quantités de *trona*. On en trouve beaucoup dans l'État de Tripoli et surtout à Morzouk. Il abonde dans quelques lacs d'Afrique. Le principal usage de ce sel est dans la préparation du tabac à priser, dont on fait en Algérie une très-grande consommation, sous le nom de *nefa* et de *chema*.

Produits divers.

Outre ces produits, les ingénieurs des mines ont signalé comme pouvant être avantageuse la fabrication en grand du sulfate de magnésie, de la magnésie blanche et de l'acide chlorhydrique, au moyen des eaux-mères des petits lacs qui entourent la sebkha d'Oran. A Alger, l'*arum italicum* a fourni à la distillation de l'acide oxalique, outre divers autres produits, tels que fécule, amidon, pain, alcool, sucre, sirop.

XX. COMPOSITIONS DIVERSES.

Parfums.

La parfumerie algérienne vend diverses préparations, dans lesquelles entrent, en proportions variées, des substances de provenance locale. On cite entre autres l'*eau d'Alger*, le *parfum d'Alger*, le *vinaigre au cactus* et autres essences, dont l'analyse seule pourrait constater la composition, conforme aux prospectus.

Koheul.

On a expliqué précédemment (voir page 161) que le koheul était une préparation de sulfure d'antimoine (et quelquefois de sulfure de plomb), employée comme cosmétique par les femmes indigènes. Celui qui vient de Tafilalet se vend à Tlemcen 70 fr. les 100 kil.

Senbel.

Production végétale qui paraît être la fleur du nard indien ou spicanard, *andropogon nardus*, Linn. En Algérie on s'en sert pour confectionner le koheul, et les femmes le font bouillir dans l'eau ou l'huile pour oindre les cheveux.

Zebed.

Cosmétique le plus répandu parmi les femmes indigènes, qui s'en servent comme d'une pommade. C'est la substance animale d'une odeur si agréable que l'on retire d'une bourse ou poche qui existe auprès de l'anus de la civette, *viverra civeta*, animal carnivore de la taille d'un chat, élevé en domesticité en Égypte et en Abyssinie. Les pèlerins apportent en Algérie cette substance renfermée dans de très-petites boîtes rouges de la grosseur du pouce. Comme cette substance est fort chère, on la falsifie ordinairement par des mélanges.

Savons.

Les Kabyles emploient la chaux, les cendres (de salicor ou de myrte) et l'huile d'olive à la fabrication du savon. Ils font une lessive à froid d'une partie de chaux et deux de cendres, puis ils mettent dans cette lessive la moitié de l'huile et font bouillir le tout. Le savon indigène ou savon noir figure sur tous les marchés du Tell et du Sahara. — On emploie aussi comme savon une terre à foulon importée de Maroc en Algérie et nommée *tfol*. Voir *Terre à foulon*, page 156.

Les Européens ont débuté dans la fabrication du savon. Les produits de M. Arnaud de Bône figuraient aux expositions de Paris en 1849, de Londres en 1851 ; ils reparaissent à celle de 1855. A Saint-Cloud, un colon a fabriqué du savon avec de l'huile de lentisque.

Chocolat.

La fabrication du chocolat compte deux machines spéciales : l'une, la plus ancienne, chez M. Nielli, pharmacien à Philippeville ; l'autre, à Oran, chez M. Fouques.

Bougies.

Les indigènes fabriquent une bougie jaune et blanche de cire, dont quelques échantillons figurent dans la vitrine consacrée à la cire. Elle est cotée 4 fr. le kil. (Voir page 156.)

Chandelles.

Quelques fabriques de chandelles ont été établies par les Européens à Alger, à Milianah, à Oran. Le prix moyen est de 14 fr. les 10 kil. On les vend par caisses de 25 livres. La fabrique de Milianah a livré, en 1852, 2,400 kil. de chandelles, d'une valeur de 3,360 fr. Les 100 kil. de suif reviennent sur place à 60 fr.

XXI. BOISSONS.

Les boissons fabriquées en Algérie peuvent se classer sous les titres suivants : Vins, Alcools et Eaux-de-vie, Liqueurs, Bières.

Vins.

L'usage du vin étant interdit aux musulmans, sa fabrication n'était, avant la conquête, naturalisée que parmi les juifs, qui ne faisaient eux-mêmes de cette boisson qu'un emploi très-modéré. Cependant la vigne était généralement cultivée, soit en treille, soit en plein champ, pour le raisin, qui était consommé frais ou sec, et faisait, pour quelques localités, Dellys entre autres, l'objet d'un commerce important. Les Européens ont tantôt utilisé les plantations existantes et tantôt en ont créé de nouvelles pour la fabrication du vin. Cette industrie s'est développée en grand, surtout à Médéah, Milianah et Mascara. Les vignobles français n'ont pas à s'en inquiéter, attendu que les vins algériens, analogues à ceux de l'Espagne méridionale et du Portugal, vins de liqueur et de dessert, ne peuvent qu'incomplétement remplacer comme vins d'ordinaire ceux de Provence, de Languedoc et de Roussillon. Ils pourraient, au contraire, entrer dans un courant d'échange fructueux pour les deux pays, si la production algérienne n'était entièrement consommée sur place. — Les colons ont étendu la qualification de vin à divers produits liquides et colorés, obtenus de la distillation ou de la fermentation de la figue de Barbarie, de la grenade, et au suc qui coule du palmier-dattier par incision.

1245, 1246. Vin blanc de Tittery ; clos d'Aïn-Kebir, 1847. — Bréauté, à Médéah.
1247. Vin blanc, 1852. — Laperlier, à El-Biar.
1248. Vin blanc, 1848. — Plantier, à Mascara.
1249, 1250. Vin rouge, 1853, 1 fr. le litre. — Parodi, à Tlemcen.
1251. Vin rouge, 1853. — Bunel, à Tlemcen.
1252, 1253. Vin rouge, 1853 ; 1 fr. le litre. — Safrané, à Bréa.
1256, 1257, 1258. Vin blanc, 1853, 1 fr. le litre. — Lombard, à Bréa.
1259. Vin blanc, 1853. — Barthe, à Bréa.

Alcools, Eaux-de-vie.

Outre le raisin, qui a été jusqu'à ce jour consommé comme fruit ou pour vin de table, d'autres végétaux algériens ont révélé des propriétés précieuses pour la fabrication de l'alcool, et les colons se sont d'autant plus mis en quête d'inventions que les eaux-de-vie de France étaient renchéries par la maladie de la vigne. On a successivement employé les figues douces, les figues de Barbarie, l'asphodèle, les caroubes, les dattes, les jujubes.

Figues douces (fruits du *ficus carica*, Linn.). L'eau-de-vie de figues sèches, que la science vient de remettre au jour, a été connue en Algérie dès les premiers temps de la conquête et peut-être auparavant. Du moins les juifs de l'oasis de M'zab connaissaient une eau-de-vie de figues nommée *maïa*.

Figues de Barbarie. Il en est de même de l'eau-de-vie fabriquée avec les fruits du *cactus opuntia.* A l'exposition de 1849 figuraient des alcools à 20° de cette provenance.

Caroubes. La pulpe sucrée de ce fruit est propre à donner de l'alcool, et cette propriété a été utilisée.

Jujubes. De même pour les jujubes. A l'exposition de 1849 figuraient des eaux-de-vie de jujubes à 23°.

Dattes. Fraîches ou sèches, les dattes peuvent fournir de l'eau-de-vie. Elle n'est pas inconnue des indigènes du Sahara, qu'elle enivre parfois. Elle peut devenir une industrie fructueuse entre les mains des Européens.

Asphodèle. Mais c'est principalement l'asphodèle rameuse (*asphodelus ramosus*) qui a été employée pour suppléer au raisin dans la fabrication des alcools et eaux-de-vie. L'asphodèle est, comme le palmier nain, une de ces plantes spontanées qui couvrent les terres incultes de l'Algérie, et que les colons détruisent en défrichant, à titre de végétal parasite. De son nom *berouak* vient celui de *Herouaguia*, donné à certaines localités. Ses racines forment un paquet de nombreux tubercules dont l'industrie a songé à extraire l'alcool. C'est à Damrémont, dans l'arrondissement de Philippeville, qu'a été montée, il y a plus de trois ans, la première usine, par les soins de MM. Bounin, Rolland et Renard, brevetés du mois de juin 1850. Leur usine a produit par an 250 pipes d'alcool à 86° centigrades. 35 mètres cubes de racines, à 2 fr. le mètre cube, leur produisent 600 litres d'alcool. Depuis lors, les usines se sont multipliées dans les trois provinces, et cette industrie a acquis assez d'importance pour qu'un décret impérial du 23 mai 1855 ait prononcé l'admission en franchise dans les ports de la métropole des alcools d'asphodèle de l'Algérie. Ce nouveau produit pénètre de plus en plus dans les habitudes courantes, avec économie pour le consommateur. D'après des données qu'on a lieu de croire exactes, l'asphodèle, rendue en fabrique, coûte, à Oran, 1 fr. 75 c. les 100 kil. de racines.

Tous frais comptés, le litre revient à 80 c., répartis en 44 c. pour le prix de la matière première, et 36 c. pour les frais. Les 17 fr. 50 c. que coûtent les 1,000 kil. se divisent en : 10 fr. pour l'extraction des tubercules, et 7 fr. 50 c. pour le transport, la récolte se faisant à 10 ou 12 kilomètres de l'usine. Sur la présomption vraisemblable que l'asphodèle cultivée donne plus de tubercules qu'à l'état sauvage, et que le jus en est plus abondant, en même temps qu'il produit 2 pour 100 de plus à la distillerie, déjà des industriels ont demandé des concessions pour la culture de cette plante.

1262. Alcool d'asphodèle 3/6. — Hennequin et Servajean, à Oran.
1263. Alcool d'asphodèle. — Coudert, Rousson et Cie, à Oran.
1264. Eau-de-vie de dattes fraîches. — Docteur Baudens.
1265. Eau-de-vie de dattes sèches, 20 degrés, distillée, en 1853, par le docteur Baudens.

Liqueurs.

Les juifs indigènes de l'Algérie fabriquaient avant la conquête une liqueur très-populaire chez eux, l'*anisette*, qu'ils obtiennent de trois espèces d'anis : l'ordinaire, le noir et le long. Ils donnent le nom d'*araki* à une liqueur non fermentée obtenue avec les figues.

La fabrication des liqueurs est devenue une des industries usuelles dans les villes de l'Algérie, et réunie généralement aux distilleries et aux brasseries. L'anisette, l'absinthe, la limonade gazeuse, les eaux de Seltz, en ont été les principaux produits.

1267-1268. Oued-Allah. — M. Brocard, à Koléah, et à Paris.

Ce nom, qui signifie *ruisseau de Dieu*, a été donné par le fabricant à une liqueur préparée avec la baie d'arbousier et autres fruits ou fleurs indigènes.

1269, 1270. Anisette de figues douces. — Laperlier, à El-Biar.

Bières.

Un grand nombre de brasseries ont été créées en Algérie, grâce aux conditions de prospérité qui résultaient, d'une part, de l'abondance, du bon marché et de la qualité supérieure des orges indigènes, de l'autre, des besoins étendus de la consommation sous un climat sujet à de fortes chaleurs. Bien que le houblon vienne du dehors et coûte cher, le fabricant peut généralement livrer l'hectolitre de bière à 25 et 30 fr., soit 25 cent. le litre. — On qualifie aussi de bière une liqueur gazeuse obtenue au moyen des figues.

1271. *Karmous el-Bira*, bière de figues. — Maggiolo, à Alger.

XXII. INDUSTRIES INDIGÈNES.

Dans la salle réservée aux industries indigènes, sont distribués, sans autre classement méthodique que celui imposé par les dispositions du local, les divers produits de la fabrication indigène, confondus avec les importations de Maroc et de Tunis. Étrangers à toute notion de dessin, de chimie, de physique et de mécanique raisonnée, possédant leurs arts par tradition, jamais par science, les Arabes ni les Kabyles, les Maures ni les juifs de l'Afrique du nord, ne peuvent prétendre lutter avec les industrieux habitants de l'Europe. On peut néanmoins s'intéresser à l'imprévu des formes nées des conditions particulières de climat et d'habitudes; à l'habileté patiente de la main-d'œuvre qui ne compte pas avec le temps; à l'exécution consciencieuse du travail, étranger aux raffinements de la falsification; au contraste heurté des couleurs vives, contraste plus harmonieux à l'œil dans les pays inondés d'une lumière splendide qu'il ne le paraît sous les climatures soumises à un jour plus tempéré. Cette partie de l'exposition a d'ailleurs un autre objet et un autre intérêt que de satisfaire une curiosité, au surplus bien légitime, relativement à des peuples et des mœurs qui nous touchent de si près, et qui sont déjà entrés dans les cadres de la nationalité française et de la civilisation européenne : elle est surtout destinée à solliciter de l'industrie métropolitaine des imitations intelligentes qui lui ouvriraient de nouveaux et vastes débouchés. Les seuls indigènes de l'Algérie forment une population d'un peu plus de 2 millions d'habitants, et, bien que leur consommation soit loin d'atteindre les proportions de celle des colons européens, elle n'est pas à dédaigner. Quelques articles à leur usage, tels que les bonnets rouges ou *chachia*, sont déjà réussis par les manufactures de France : le succès serait sans doute non moins facile quant aux autres parties du vêtement et à l'ameublement presque entier. Mais une condition essentielle pour la popularité de ces nouveaux produits serait une loyauté parfaite dans la qualité, dans le poids, dans la mesure. Si, à cette condition fondamentale, l'habileté civilisée ne peut atteindre le bon marché de l'ignorance à demi barbare, mieux vaut qu'elle s'abstienne ; car le discrédit qui ne tarde pas à peser sur des marchandises de mauvais aloi est aussi funeste au commerce loyal qu'affligeant pour le patriotisme.

Les industries indigènes se classent dans les groupes suivants : mouture des grains, trituration de l'huile, poterie, tissus et vêtements, tapis, broderie, tannerie et préparation des peaux, cordonnerie, sellerie, teinturerie, vannerie et sparterie, armes, taillanderie et forges, bijouterie et orfèvrerie. Cette dernière est à peu près exclusivement aux mains des Israélites. Les autres s'exercent en grande partie sous la tente par les soins des femmes, le reste dans les villes du Tell et les ksours du Sahara. Cette nomenclature laisse en dehors certaines productions affectées à quelques localités, la poudre, les bougies, les pipes, les savons, les ustensiles en bois ; enfin une dernière, la moins honnête et la plus perfectionnée de toutes, la fausse monnaie, dont la fabrication est une des occupations dominantes de certaines tribus de la Kabylie.

1272. *Sinia*. Bol avec couvercle. — Poterie du Maroc.
1273. *Moktia*. Vase avec cuvette. — Même provenance. — A Fez, 50 c.; à Tlemcen, 2 fr.
1274. *Hallaba*. Bol sans couvercle. — Même provenance; 3 fr.
1275. *Gherfia*. Cuvette avec couvercle. — Même provenance. — A Fez, 1 fr.; à Tlemcen, 3 fr.
1276. *Medjma*. Encrier en poterie. — Même provenance. — A Fez, 50 c.; à Tlemcen, 3 f.

1277. *Haïk*, Voile pour femme, en soie et laine, blanc et cerise.
1278. *Gandoura*, de Constantine. — Longue chemise sans manches, en soie et laine; 36 fr. 50 c.
1279. *Burnous*, Soufi (de l'oasis de *Souf*); 35 fr.
1280. *Haïk*, en soie et laine, pour femme. — Provenances du Maroc; 30 fr.
1281. *Foutah*, long pagne pour femme, en soie et coton, blanc et cerise. — Même provenance; 11 fr.
1282. *Haïk* pour femme, en laine fine du Maroc; 40 à 50 fr.
1283. *Haïk belaoun* pour femme, soie et coton, blanc. — Même provenance; 35 fr.
1284. *Djellaba*, tunique à capuchon, en laine rayée, blanc et brun, du Maroc; 61 fr.
1285. *Haïk*, pour femme, en coton et laine, blanc, du Maroc; 22 fr.
1286. *Burnous*, gris et blanc, à Constantine; 23 fr.
1286 bis. *Burnous* blanc, en laine de Constantine; 17 fr.
1287. *Burnous* blanc, en laine fine, des Beni-Abbès, en Kabylie; 80 fr.
1288. *Haïk* pour homme, en coton et laine, des Oulad-Djellal (Sahara); 34 fr.
1289. *Burnous*, en laine blanche, des Beni-Yala, prov. de Constantine; 30 fr.
1290. *Haïk* pour homme, en laine, blanc, de Tlemcen.

La ville de Tlemcen compte environ 116 fabricants de haïks en possession de 240 métiers. Chaque métier produit par jour un haïk et plus, du prix moyen de 9 francs. (Rapport du jury de 1849.)

1291. *Haïk* pour femme, commun, en laine, de Constantine, 4m,50c; 5 fr.
1292. *Haïk* pour femme, commun, en laine, de Constantine, 4 mètres; 4 fr. 50 c.
1293. *Haïk* pour femme, commun, en laine, de Constantine, 3 mètres; 3 fr. 50 c.
1294. *Balita*. Châle pour juive, en soie noire, frange d'orpaillon jaune; Alger.
1295. *Balita*. Châle pour juive, en soie de couleur, d'Alger.
1296. *Haïk* pour femme, blanc, en coton.
1297. *Foutah*, long pagne pour femme, commun, en coton.
1298. *Haïk* pour femme, rayé blanc et gris, de Constantine.
1299. *Foutah* et autres étoffes en soie, rayés de plusieurs couleurs.
1300. Étoffe pour turban, laine et coton, blanc et bleu.
1301. *Foutah*, long pagne pour femme, ordinaire, en coton rayé.
1302. *Foutah* pour négresse, en soie, rayé bleu, rouge et jaune.
1303, 1304, 1305, *Hazam*, ceinture en soie et coton pour homme; d'Alger.
1306. *Haïk* ordinaire pour femme, en coton laine; 3 à 6 fr. — Aniram-Senous.
1307. *Haïk* ordinaire pour femme, en coton.
1308. *Hazam*. Ceinture en soie et or pour homme, du Maroc; 60 à 65 fr.
1309. *Caban* brodé en drap de couleur, de Tlemcen; 25 fr.
1310. *Benika*. Coiffure de femme, en forme de capuchon, brodée en soie, d'Oran. — Maklouf Khalfoun, d'Oran.
1311. *Haïk Boutouil*, longue couverture en laine, blanche et rouge, du Bou-Thaleb (*Boutalbi*).
1312. *Benika*. Coiffure de femme en forme de capuchon, brodée en soie et en paillette, de Tlemcen; 15 fr.
1313. Riche tapis d'Alger, rosaces et entrelacs en drap et en soie de toutes couleurs; 1,000 fr.
1314. *Balita*. Châle pour femme juive, en laine rouge frangée d'or et d'argent, de Tlemcen; 120 fr.
1314 bis. Foulard en soie brochée d'or.
1315. *R'lila et Bedaia*. Veste et gilet pour homme, en drap vert, avec passementerie en soie noircie, de Tlemcen; 95 fr.
1315 bis. *Sebnia*. Mouchoir en soie et or frangé, du Maroc; 18 f.
1316. Mouchoir en gaze brochée, or, argent et soie d'Alger. — Mlle Pauline Léonard.
1317. *Habaia*. Deux robes pour femme juive, en soie noire brodée or, de Tlemcen. — Abraham Abudaram.
1318. Foulard en soie jaune et rouge.
1319. *Habaia*. Robe pour femme juive, en soie bleue brodée or, de Tlemcen.
1320. *Tezedam*. Porte-monnaie de cuir avec broderie en or, de Tlemcen; 15 fr.
1321. Autre en cuir rouge du Maroc; 1 f. 15 c.
1322. Porte-cigares en velours rouge, brodé en or, d'Alger.
1323, 1324. *Riahia*. Pantoufles en maroquin jaune pour homme.
1325. *Habaia*. Robe pour femme juive, en soie grenat, brodée en or, d'Oran.
1326. *Baboudj*. Pantoufles de femme en velours rouge brodé en or, d'Alger.
1327. Autres entièrement brodées en or.
1328. Autres en maroquin jaune découpé; 5 fr.
1329. *Bechmach*. Pantoufles en cuir violet; 2 fr. 50 c.
1330. *Sebbath*. Souliers d'homme, d'Alger; 5 fr.
1331. *Sebbath*. Souliers d'homme en cuir noir d'Alger; 3 fr. 50 c.

1332. *Baboudj*. Pantoufles en velours rouge, brodées en or, de Tlemcen; 12 fr.
1333. *Riahia*. D° en maroquin rouge, pour homme.
1334. *Baboudj*. D° d'enfant en velours vert, brodé en or.
1335. *Baboudj* de femme en velours rouge, brodé en or.
1336. *Riahia* pour homme en maroquin jaune; 5 fr.
1337. *Sebbath*. Souliers de femme en cuir noir.
1338, 1339. *Sebbath*. D° d'homme, en cuir noir.
1340. *Sterma Kadiffa*, pantoufles de femme, en maroquin rouge, brodées en or et argent.
1341. *Baboudj*, pantoufles en velours bleu, brodées en or.

« Les mules d'Oran et de Constantine sont tout à fait pareilles aux *chinel-las* que portent les métisses chinoises et tagales de l'île Luçon. Ces mules ont la semelle en maroquin rouge; l'intérieur est garni de damas de soie cramoisie, et le recouvrement est en velours vert, émeraude ou pourpre, brodé en or fin et orné de paillettes. Leur prix est de 6, 7 et 10 francs la paire. » (Rapport du jury de 1849.)

« La fabrication des babouches en maroquin (*belgha*) est assez active dans le département d'Oran, et principalement à Tlemcen. Il y a dans cette dernière ville 45 belghadji; chacun d'eux peut être considéré comme occupant 3 ouvriers, qui font l'un dans l'autre, par jour, deux paires de *belgha*, du prix moyen de 1 fr. 25 c.; la vente annuelle est estimée à 120,000 fr. — Ces babouches sont tout en maroquin, ou semelle en vache et recouvrement en maroquin. Elles sont en jaune citron ou rouge vif, et presque toujours enjolivées par des gaufrures ou par des coutures en fil d'argent. Leur qualité est en tout point excellente, car elles sont établies en belle et bonne matière, solidement montées et cousues. Le prix est de 1 fr. à 1 fr. 50 c. la paire. » (Rapport du jury de 1849.)

1342, 1343. *Temmak*, bottes en cuir rouge pour monter à cheval.
1344. *Djebira*, sac ou sabretache en maroquin rouge, brodé en or.

Confiée par Ismaïl Ould Kadi, d'Oran. Elle est garnie en velours, piquée en soie de couleur, bien établie, faite à Oran, et cotée 20 francs. (Rapport du jury de 1849.)

1344 *bis*, 1345. *Temmak*, bottes en cuir jaune brodées or et argent.
1346. *Chentaya*, porte-pistolets en cuir rouge, brodé en or. — Si Abbès Bou Barkat, à Constantine.
1347. *Peau de grèbe* montée en sac. — (Voir *Gibier* de plume, page 29. — Indust. europ.).
1348. Selle arabe brodée en or et argent ; 425 f. — Si-el-bey ben Bou-Ras.

« Si-el-bey ben Bou-Ras est un sellier-brodeur de Constantine, qui a présenté à l'Exposition un ensemble de produits d'une exécution très-soignée...

« La selle dite *serdj-omara*, ornée de riches broderies en soie, or et argent, est bien coupée et faite en beau maroquin rouge. Le porte-selle, en peau d'âne, est d'une cambrure jolie et commode; la qualité en est excellente..... Il a exposé également des portefeuilles en maroquin double de velours pourpre avec broderie très-élégante, fond plein, en or fin..... Le *chkara* (sac à tabac) en drap, brodé en fil d'or et paillons, est le plus bel échantillon de ses broderies. Le dessin est d'un style ferme et de bon goût; l'originalité hardie des arabesques n'est pas moins curieuse que l'élégance des coins et la rosace du fond. Le travail de broderie est assez correct. Médaille de bronze. » (Rapport du jury de 1849.)

1349. Feutres de drap pour placer sous la selle.
1350. *Kameur*, ceinture ou sous-ventrière de cheval, en laine.
1351. Selle arabe en cuir uni.
1352. *Kameur*, sangle de cheval brodée en soie et or.
1353. Autre, en laine, de Tlemcen.
1354. *Mehazoia*, ceinture porte-pistolets de fantassin, en cuir rouge, 15 fr.
1355. *Zaboula*, sac à argent, en cuir rouge, provenance du Maroc, 2 fr.
1356. *Dir*. Poitrail de cheval en cuir rouge brodé, de Tlemcen, 20 fr.
1357. *Belaska*. Giberne de fantassin en cuir rouge, brodée, de Tlemcen, 5 fr. — Abd-el-Kader ben Ahmed, syndic des selliers de Tlemcen.
1358. *M'dara*. Ceinture en cuir rouge, brodée; provenance du Maroc, 3 fr.
1359. *Ledjam*. Bride et œillère en cuir rouge, brodées, de Tlemcen, 50 fr.

1360. *Nesoua.* Étrivières ; importation du Maroc, 2 fr. 50 c.
1361. *Hazam.* Sangle en laine rouge, de Tlemcen, 5 fr.
1363. *Balaska.* Cartouchière en cuir rouge, brodée or et argent. — Si Abbès-ben-Barka,
à Constantine.

« Il a exposé tous les accessoires de la selle faits en maroquin rouge, avec gaufrures légères, piqûres en soie, et broderies en or et argent, sur velours noir. Le *balaskra*, cartouchière ; les *chentaya*, porte-pistolets (nº 1346) ; les *tarkiba*, porte-éperons ; les *djibira*, gibecière (nº 1365), sont confectionnés avec un grand soin, et les dessins qui les décorent sont élégants et bien exécutés. Médaille de bronze. » (Rapport du jury de 1849.)

1364. *Ledjem.* Bride et poitrail en cuir, richement brodés en or. Deux spécimens.

« Une bride et un poitrail envoyés par Si-Hamida, mouphti d'Oran, se distinguent par la richesse et la correction des broderies d'or, d'argent et de soie : faites à Oran, elles font honneur au sellier et au brodeur qui y ont travaillé. » (Rapport de 1849.)

1365. *Djebira.* Sabretache en cuir rouge, brodée, de Tlemcen, 30 fr.
1366. *Kbour.* Porte-pistolets en velours bleu, brodés en or, de Tlemcen, 38 fr. — Les Israélites de Tlemcen.
1367. *Balaska.* Cartouchière en velours vert, richement brodée en or.
1368. *Tarkiba*, porte-éperons, en velours noir, brodé argent — Si Amar-el-Bou-Talbi,
à Constantine.

« Il a exposé des *tarkiba* (porte-éperons) en maroquin, brodés en or et en argent sur velours noir : le rinceau est léger et de bon goût, le travail soigné. Mention honorable. » (Rapport du jury de 1849.)

1370. *Plateau* en cuivre émaillé.
1371. *Hazam.* Sangle de cheval en velours brodé en or.
1372, 1373. Étendard et porte-étendard offerts à l'empereur Napoléon III par les musulmans d'Alger ; spécimen de la broderie indigène en or.
1376. Sabre marocain.
1377. *Kechdak.* Aiguillettes en soie ponceau, servant à suspendre les pistolets ; de Tlemcen.
1378. *Mentska.* Ornement et agrafe en argent pour ceinture ; 53 fr. 50 c.
1379. *Sekkin.* Sabre marocain ; 45 fr.
1380. *Rekab.* Étriers arabes en fer argenté et damasquiné ; 50 fr. la paire.
1381. *Chabir.* Éperons arabes.
1382. Rouleau en drap noir, brodé en or, pour serrer des papiers.
1383. Amulette pour cheval, en défenses de sanglier, montée en argent.
1384. *Tassa.* Vase en argent, pour boire en route.
1385. *Msais.* Bracelet en or.
1386. *Mkais.* Anneau de pied en or.
1387. Collier en argent avec amulettes ; 22 fr.
1388. *Mkais fodda.* Anneau de pied en argent.
1389. *Tsrak nahs.* Boucles d'oreille en cuivre.
1390. *Tsrak fodda.* Boucles d'oreille en argent.
1391. *Chair.* Collier en or.
1392. *Khelail.* Épingles pour haïk en cuivre.
1393. *Msais.* Bracelets en cuivre.
1393 *bis.* Collier en verroterie et en corail, avec amulettes.
1394. Peigne en ivoire.
1395. Éventail en velours rouge, brodé or.
1396. Coussin en velours rouge richement brodée en or.
1397. Œufs d'autruche, avec passementerie en soie. — Tlemcen : 36 fr.
1398. Éventail ordinaire d'Oran.
1399. Autre éventail. — Juda Moha.

« Les éventails arabes ont la forme d'un drapeau déployé ; ils sont tressés avec des filets de bois ou avec des feuilles de palmier, quelquefois unis, le plus souvent garnis à l'entour de houppettes de soie floche jaune d'or et verte, ou blanche et amarante, ou blanche et bleue. La surface des éventails riches est ornée d'étoiles, de palmes, de rosettes, d'anges, de cœurs, et d'une centaine d'autres petits sujets en paillon estampé, jaune, cramoisi, bleu, vert, etc. Enfin quelques-uns sont recouverts de mérinos blanc ou de soierie lamée d'or, et sur ce tissu sont aussi appliquées des paillettes estampées de toute forme et de toute couleur. Le prix des éventails à Oran est, selon leur richesse, de 1 à 6 francs la pièce. — (Les éventails unis en feuilles de palmier coutent 0,25 c. pièce.)

« On fait aussi à Oran des éventails ou écrans à main en plumes d'autruches noires ; le centre est enrichi d'une broderie d'or et d'argent sur velours pourpre. Le manche est en argent ciselé. Ces éventails se vendent de 15 à 20 francs. » (Rapport du jury de 1849.)

1400. Corbeille en drap et en sparterie ; industrie des nègres d'Oran.
1401. Autre corbeille fabriquée par les nègres de Tlemcen.
1402. Panier, même fabrication.
1403-1407. Paniers de la fabrication des nègres d'Alger.

« Les plateaux, les corbeilles et les paniers sont faits avec la feuille du palmier nain. La forme de ces articles de vannerie est très-simple, et en général peu gracieuse. La feuille de palmier est enroulée autour d'une âme formée de brins de feuille, et ce travail assure la solidité des objets. Ils sont ornés, selon le goût des Dayaks et des Javans, de petits morceaux et de lanières de drap écarlate et bleu de roi, disposés en damier. Sur quelques corbeilles à jour, plus coquettement enjolivées, ces dessins sont produits par l'intercalation de cuir, de drap et de laine filée de diverses couleurs. La fermeture de la plupart de ces paniers est presque hermétique. » (Rapport du jury de 1849.)

1408. Pipes de racine garnies de cuivre, de Mostaganem.

« Ces fourneaux de pipes sont faits en bois dur, rouge brun foncé, d'un grain fin ; leur forme est peu variée et leur sculpture assez grossière. Des ornements en pointes de cuivre et en grains rouges incrustés ajoutent à l'originalité de ces pipes, qui se vendent à Oran, Alger et Mostaganem. » (Rapport du jury de 1849.)

1409, 1410. Tapis de Constantine. — Laine.
1411. *Hanbel.* Long tapis en laine.
1412, 1413. Tapis d'Oran, en laine.
1414. *Hanbel.* Tapis en laine.
1415. Tapis en laine et en sparterie.
1416. *Hanbel.* Tapis en laine.
1417. Tapis de la province de Constantine. — Laine.
1418. Tapis de la province d'Oran. — Laine.
1419. Demi-cuir de bœuf, tanné, teint en rouge. — Constantine : 6 fr.
1420. Cuir de chèvre tanné, violet. — Même provenance : 4 fr.
1421. Cuir de chèvre tanné, teint en rouge. — Même provenance : 6 fr. 50 c.
1422. Cuir préparé pour la cordonnerie. — Tlemcen : 3 fr.
1423. Cuir de chèvre, teint en rouge. — Tlemcen : 5 fr.
1424. Cuir de chèvre, teint en noir. — Tlemcen : 5 fr.
1425. Cuir de chèvre tanné, jaune. — Constantine : 3 fr.
1426. Cuir de chèvre tanné, jaune. — Constantine : 6 fr. 50 c.
1427. Cuir de mouton tanné, jaune. — Constantine : 6 fr.
1428. Cuir de mouton tanné, rouge. — Constantine : 6 fr.
1429. Cuir de mouton tanné, jaune. — Constantine : 6 fr.
1430. Cuir de mouton tanné, rouge. — Constantine : 6 fr.
1431. Peau de chèvre teinte en jaune. — Tlemcen : 5 fr.

Débouchés de la France. La section des fabrications livre à la France de vastes débouchés, en échange de ceux que la métropole offre à l'Algérie pour les matières premières. En 1853, celle-ci a reçu de la France environ 70 millions de francs de produits manufacturés, et ce chiffre est susceptible d'une extension pour ainsi dire illimitée, avec l'accroissement de la population et de la production européennes en Algérie.

FIN.

EXPOSITION UNIVERSELLE.

CATALOGUE MÉTHODIQUE DES PRODUITS ALGÉRIENS.

La liste des exposants, par ordre alphabétique, se trouve dans les *Annales de la Colonisation algérienne*, livraisons de juin et juillet 1855. Le catalogue officiel de l'Exposition universelle contient cette même liste, distribuée suivant l'ordre adopté pour tous les produits. Nous avons jugé utile de la donner ici dans l'ordre adopté pour l'exposition permanente de l'Algérie.

SECTION I.

MATIÈRES ANIMALES.

I. ANIMAUX VIVANTS OU MORTS.

Pereman, à Blidah. Oiseaux du lac Alloula.

II. PRODUITS ET DÉPOUILLES D'ANIMAUX.

OEufs.

HARDY, au Hamma. OEufs d'autruche.

LES HAMIAN, c. de Sebdou, pr. d'Oran. — OEufs d'autruche. Pour les œufs d'autruche préparés, V. INDUSTRIES INDIGÈNES.

Laines.

Pour les étoffes en laine, voir INDUSTRIES INDIGÈNES.

Algérie.

Bernis, vétérinaire en chef de l'armée d'Afrique, à Alger. Un lainier renfermant des échantillons des plus belles laines de l'Algérie, tonte de 1854.

Province d'Alger.

BLIDAH. Goby. Laines de 1855.

CHERCHELL. Belle. Un lainier de 85 échantillons, pris sur un troupeau de 100 têtes.

DÉLI-IBRAHIM. Mazères. Laines.

Provinc d'Oran.

MISSERGHIN. Orphelinat. L. noire et blanche.

— Ferme de Tensalmet. Bonfort. Toisons.

LES OULED-ALI (tribu des). Laines.

TIARET (cercle de). Si-Kaddour-Ouhl-el-Hadj-Sahraoui. — Toison fine, Brs. ord.

TLEMCEN. Ahmed-ben-Ayad. Laine filée.

— Hamou-ben-Loustau. L. cardée, filée, trainée.

— Imbert aîné. L. brute, peignée, cardée.

— Mohammed-ben-Kroura. Laine lavée.

— Mokhtar-el-Baroudi. Laine teinte.

Province de Constantine.

BATNA. Brunet (Pr.). Laine filée.

BISKARA. Si-Moh.-bel-Kassem-ben-Barkeli. Laine filée.

MONDOVI. Elvand. Laine.

SÉTIF. Saad-ben-Debbech-Kalfoun. Toison.

France.

TURCOING. Lamourelle et Desvignes. Laine filée de Constantine, n° 33.

Pelleterie, fourrures.

Province d'Oran.

LES HAMIAN, c. de Sebdou. Dépouille d'autruche.

Province de Constantine.

C. de BATNA. Kaddour-ben-Marir. Peau d'autruche.

BISKRA. Si-Kaddour-ben-M'rir. Peau d'autruche mâle.

DJIDJELLI. Commandant supérieur. Peau de panthère.

SOUF-EDDEBILA. Abd-Allah-ben-Naib. Peau d'autruche.

Soies.

Province d'Alger.

ALGER. Préfecture. Soies fabriquées à Lyon avec les cocons d'Algérie, par James Bianchi et Duseigneur.

EL-BIAR. Morin.

BIRKADEM. Gauran, à la Ferme mod. Soies.

— Mme Gauran, ib. Cocons, soies filées.

— R. verchou. Cocons, soies filées.

BOUFARIK. Girardot. Cocons syriens et milanais. Soies.

DÉLI-IBRAHIM. Mazères. Soies.

LE HAMMA. Hardy, pép. cent. Cocons, soies

KOUBA. Brensch. Soies.　　　　[greges.

— Ladrix. Soies.

MUSTAPHA. Mme Masson. Soie filée et teinte avec la cochenille algérienne.

— Meignien. Soie.

LA RASSAUTA. Maisons et Cordier, à la Maison-Carrée. Soies.

Province d'Oran.

AIN-TEDELÈS. Buisson. Soie grège dévidée.

— Renmain. Cocons. Soie grège dévidée.

MISSERGHIN. Orphelinat. Soie blanche, soie

ORAN. Préfecture. Cocons. [jaune.

TLEMCEN. Gouiraud. Soie filée.

Province de Constantine.

BATNA. Pépinière. Soie blanche et jaune, filée et en cocons.

BONE. Pépinière. Cocons milanais; soie jaune et blanche.

SAINT-ANTOINE. Mme Lambert. Soie filée.

France.

LYON. Godemar et Meynier. — Soieries fabriquées avec des soies d'Oran. Groupe de fleurs brochées, très-riches.

— L. Heckel aîné et Cie. Satins, n° 12356, satin 57/100 gris, fin, cuit, 14 m. — N° 12354, satin 57/100. Isly, cuit, 13m,50.

— Lemire père et fils. 4 m. soie étoffe brochée à bouquets.

— Malhevon et Bouvard. Patrons, veloutines, brocatelles, pékins.

— Savoie, Navier et Chaunt. Velours, brocatelles, pékins, taffetas.

ROUBAIX. Lepoutre-Parent. Fils en bourre de soie d'Algérie préparés avec le *bombyx cynthia*.

SARREGUEMINES. Renard (Paris, rue des Vieilles-Audriettes, 4 et 6). Peluches pour chapeaux.

Cire, miel.

Province d'Alger.

CHERAGAS. Gazagnaire. Pains de cire.

KOUBA. Roensch. Miel, cire. [miel,

SIDI-FERRUCH. Martin et Desnoix. Cire.

Province d'Oran.

AIN-TEDELÈS. Royer. Miel et cire.

MISSERGHIN. Orphelinat. Miel.

ORAN. Ben-Daoud. Cire.

— Si-Hamida, mophti. Miel.

TLEMCEN. Boo-Medin-el-Menouer. Cire en pain, bougies.

— Galinois. Cire jaune.

— Mouley-Mohammed. Miel.

Province de Constantine.

EL-ARROUCH. Laval. Miel, cire.

BOUGIE. Miel, cire.

C. de DJIDJELLI. Les Beni-Caïd. Miel, cire.

— Les Beni-Hamed. Miel, cire.

GASTONVILLE. Gohin. Miel, cire.

— Souvay. Miel, cire.

MILAH. Bel-Hamouchi, caïd. Miel.

III. PÊCHE.

Province d'Oran.

ORAN. Manégat. Corail.

Province de Constantine.

LA CALLE. Aquilina Luigi. Corail; pêche de 1854.

IV. SUBSTANCES PROPRES À LA MÉDECINE ET À LA PARFUMERIE.

Voir INDUSTRIES EUROPÉENNES, ARTS EUROPÉENS.

V. MATIÈRES DURES À TAILLER.

C. de TLEMCEN. Les Beni-Smiel. Cornes d'a-rotti (*kerout*, mouflon?).

VI. TEINTURES ANIMALES.

Province d'Alger.

BIRMANDREIS. Foucauld. Cochenille.

— Saugey et Ferrand. Cochenille.

CHERCHELL. Belle. Cochenille.

HUSSEIN-DEY. Simounet. Cochenille vivante.

MONTPENSIER. Beyer. Cochenille.

MUSTAPHA. Beyer. Cochenille.

— Mme Masson. Soie teinte avec la cochenille algérienne.

ORLEANSVILLE. Arrizet. Cochenille.

Province d'Oran.

AIN-TEDELÈS. Royer. Kermès.

ORAN. Ben-Daoud. Kermès.

— Medioni. Kermès.

C. de SEBBOU. Les Beni-Snous. Kermès.

TLEMCEN. Ali-ben-Hadj. Kermès.

— Mokhtar-el-Baroudi. Kermès.

SECTION II.

MATIÈRES VÉGÉTALES.

VII. FARINEUX ALIMENTAIRES.

Céréales en grains.

Province d'Alger.

EL-ACHOUR. Auge (Fuler.). Blé tendre, maïs.

— Mauger (Eug.) Blé, avoine.

— Joulfrain. Maïs variés.

EL-BIAR. Morin. Blé.

BIRKADEM. Ganran, à la Ferme modèle. Orge de 1855, battue le 7 juin.

BOUFARIK. Bernard. Blé.

— Borély la Sapie, à Souk-Ali. Blé.
— Kakzanowski et Thierry. Avoine, orge, blé dur, blé tendre, maïs blanc.
— Quérenel. Blé.
Bouzaréah. Maréchal (Didier). Blé. [gerbes.
— Marcadet. Blé tendre en grains et en
Castiglione. Crucy. Blés tendres.
Chéragas. Fruitié (Aillin). Blés.
Deli-Ibrahim. Mazéres. Blés, maïs.
Dellis. Lafourcade. Blé tendre.
La Ferme (près d'Orléansville). Boutaric. Blé dur.
Douéra. Cariol (P.-C.). Blé tendre.
Hamma. Pépin contr. (Hardy, d'). Riz sec.
Médéah. Saulière (L.). Blé dur.
Métidja. Baron Vialar, à Baraki. Orge.
Mustapha. Meignien. Maïs, [Blé tendre.
La Rassauta. Alzon (A.), au Fort de l'Eau.
— Alzina (Gab.), au Fort de l'Eau. Blé tend.
— Cordier et Maisons, à la Maison-Carrée. Blés tendres et durs.
— Gournès, au Fort de l'Eau. Blé tendre.
— Marqués, au Fort de l'Eau. Blé tendre.
— Martés, au Fort de l'Eau. Blé tendre.
— Pous, au Fort de l'Eau. Blé tendre.
— Sacchi (Ram.), au Fort de l'Eau. Blé t.
— Camps. Blé tendre.

Province d'Oran.

Aboukir. Danoux. Blé dur.
— Jouroul. Blé tendre, blé dur, seigle.
— Salès. Blé tendre, sarrasin.
Aïn-Tedelès. Royer. Sorgho blanc. Maïs.
Arcole. Baudrieu (Ch.) d'Oran. Blé tendre.
Arzew. Visedo. Blé dur, millet. [avoine.
Bousfer. Joyol. Blé tendre, blé dur.
Fleurus. Percier. Blé tendre; blé de mars.
— Martin. Blé tendre.
Kleber. David (Jacq.). Blé tendre.
— Suret. Blé tendre.
Massouna. Nicaise. Céréales.
Oran. Medioni. Blé dur.
— Indigènes divers du cercle. Orge.
Pont-du-Chélif. Avesque. Blé dur.
— Gousser. Blé dur. [mars, seigle.
Saint-Cloud. Carton. Blé tendre, blé de
— Gosselin. Blé tendre.
— Tissier. Blé tendre, blé de mars.
St-Denis du Sig. L'Union agricole. Blé dur,
— Héricart de Thury. Blé, orge. [orge.
St-Louis. Andréal. Blé tendre.
— Capel. Blé dur.
— Gential. Blé tendre, blé dur.
— Girardin. Blé tendre.
— Marcin. Blé dur.
— Pagès. Blé tendre.
— Philippon. Blé tendre.
— Thiotey. Blé dur, blé tendre.
— Vincent. Blé dur.
— Trouin. Blé dur, blé tendre.
La Sénia. Bruguier. Blé dur, blé tendre, ger-
— Dubois. Blé tendre, gerbes. [bes et grains.
Sidi-bel-Abbès. Cousin et Nouziller. Blé dur, blé tendre.
— Franqueville, au Khemis. Blé tendre, blé dur, orge, seigle, avoine. |

Province de Constantine.

Batna. Si-Boudhiaf, caïd. Blé, orge.
— Pépinière (Brunet, dir.). Sorghum.
— (Cercle). Si-el-Hadj-Mohammed-el-Arbi-ben-Boudhiaf, à Chemora. Blé dur.
Biskara. Jardin d'essai (Jasmin, dir.). Céréal.
— Les oasis du sud. Céréales. [ind. et exot.
Constantine. Gaende. Blé dur.
— Chirat. Maïs.
— Si-Osman. Blé dur.
— Ben Djelloul. Blé dur.
(Cercle). Tsar-ben-Achour, tr. des Aouat. Gr. de drà ou *dourah* (millet).
Djidjelli (cercle). Les Beni-Aleur. Sorgho.
— Les Beni-Amram-Sofixia. Millet.
Gastonville. Aldori (Fr.). Maïs.
— Bier. Seigle en épis et en grains.
— Bernard. Blé dur.
— Biliamboz. Maïs.
— Genfel. Blé dur, avoine.
— Gohin. Sarrasin.
— Laroche (Christ.). Blé.
— Soucay. Blé dur.
Mondovi. Pons (Mich.). Maïs blanc et jaune.
Philippeville. Fontenelle Hubert. Blé tend.
— Laroute. Sorgho sucré en grains.
— Grima. Maïs.
Saint-Antoine. Garrigues. Blé tendre.
Sétif. Saad-ben-Debbech-Kalloum. Blé.
Segnaouïa (tribu des). Si-Hamon ou Osman. Blé dur.

Farines, fécules, pâtes, préparations diverses.

Province d'Alger.

Alger. Bresson et Comp. Semoule pour pâtes, farines de blé dur, de blé tendre.
— Duval (Céleste). Fécule, amidon, pain.
— Laurent et Callamand. Biscuit-viande.
Boufarik. Kakzanowski et Thierry. Semoule de blé dur, far. de blé tend. et de blé dur.
Médéah. Cheviron aîné. Produits divers de minoterie, semoules, pâtes diverses.
Mustapha. Ganzin. Semoule, farine de blé dur, de blé tendre.

Province d'Oran.

Arzew. Visedo. Semoule. [semoule.
Fleurus. Brevone. Farine de blé tendre,
— Paillas. Farine de blé tendre, semoule.
Misserghin. Cauquil d'Oran, semoule indig.
Mostaganem. Mme Hennequin. Farine, se-
Nécmer. Leroy. Farine. [moule.
Oran. Jacques. Semoule, farine de blé dur
— Gaussen. Farine de blé dur, semoule.
— Medioni. Pâtes, semoules.
St-Denis du Sig. Tardieu, d'Oran. Far. de blé dur, semoule. [moulette, biscuits.
— L'Union agricole. Farine, semoule, se-
Sidi-bel-Abbès. Roquefère. Farines.
Tlélat. Wintherlg. Far. de blé dur, de blé
Tlemcen. Dreyfus. Pâte de blé dur, [tendre.
— Imbert (Scipion). Farines.

Province de Constantine.

Batna. Arnaud Benoît et Monraux. Farines.

— Pâtes. Farine.
CONSTANTINE. Godbarri. Farines et [illegible].
— Nisson (Gust.) Far. de gruau de blé dur.
GUELMA. Laviolle, à Guelma. Far., semoule.
MILAS Père-Chablat. Mélanier. Couscoussou.

France.

LYON. Bertrand et Comp., rue Bouteille, 27.
Collection de pâtes françaises avec d'Italie, et de semoules, en blé dur d'Afrique ; et, comme comparaison, une autre
collection en blé dur de Taganrog.

Légumes secs farineux
Province d'Alger.

DUPARCH, Kakembouchi et Thierry. Fèves.
BOUZAREAH. Salmont. Haricots. [haricots.
LE HAMMA. Pépin. centrale (Bardy, dir.)
Fèves de marais, f. jelienncs, f. à longue
cosse, gesses, haricots bagnolet, h. blanc
de belgique, h. blanc d'Espagne, h. de
Lima, h. de Prague, h. nègre, h. flageolet,
h. ventre de biche, h. de Soissons, h. vrt
lentilles, pois cichés, p. Michaux, p. de
Marly, p. doigt de dame, p. prince Al-
bert, p. culs.
MUSTAPHA. Mme Massou. Haricots.
— Meignen. Haricots.

Province d'Oran.

ABDALAR. Gibbrou. Dattes à ongle.
— Saïdi. Gis, lentilles.
— Thurion. Lentilles.
— Vivian. Lentilles.
ARZEW. Oliva. Pois chiches.
MASCOCHAR. Nicaise. Légumes secs.
PONT DE CHÉLIF. Piquial. Haricots de 2 ans.
SAINT-DENIS DU SIG. Union agricole. Haricots
de Hollande, h. borgnes, h. nankin, fèves,
lentilles, petits pois, pois chiches.
SAINT-LOUIS. Genital. Lentilles.
— Lejeune. Lentilles.
— Pages. Pois chiches.
SIDI-CHAMI. Alçou. Pois chiches.

Province de Constantine.

GASTONVILLE. Abbef (Fr.). Fèves diverses,
haricots, pois.
— Silvestini. Fèves, haricots, lentilles, pois.
— Cahin. Fèves, haricots, pois.
PHILIPPEVILLE. Grima. Haricots, petits pois
en tiges et en grains.
SAINT-ANTOINE. Garrigues. Haricots divers.
— Mme Lambert. Lentilles.

Racines et tubercules farineux.
Province d'Alger.

BOUZAREAH. Simard. Patates douces.
LE HAMMA. Pépin. centr. (Bardy, dir.) Pata-
tes, calbalon.
MÉDEAH. Fuchs. Pommes de terre.
— Roll. Pommes de terre.

Province d'Oran.

AÏN-NOUBET. Quintana. Pom. de t. précoces
MOSTAGANEM. Urpuchat. Patates.
SAINT-DENIS DU SIG. Noé. Patates.

Province de Constantine.

BATNA. Pépinière (Brunet, dir.). Patates ro-
ses de Malaga. [patates.
BISKARA. Jardin d'essai (Jacmin). Plantes
DJEMMILA. Commandant supérieur. Patates.
GUELMA. Marcel. Patates. [topinambours.

VIII. FRUITS DE TABLE ET GRAINES.
Province d'Alger.

ALGER. Chataud. Assort. de fruits confits.
— Laudmann. Graine et. d'orties fèves.
— Testut. Graine de ricin.
— Raynier. Graine de ricin.
BIRKADEM. Reverchon. Sésames, arachides.
BLIDAH. André. Graine de ricin.
— Gaudeau. Oranges.
— Eric. Fruits divers.
— Gravier et H. Caillot. Oranges, citrons.
— Lambel (J.-B.) fils. Oranges.
— La comtesse de la Villegontier, à l'Hacuch-
ben-Demoun. Oranges, citrons, limons.
DUPARCH. Kakembouchi et Thierry. Orang.,
citrons, graines de lin et de colza.
CASTIGLIONE. Miquel. Arachides.
CHÉRAGAS. Fraillé. Citrons, graines diver-
ses, arachides, ricin.
CRESCIA. Darz. Graine de ricin.
DELLIS. naval, à Bachroda. Olives kabyles.
HAMMA. Pép. centr. (Bardy, dir.). Fruits
conservés dans l'alcool, graines de lésor-
gros, sésan grise, lin communs, lin de
Riga, lin des indigènes, arachide ordi-
naire et du Brésil, navette, cameline,
colza, chanvre de Chine, tournesol, ma-
dia, colza, moutarde blanche et noire,
pavot, ricin commun, grand ricin d'A-
mérique, sésame, tournesol.
KOLÉAH. Gooch. Oranges.
ROUIBA. Rouvach. Olives.
MARENGO. Pierre. Gr. d'œillette, de sésame
— Caillot. Graine de lin.
MENERVILLE. Beyer. Gr. de ricin, arachides.

Province d'Oran.

AÏN-NOUBET. Amos. Graine de ricin.
ARZEW. Yssedo. Amos. [idem.
BENI-ABBÈS. Abd-el-Kader Ould-Zia. Arachi-
KRARBIA. Sorel. Gr. de moutarde blanche.
LES AMINES (villages des oasis). Dattes.
MASCOCHAR. Nicaise. Olives.
MASCARA. Savain. Raisins secs.
MAZAGRAN. Combes. Figues sèches.
MISSERGHIN. Orphelinat. Oranges, citrons,
grenades, cédrats, azuroles, coings, pru-
neaux. [Fruits confits
MOSTAGANEM. Pépinière (Mauras, dir.).
PONT DU CHÉLIF. Gabas. Arachides.
SAINT-CLOUD. Carion. Moutarde blanche,
graine de lin.
SAINT-DENIS DU SIG. L'Union agricole. Ara-
chide, ricin, moutarde, anis.
SIDI-BEL-ABBÈS. Soldam. Arachides.
— Lavatelin. Arachides.
SIDI-CHAMI. Sommer. Graine de colza.
SOUK-EL-MITON. Didier. Carottes.

Province de Constantine.

IX. DENRÉES COLONIALES

Denrées diverses.

Province d'Alger.

Province d'Oran.

Province de Constantine.

Tabacs.

Algérie

Province d'Alger.

Province d'Oran.

Province de Constantine.

X. SUCS VÉGÉTAUX
Sucs divers.

Province d'Alger.

BOUZARÉAH. Belombre. Suc végétal.
MUSTAPHA. Boyer. Opium.

Province d'Oran.

AÏN-NOUISSY. Abat. Scammonée en poudre et en larmes.
MASCARA. Capitaine. Opium, perais.

Province de Constantine.

CONSTANTINE. Pépinière (Percheron, dir.). Opium.
PHILIPPEVILLE. Bou-Akkba, café. Gendres.

Huiles fixes.

Province d'Alger.

ALGER. Delvignes. Huile de ricin.
— Landmann. Huile d'articles fero? naqor.
— Requier. Huile de ricin.
— Rochain. Huile d'olive.
EL-BIAR. Morin. Huile d'olive. (d'olive.
BLIDAH. Sougay et Ferrand. Huile
BOUZARÉAH. Marchal. Huiles diverses.
CASTIGLIONE. Miquel. Huiles d'arachides.
BEAULIEU. Mazeres. Huiles d'olive.
DELLYS. Carrier et Charpentier. Huile d'oliv.
HAMMA. Pépinière centrale (Hardy, dir.). Huiles diverses.
HUSSEIN-DEY. Simonet. Huiles d'olive, d'amandes, de ricin.
OUED-KADDRA, terr. des Khachena. Michel Drom. Huile d'olive.

Province d'Oran.

AÏN-TEMOUCHENT. Lagier. Huile d'olives sauvag.
MASCARA. Barbier. Huile d'olives, 1854.
— Gauze. Huile d'olives, 1854.
MASSOURAH. Nicaise. Huile d'olives.
SAINT-LEU. Carlois. Moutarde blanche.
— Chirouze. Huiles diverses. (Hu-
TLEMCEN. Facio. Huiles d'olive de 1854 et
— Imbert (sc.). Huile d'olive. [1854.
— Lambert. Huile de 1854.
— Pons. Huile d'olive.

Province de Constantine.

BONE. Arnaud. Huile de palme purifiée.
— Colson. Huile d'olives comestible.
— Dubourg. Huile d'olives comestible.
— Kropski. Huile d'olives comestible.
— Wolf, à la grande oasis. Huile d'olive.
BOUGIE. Capello. Huile fine d'oliv. et autres.
— Ferrand. Huile fine d'olives et autres.
— Garnier, d'Amsterre. Huile fine d'olives et autres. (Huile de pavot.
CONSTANTINE. Pépinière (Percheron, dir.).
DJIDJELLI. Osman. Huiles.
GUELMA. Lavie (Franç.). Huile d'olive.
FONDOUK. Barois. Huile de lentisque.
— Nadji. Huile de graine de coton. (d'oliv.
TAHERLOCT. Betram. Huile d'olive.

Huiles volatiles ou essences

Province d'Alger.

ALGER. Lavète. Essences diverses.
— Martin. Essences et parfumeries.
— Réquier. Essences diverses; eau de fleur d'oranger, fleurs d'oranger sèches.
SIDI-KRALEM. Trayard. Essences acidées d'œillet, cassie, eglantine, héliotrope.
— Foucauld. Essences diverses. (jasmin.
— Sougou et Ferrand. Essences de jasmin, de géranium.
BLIDAH. Payen. Essences diverses.
— Vélix. Essences diverses.
COLÉAH. Moscorio. Essences diverses.
HUSSEIN-DEY. Simonet. Essences diverses.
MUSTAPHA. Boyer. Essences diverses.
ROVIGO. Bourret. Essences diverses.

XI. ESPÈCES MÉDICINALES

Province d'Alger.

KOLÉAH. Jacob. Fleurs d'oranger et de limonier.

Province d'Oran.

Les Beni-Ouassin (cercle de Tlemcen). Figuier (pyrèthre).

Province de Constantine.

BISKRA. Jardin d'essai (Jamin, dir.). Plantes médicinales.
DROUILLE. Tribus diverses. Thé indigène et autres végétaux.

XII et XIII. BOIS COMMUNS ET EXOTIQUES

Province d'Alger.

ALGER. Bichel. Violon en bois de thuya.
— Grandjean. Buffet de salle à manger en bois algériens. Dessus de table et son trois-pieds.
— Gandil. Meubles en bois d'olivier. Table et bibliothèque. (tiens.
— Langlois-Delaux. Coffret en bois algé-
— Maleval. Berceaux en bois d'olivier; guéridon en bois de noyer noir; cassarine; oranger; lataurii; serpcon micheres; philyrea; thuya.
— Portet. Liège brut et bouchons.
— Royer. 55 échantillons de 36 essences de bois; 11 échantillons de bois résineux.
— Service des forêts de la province. Collection de bois algériens. Collection de plantes, semences et fruits cultivés par les planteurs militaires.

(Suit la liste :)

Arbousier, de St-Farguen. Arbépine, de Cheikh-el-Bar. — Aune commun, de l'Edough. Azerolier, de Bougie.
Bruyère arborescente, de Boufienot.
Caroubier, de Kuleah. Cèdre, d'Aïn-Telaud (bois, graines ou semences). — Châtaignier, de l'Edough. Châtaignier mari-

cher bain ordinaire, feuilles, palmes; bracelets et chandels en noyaux tour-nés, paquet de cordes et routins, feuilles merveilles, araigne de bois. — Phillyrea latifolia, plateau. — Phillyrea latifolia, feuille de placage, table Louis XV en bois de tour, plateau. — Phillyrea angustifolia, planche. — Pin d'Alep, plateau. — Pin pignon, plateau. — Pistachier térébinthe, feuille de placage, pied d'un guéridon. — Pistachier de l'Atlas, plateau, bureau. — Peuplier blanc de Hollande, chevron. — Platane d'Europe, tronc. — Platane d'Afrique, plateau. — Poirier, plateau. — Pommier, plateau. — Prunier, plateau. — Prunier, plateau. — Faux poivrier, plateau, massif, fruit.

[...]

pignon (semis de 19 ans). Pin d'Alep de
l'Edough. Pistachier de l'Atlas, des Zardezas. Phillyrea des Beni-Foual. Poirier
sauvage. Pommier sauvage. Saule (bar-
seuil de Tenia. Sumac des corroyeurs des
Beni-Foual. Tamaris des Beni-Melek.

LA CALLE. Vicomte Delaunay. Liège brut.
— De Montebello. Liège de repeal. Bouchons.

MILAH. Bel-Hammouchi, caïd. Plats en bois.

PHILIPPEVILLE. Siréll. Planche de bois de
genévrier.

BOSQUETVILLE. Roget et Cie. Bois d'olivier.

France. Paris.

Allard (Georg), rue du Faubourg-du-Tem-
ple. Meubles en bois de thuya.

Barthélemy, petite rue Saint-Pierre-Amé-
lot, 13. Billard en bois d'olivier et de
thuya.

Beilier et Otto, rue du Temple, 79. Objets
divers en bois de thuya.

Brun, r. des Tours, 14. Objets en thuya.

Charbonse, faubourg Saint-Antoine, 61.
Meubles en thuya.

Fontelmar, rue Amelot, 45. Meubles en
bois de thuya.

Fauquier, rue Sourg-l'Abbé, 7. Brosserie
en bois algériens.

Gossel, à Paris, rue des Gravilliers, 24. Porte-
cigares et autres objets en thuya.

Grade, rue Coslet, 2. Divers meubles en
thuya.

Huet. Pianos en bois d'Algérie.

Roelier, rue Saint-Antoine, 205. Meubles
en bois d'Algérie.

Roelier fils. Bureau-secrétaire en bois d'Algérie.   [Isoirs en thuya.

Kupp et Staudinger. Objets d'art et néces-
Krieg-Stein. Piano en thuya.

Lambert de Roissy, rue des Lions-Saint-
Paul, 8. Collection de bois algériens.

Lautrous et Levillé. Nécessaires, papeterie,
objets divers en thuya.

Maréchal, rue des Gravilliers, 24. Caves
à liqueurs, porte-bottier.

Merzier, rue des Gravilliers, 24. Taba-
tières en bois d'Algérie.

Moreau (Sébastien), boulevard Bonne-
Nouvelle, 41. Piano en thuya.

Mousel, boulevard Montmartre, 4. Pianos
en thuya et placier. [Les bois algériens.

Noiré, rue du Bac-de-Mode, 38. Tentures

Pleyel, rue Rochechouart, 22. Pianos en
thuya.

Reymond, faubourg Saint-Martin, 52. Cu-
rages en bois d'Algérie.

Ravet, rue de Normandie, 4. Objets en
bois d'Algérie.

Schultes, rue [illegible], 4. Pianos en thuya.

Sefter, r. de Cluny. Bibliothèque en thuya.

Tricotelmer-Maciu, rue Montmorency, 4.
Ébénisterie en thuya.

Toussaint, rue Sécaire, 4. Service de table
et objets divers en cocos.

Vaule-garwen, rue du Faubourg-Saint-
Antoine, 60. Table Louis XV en thuya.

XIV. FRUITS, TIGES ET FILAMENTS A OUVRER.

Matières diverses.

Province d'Alger.

ALGER. Crozet et Bioned. Crin végétal fa-
briqué avec du sparte ou alfa.
— Lalon-Billet. Pâte et papier de dis.
— Avelin. Tiges de dis.
— Roussin. Crin végétal.

EL-BIAR. Hausche. Phase de toute textile.

BOUSSADA. Foucauld. Menus objets en
palmier-nain et autres plantes fibreuses
pour pâte à papier.

CURSASAS. Feuillet. Chanvre, abutilon.
— Billet. Crin végétal.

HARAS. Pépinière centrale (Hardy, dir.).
Collection de fibres et produits textiles.
Abutilon indicum, Agave americana,
Agave fætida, Agave mexicana. Chanvre.
Chanvre de Chine. Corète (corchorus)
textiles. Lin commun, lin de Riga, lin
des indigènes. Mauve textile.

ROUBA. Chanel. Lin sauvage, ortie blanche.

HAMMAM. Gadel-f. Lin en tige, en filasse, en
graine.   [Chine.

MUSTAPHA. Laperlier. Chanvre géant de

Province d'Oran.

AIN-NOUISSY. Fournand. Sparterie.
— Quadaloz. Tresse de palmier.

SIDI-TORABTA. Pierre. Lin à fleur bleue, lin
à fleur blanche.

SERBAH. Soret. Graine et tissus de lin.

SAINT-DENIS-DU-SIG. L'Union agricole. Lin.

SAINT-LOUIS. Thiéry. Lin.

SIDI-BEL-ABBES. Gamarage et champ. Corde
en feuilles de palmier nain.

TLEMCEN. Pépinière (feuilles). Chanvre
roui et braye.

Province de Constantine.

BISKRA. Jardin d'essai (Landon, dir.). Lin.

CONSTANTINE. Laville. Chanvre géant de la
Chine (tille).
— Pépinière (Boucherou, dir.). Lin en tige,
lin teillé, lin en filasse; chanvre géant
de la Chine en tige.
— Oliva. Lin en bottes.   [chanvre.
— D. de Garnelin. Les Beni-Mansof. Lin.

GASTONVILLE. Feulangle Hubert. Lin en
tiges, lin roui et lin roui.
— Lavaut. Lin en tiges, lin en étoupes,
graine de lin.

MILAH. Bel-Hammouchi, caïd. Chanvre.

PHILIPPEVILLE. Feuchon. Chanvre, lin en
tige, en étoupes.
— Poupart. Lin en tiges, roui, en étoupes.

SAINT-ARNAUD. Mad. Lambert. Lin en tige,
en graines.

LES ARIBS (environs du Sahara). Mohamed-
ben-Hadj. Corde en lif (fils de palmier).

France.

LILLE. Bigoole frères. Fil de lin en filasse,
[illegible] des lins en tige de la province
de Constantine.

Mousselines et jaconas de coton algérien lissés à la mécanique, n°° 159 à 252.

BARMSTEDT. Verry, Robert et Cie. Cotonnades coton tissus avec des cotons algériens, 1854. (d'Algérie.)

BERNAY (Eure). Lebouleanger. Cotons filés.

DORNACH (Haut-Rhin). Dollfus, Mieg et Cie. Filés, calicots, fils à coudre, tissus écrus blancs ou imprimés, en coton algérien de 1854.

GEBWILLER (Haut-Rhin). Cotons filés et tissus; récolte de 1854.

KAEFFERKOPF (Haut-Rhin). Roeler (Henri) et Cie. Coton filé, chaîne et trame.

LOERRACH (Haut-Rhin). Herzog. Cotons filés; récolte de 1854.

LILLE. Pouvez-Morris. Filés de cotons algériens, récolte de 1854.

— Cox (Edmond), à la Louvière-lez-Lille. Filés simples et retors; filés retors, écrus, gazes, [illegible] fil de toile blanchi; neuf cartes garnies chacune de 100 mètres environ de fil simple; fil à double [illegible] blanchi; specimens et pièces de tissus de Tarare; [illegible] specimens et pièces de tissus de Saint-Gosselin; dentelles de Lille.

— Delétant et Lacroisier, à Lille. Filés de coton, mousseline de coton algérien.

— Mallet frères, à Esquermes. Cotons filés de 1853 et 1854.

MUNSTER (Haut-Rhin), et Paris, rue du Sentier, 31. Hartmann et fils. Filés et tissus de coton algérien.

NANTES, Bureau. Filés de coton algérien; récolte de 1854.

PARIS. Fournier, rue Popincourt, 52. Tissus de mousseline, dentelles, tulles, bas en coton algérien.

PONT-L'ÉVÊQUE (Calvados). Thibout, à Surville. Filés de coton algérien; récolte de 1854. (coton algérien.)

ROUEN. Planteau frères, à Oissel. Filés de [illegible]

— Sanson père et fils et Roller. Cotons filés avec des cotons d'Algérie.

SOULTZ. Kiefer frères. Filés de coton algérien, chaînes, trames.

TOURCOING. Laurent frères et sœurs. Tissus de coton algérien pour pantalon.

Angleterre.

MANCHESTER. Gardner et Barley. Cotons filés avec des cotons algériens.

XV. TEINTURES ET TANNINS.
Province d'Alger.

ALGER. Textor. Suie de paille.

— Langlois-Delaux. Écorce de pin panné.

L'ARBA. Paysant. Garance.

FR-DIAR. Hainette. Couleurs végétales.

BIRKADEM. Reverchon. Carthame.

— Strieber, à Birkadem.

BOUFARIK. Fouraud. Cochenille.

— Sargey et Ferrand. Cochenille.

BLIDAH. Gravier et Calibol. Garance en racines. (jaunes végétales.)

BOUFARIK. Kakanowski et Thierry. Cochenille.

BOUFARIK. Decujelait. Racines de garance.

CHACHUFA. Bello. Cochenille.

DOUERA. Marion. Douera.

HUSSEIN-DEY Simonnet. Cochenille vivante.

KOUBA. Chapel. Safran, indigo, erythro-loline. (Écorces de grenade.)

MILIANAH. Moulien. Matière colorante de [illegible]

WESTPHALEN. Beyer. Cochenille, carthame.

MUSTAPHA. Mme Hasson. Soie lutéa avec la cochenille algérienne.

ORLÉANSVILLE. Arvizet. Cochenille.

— Bouhard. Safran.

PONTÉBA. La colonie. Carthame.

ROVIGO. Lacroix. Garance, garancine.

HAMMA. Graine de garance. Safran. Carthame.

Province d'Oran.

AÏN-TÉMOUCHENT. Lagier. Garance.

— Royer. Kermès.

MASCARA. Pépinière (Levens, dir.). Garance de 18 mois, 2 ans, 2 ans 1/2. (Garance.)

MISSERGHIN. Orphelinat (P. Abram, dir.).

MOSTAGANEM. Mustapha-ben-Dif. Henné.

ORAN. Ben-Daoud. Henné en grains, en feuilles, en poudre. Kermès.

— Meáhoel. Kermès.

SAINT-DENIS du SIG. L'Union agricole. Garance en grumes et en racines.

SAÏDA (Cercle de). Les Beni-Sonna. Kermès. (més. Garance.)

SIDI-BEL-ABBÈS. De Franqueville, au Khe[illegible]

SIDI-CHAMI. Abau (Jacques). Garance.

SIDI-KELEPTON. Daller. Garance sauvage.

TLEMCEN. Ali-bou-Saïd. Henné en feuilles et en poudre. Kermès.

— Kadadar-ben-Kaouch. Garance sauvage en racines et en poudre.

— Sofiie. Garance.

— Troilaban. Tan de chêne vert.

(Cercle de). Les Beni-Ournid. Garance.

— Les Beni-Snini. Écorces à tan de pin, de chêne vert.

— Les Beni-Yalia. Gared. Melghetta, plante servant à teindre en jaune.

Province de Constantine.

BATNA. Si-Bou-Diaf, caïd. Garance ind.

— Président du comité. Garance de l'Aurès.

BISKARA. Jardin d'essai (Jassin, dir.). Er-[illegible]

CONSTANTINE. Joffre. Gar. de 3 ans. (digo.

— Pépinière (Percheron, dir.). Garance.

— Charal. Garance de 3 ans.

DJIDJELLI. Les Beni-Hassen. Garance.

JEMMAPES. Bazen. Garance de 2 ans 1/2.

OUED-KRAR. Bel-Kassem-bel-Chetli, à Milner, Chanra. Garance de 18 mois.

— Saïdah-ben-Charza, à Chetma. Henné en feuilles et en poudre.

XVI. PRODUITS VÉGÉTAUX DIVERS.
Province d'Alger.

L'ARBA. Dubard. Cardères à foulon.

El-Biar. Haloche. Cardères à foulon.
Boufarik. Kakzanowski et Thierry. Hou-
blon.
Harra. Pép. cent. (Hardy, dir.). Houblon.
Kotkar, Jacob. Luzerne; avec et sans
graine. Fleurs d'oranger et de limonier.
Kouba. Chapel. Vétiver.
Médéah. Soif. Houblon.
Mostaganem. Beyer. Houblon.

Province d'Oran.

Bled-Touaria. Bœuf Peiras. Produits div
Oran, Castelitzan. Cardères. [Houblon.
Sidi-Kelastou. La famille Belkoull.

Province de Constantine.

Milah. Sid-Hassen. Cuoto.
Philippeville. Garrigous. Épices.

SECTION III.

MATIÈRES MINÉRALES.

XVII. Substances non métalliques.

Province d'Alger.

Alger. Service des mines (Villa, ingé-
nieur en chef). Sel gemme d'El-Aghouat.
Cristallisation d'El-Aghouat. Gypse blanc
du camp de Kerbah, près Ténez; gypse
blanc de Rovigo. Porphyre de Rovigo.
Moulin arabe en grès quartzeux. Grès
micacés bleuâtre de la carrière du Vieux-
Ténez. Pierre calcaire de l'Oued-Isly.
Meule des îles Pisan. Pavé des îles Pisan.
— Meranghi. Marbres.
— Bendon. Eau minérale de Moussaïa.
Dalexatie. Nicaise. Porphyres, marbres.
Rovigo. Helfreicl. Plâtre algérien.

Province d'Oran.

Ain-Nouisey. Anus. Pierre à plâtre.
— Quintaine. Eau minérale sulfureuse.
Oran. Service des mines de la province
(Fayel). Marbres d'Ain-Tembalek, de
l'Oued-Isser, du Dj.-Chinisa, des Bains
de la Reine. — Lignites de Hadjar-Roum.
— Sel du lac d'Arzew. — Pouzzolane de
Raelagoun, des environs d'Ain-Temou-
chen. — Albâtre gypseux du Pont-du-
Chélif. — Eaux minérales des bains de
Reine, de l'Oued-el-Hammam, de Ham-
mam-bou-Hadjar, de Hammam-bou-
Ghraoua. — Sel gemme. — Gypse.
— Drimonie. Albâtre onyx translucide. Ou-
vrages divers en marbre onyx.
Mascara. Service des forêts. Gypse cris-
tallisé, grès calcaire.
Ouled-Mimoun. Charbon de terre (lignite).
Pont-du-Chélif. Le maire. Terre à mortier.
— Jaubert. Fossiles, terres rouges, albâ-
tre, sulfate de chaux.
— Onion. Pierre de taille.
Tlemcen. Les Ouled-Riah. Terre à foulon.

Province de Constantine.

Batna. President du comité. Sel de la
montagne d'Outaïa.
Biskara. Ben-Ali-ben-Atbi, cheikh de la
Djemââ d'El-Outaïa. Sel d'Outaïa.
— (Les caïds du sud de). Sels gemmes.
Bône. Fabre. Marbres blancs et veinés.
Bougie. Mugnier (Marie). Presse à papier.
Pierre lithographique. [ques.
Constantine. Guemié. Pierres lithographi-

— Préfecture. 17 bouteilles d'eaux minér.
— Service des mines de la province. Gra-
nit, porphyres, marbres.
— (Cercle de). Bou-Nasa, caïd à Oued-Es-
heb. Sels.
Djidjelli. Les Beni-Slar. Lignite, jayet.
Guelma. Le cercle. Pierres... [vers.
— Si-Ali-ben-Mohammed. — Minerais di-
— Marcot. Chaux diverses, dont deux hy-
drauliques.
Philippeville. Lavoute. Sel gemme.
— L'ingénieur ordinaire des mines de l'ar-
rondissement. Marbre noir de Sidi-Yaya,
près Bougie.
— Mesaoud-ben-Ommbark, à ben-Ferrah.
Meule à bras.

Paris.

Antel, rue Amelot, 26. Marbre onyx translucide.

XVIII. Substances métalliques.

Province d'Alger.

Alger. Service des mines. Galène de la
Bouzareah. *District métallifère de Blidah.* Minerais des mines de Moussaïa.
Cuivre gris du filon Bandou; cuivre gris
du filon Némours; cuivre gris nickelifère
du groupe Némours; cuivre gris du filon
Némours (nord); cuivre gris du groupe de
Némours; cuivre pyriteux des Moussaïa;
cuvette en cuivre; barre de cuivre, fabriquées à Garonte avec le minerai de
cuivre des Moussaïa; cuivre pyriteux de
l'Oued-Merdja; cuivre pyriteux de l'Oued-
Kébir. — *District métallifère de Milianah.* Cuivre pyriteux du filon d'Ain-Sul-
tan; cuivre pyriteux du filon de l'Oued-
Adelia; galène du Zakkar-Gherbi; minerai
de fer de l'Oued-Relian; cuivre pyriteux
de l'Oued-Aklous; cuivre pyriteux de
Hammam-Rhiga. — *District métallifère
de Ténez.* Cuivre pyriteux associé à une
gangue formée d'anthracite et de carbonate de fer; cuivre pyriteux massif; minerai de fer (hématite rouge); minerai
de cuivre de l'Oued-bou-Halou; cuivre
pyriteux massif; cuivre gris de Sidi-
bou-Aïssa.
Blidah. Société des mines. Minerais.

DALMATIE. Nicaise. Minerais de cuivre, plomb, zinc, fer.
MALAKOF. Allemand. Cuivre.
— Pérault. Lignite.
— Salтом. Cuivre.
MOUZAIA. La société des mines. Cuivre.
DOUÉ-KELLEL. La soc. des mines. Cuivre.

Province d'Oran.

LE KROUBS. Compagnie des mines. Minerais.
ORAN. Service des mines (Fayard, ingénieur des mines). Minerais de plomb argentifère et de zinc des Ouled-Mazza, plomb argentifère du Tiziat et Gar-Rouban; les oxydes du Dj.-Moussa.
C. de Lalla-Maghnia. Compagnie de Ouled-Mazz. Minerais divers.
C. de Sebeu. Compagnie de Gar-Rouban. Minerais divers.
TLEMCEN. Yahia-b-Khalloun. Poudre d'or.

Province de Constantine.

BÔNE. Société des hauts-fourneaux de l'Aldik. Minerais de fer et fontes aciéreuses.

CONSTANTINE. Barnola. Antim. de Hammam.
— Service des mines. Minerais et fontes de l'Aldik.
— Jolly père. Minerais d'antimoine, de cinabre, de régule de zinc, et morceau de Hammad.
PIGNELLI. Cheikh-Amma. Minerais de fer.
— (Cercle de). Les Brab-Fouras. Min. de fer.
— Les Beni-Hamed. Minerais de fer.
— Les Beni-Idesur. Min. de fer et de cuivre.
— Les Beni-Kitab. Minerais de fer.
— Les Beni-Maad. Minerais de fer.
— Les Beni-Merai. Minerais de fer.
— Les Beni-Ouarsen. Minerais de fer.
— Les Beni-Sebil. Minerais divers.
— Les Ouled-Mohammed. Minerais de fer.
PHILIPPEVILLE. Niell. Minerais divers du Dj.-Gréyer, près fontaines.

France.

PARIS. Polider, rue des Saints-Pères, 32. sabres, épées, couteaux de chasse, couteaux de table, fabriqués avec les fontes aciéreuses de l'Aldik.

SECTION IV.

FABRICATIONS.

XIX. INDUSTRIES AGRICOLES, ARTS INDUSTRIELS ET PHARMACEUTIQUES

Province d'Alger.

BRODERIE, LINGERIE. École arabe-française des jeunes Mauresques (Mme Luce, dir.) à Alger. broderies, tissus divers, poupées mauresques.
CARROSSERIE. Bonasse, à Alger. Voiture-marchand sur terre et sur eau.
DISTILLERIE. Brugul-Chael, à Alger. Alambic perfect. pour distiller les plantes odorif.
HORLOGERIE, instrum. de précision. Coullier, à Alger. ambulanterie, Horloge électrique.
INSTRUMENTS AGRICOLES, horals la Sape, à Boufarik. charrue.
— Chérot, à Castiglione. Appareil pour l'éducation des vers à soie.
— Gasparet. Machine à égrener le coton; un pour tyssoir à laine.
— Favre, à Blidah. Une charrue.
— Fourrustel, à Alger. Charrue à défricher les palmiers nains.
— Labat, à Alger. Magnanerie modèle.
— Lemoine, à Blidah. Tarare.
— Leziges, à l'Arba. Charrue à défricher, charrue à cultiver, herse, houes à cheval, butoir.
— Maleval, à Alger. Appareil pour la conservation des grains.
— Péan, à El-Biar. Charrue à double versoir.
MÉCANIQUE. Chérot, à Castiglione. Machines hydrauliques, pièces moulées.
— Consorti à Mustapha. Tuyaux à gaz et à conduite d'eau.
— Labont-Ruffet, à Alger. Roues à engrenages.

— Morel, à Alger. Modèle de bascules.
— Vaillant fils aîné, à Alger. Roue-outil.
PETITES INDUSTRIES. Foucauld, à Birmandreis. Menus objets en palmier nain.
— Testut, à Alger. Coussin rempli de laine, balais, cordes, bourolets, chapelets.
PHARMACIE. Ben-Clona, médecin major à Alger. Collection de 474 médic. indigènes, composant toute la pharmacopée arabe.
— Dr Favre, à Alger. Poudre antihémique et antidyssentérique, extraits des végétaux d'Algérie.
PRODUITS CHIMIQUES. Desvignes, à Alger. Acide citrique.
— Dutertin, à Alger. Sirop et acide azotique sucré, cet. de l'arum italicum.
— Macamiac, à Alger. Sels suer. raffinés.
SCULPTURE. Gantaint, à Alger. OEufs d'autruche sculptés.
SELLERIE. Boulanger. Selles de dif. formes.
TEINTURE. Reston, à Miliana. Matières diverses, laine, crin végétal, teintes en noir avec l'écorce de grenade, en jaune avec une plante indigène nommée ess=sar.
TYPOGRAPHIE. Bastide, à Alger. Livres imprimés en caractères arabes.

Province d'Oran.

INSTRUMENTS AGRICOLES. Béchet, à Aïn-el-Chérif. Ruche à étages mobiles.
MÉCANIQUE. Laujoulet, à Oran. Dextier de l'Oranaise, appareil à charger et décharger les marchandises dans les gares du commerce et des chemins de fer.
SPARTERIE. Foucauld, à Aïn-Nouissy. Ouvrages en sparterie.

Province de Constantine.

Éregitepper. Cochet, Ribou, Limbourg, à Lambessa. Table à ouvr., boît. de dames.
Perret, Castillon, à Constantine. Colonne surmontée d'une urne fabriquées avec de la terre glaise du pays.
Pionniers militaires. Salpêtrerie d'essai de Biskara. Échantillon de salpêtre brut.
Savonnerie. Arnaud (Clovis), à Bône. Savons divers.

XX. Boissons.

Province d'Alger.

El-Achour. Mangey. Vin. [Orient.
Alger. Duval (Claude). Alcool d'arum (Or-
— Machiavelli. Vins rouges de Chéragas et de Kaddous.
El-Biar. Lemmonier. Vin rouge.
Birkadem. Castelli. Vin de 1848, 1852, 1853 et 1854.
Blidah. Le Dr Baudens. Eau-de-vie de dattes de Laghouat, alcool d'asphodèle.
Chéragas. Mercurin. Alcool de figues de Barbarie, d'asphodèle.
Dely-Ibrahim. Meiffren. Vins r. et blancs.
— Vallier. Vin rouge et blanc.
Douera. Pelletier. Vin blanc de 1854, rouge
Dra-el-Mizan. Dubourg. Vin. [de 1854.
Hamma. Pép. centr. (Hardy, dir.). Liqueurs
Hussein-Dey. Simonnet. Vins. [esprit.
Kouba. Brocard. Oued-Allah, liq. de table.
Médéah. Ballard. Vins blancs.
— Brouard. Vins blancs.
— Roche. Vins r. et bl. de la réc. de 1854.
— Roy. Vins rouges et blancs de 1854.
— Vve Seymond. Vins blancs de 1854.
Milianah. Fort. Vin blanc.
Mustapha. Lapelier. Vins rouges et blancs.

Province d'Oran.

Aboukir. Dorthel. Vin rouge. [1854.
Aïn-Tedeles. Chabut et Patrault. Vin de
Arzew. Garcia. Vin muscat.
Bréa. Bahé. Vin.
Les Lignes. Mariel. Vin rouge.
Mascara. Augard. Vin rouge.
— Cabanel. Vin blanc et vin rouge de 1854.
— Cuny. Vin rouge de 1853.
— Nouel. Vin blanc sec de 1854.
— Plomber et Cadi. Alcool de figues de Barb.
— Rivoire. Vin doux de 1854.
— Savelli. Vin blanc de 1854.
Mazagran. Gilet. Vin rouge.
— Grullat, à Mazagran. Vin rouge.
— Roux. Vin rouge.
Oran. Berton. Vin de 1854.
— Calderé. Alcool d'asphodèle et de figues de Barbarie.
— Lafargue. Vin de 1853 et 1854.
— Rousseau. Alcool d'asphodèle.
Saint-Cloud. Tissier. Vin paillet, vin blanc.
Saint-Denis du Sig. Roé. Vin.
La Sénia. Ledoux. Vin blanc, vin muscat.
Sidi-bel-Abbès. Bonnet. Vin rouge de 1854.
Sour-Kelmitou. Desbœufs. Boisson faite avec les figues de Barbarie.
Tlemcen. Gauthier. Vin rouge de 1854.
— Lombard. Vin blanc de 1854.
— Méry. Vin rouge de 1854, vin de figues de Barbarie et de grenades.
— Parodi. Vin.
— Sebilla. Vin rouge de 1854.

Province de Constantine.

Batna. Pépinière (Bonnet, dir.). Vin.
— Vigouroux et Perez. Eau-de-vie de grains.
Biskara. Salomon Durand. Esprit de dattes et de figues.
Constantine. Nicod et Marcou. Vin de 1854, plants de Beaujolais et de Saint-Julien.
— Marcou. Vins.
Damrémont. Rolland. Alcool d'asphodèle.
Gastonville. Gandon. Vins rouges et bl.
Guelma. Marcel. Esprit de cactus.
Philippeville. Grima. Vins bl. et rouges.
— Lavoute. Vins blancs et rouges, alcool.
— Nelli. Alcool de sorgho à grains noirs.
Saint-Antoine. Montlambert. Vins de 1854.

XXI. Industries indigènes.

Province d'Alger.

ARMES.

Solal, à Alger. Fusil kabyle.

BRODERIES.

Kaddour-ben-Marabet et Mohammed-ben-Hadj-Kaddour, à Alger. Broderies indigènes.
Mustapha-Kellou, à Alger. Coussins brodés en or.

CHAUSSURES.

Mohammed-ben-Abd-er-Rahman, à Alger.
Mustapha-Kalou, à Alger. Pantoufles brodées.

ÉTOFFES, TISSUS, LAINES OUVRÉES.

Ahmed-ben-Ali, à Alger. Vêtements pour femmes indigènes.
Hadj-Ahmed-ben-Hammani, à Alger. Vêtements et tissus de fabrique indigène.
Moïse-ben-Abraham-Tabet, à Alger. Tissus indigènes avec passementerie et broderie. Tente arabe; toile, drap; passementerie de soie; basin du Maroc.
Mustapha-Kaltou, à Alger. Burnous à raies de couleur, coussins en drap.
Ben-Naceur-ben-Salem, à Laghouat. Tissus de laines grossières.
Nessim-Delain, à Alger. Tente indigène.

ORFÈVRERIE, BIJOUTERIE, PETITS MEUBLES.

Cohen Solal, à Alger. Divers.
Mustapha-ben-Arif Khodja. Étagères et porte-bougies.
Mustapha-Kaltou, à Alger. Objets divers d'industrie indigène, œufs d'autruche.
Zara, ouvrière de Tombonchon, à Alger. Ceinture de corail.

POTERIE.

Ben-Naceur-ben-Salem, à Laghouat. Poterie du M'zab.
Braupolito, à Dra-el-Mizan. Poteries kaby-
Wolf, à Dellis. Poteries kabyles. [les

SELLERIE, ÉQUIPEMENT DE CAVALERIE.

Ismaël-ben-Mostapha-Kondjat el Hamed-ben-Hasis, à Alger. Harnachement des chevaux. Divers objets de sellerie indigène.
Palbroy, à Medeah. Harnachement arabe complet.

SPARTERIE, VANNERIE.

Corporation des nègres, à Alger. Paniers, corbeilles, ceintures, objets divers.
Wolf, à Dellis. Vannerie kabyle.

Province d'Oran.

ARMES.

Ben-Salem, à Tlemcen. Sabre avec fourreau.
Chérif-el-bou-Chadji, à Tlemcen. Sabre indigène à poignée et galon en maroquin.
Hadj-Brahim-ben-Salem, à Tlemcen. Fusil incrusté.
Hadj-Braham-ben-Azzam, à Tlemcen. Fusil incrusté en argent.

CHAUSSURES.

Hadj-Idris, à Tlemcen. Souliers pour hommes et pour femmes. [les
Mohammed-el-Chérif, à Tlemcen. Franges
Soliman-ben-Hadj, à Tlemcen. Pantoufles brodées.

ÉTOFFES, TISSUS, LAINES OUVRÉES.

Abd-el-Kader-Ould-Mohammed-ben-Kroura, à Mascara. Haïk blanc.
Abd-el-Selam-Ould-Ibrahim, tribu du Grosseï. Burnous et haïk.
Ahmed-ben-Ayad, à Tlemcen. Laines bleues, bandelettes. [haïk.
Ali-ben-Redjeb, à Tlemcen. Assortiment de
Bei-Caïd, caïd, à Oran. Burnous et haïk.
Ben-Ali-ben-Zerdjeb, à Tlemcen. Haïk en laine, raltoe.
Ben-Daoud, à Oran. Haïk, burnous, couvertures, tapis. [pour tente.
Les Beni-Snous, cercle de Sebdou. Étoffes
Biu-ben-Txya, c. de Tiaret. Tapis, couvertures.
Les Djafras, même cercle. Couverture de cheval, teinte en kermès. [digènes.
Feh, de Toumin. Échantillons d'étoffes in-
Hadj-Mohammed-Behid, à Tlemcen. Tente.
Les Hanedj. Musette de cheval.
Les Ksour des oasis. Burnous en laine.
Yaur-ben-Kennoun, à Tlemcen. Cafetan brodé pour femme.
Léon Lafaye. Burnous noir de Mascara.
Mokhtar-el-Baroudi, à Tlemcen. Laine teinte.
Mohammed-ben-Kroura, à Mascara. Laine lavée. [juive.
Nathan-ben-Meyer, à Tlemcen. Robe de

Les Ouled-el-Nahar et les Ouled-el-bou-Amel, c. de Sebdou. Étoffes pour sacs et pour tentes. [cheval.
Sieb-Mansour, à Mascara. Couverture de
Si-Amed-Ould-Cadi, à Mascara. Couverture de cheval.
Yacoub-Khalfoun, à Tlemcen. Châle en laine, à franges d'or; robe de soie brodée pour femme juive.
Yousef-Akrin, à Tlemcen. Bardebulle.
Si-Kaddour-Chélif el Hadj Salemou, c. de Tiaret. Étoffe pour tente, Couverture.
Les Maladjes, tribu ? [fracht?

ORFÈVRERIE, BIJOUTERIE, PETITS MÉTAUX.

Abd-el-Kader-ben-Hamed, à Tlemcen. Objets d'autruche. Éventail en plume d'autruche. [d'oreilles.
Haïem-ben-Saloum, à Tlemcen. Pendeloques
Haïem-Benésidou, à Tlemcen. Collier en or, et autres objets d'orfèvrerie.
Moïse Setta. Couteau de pied. [soie.
Nessim-ben-Susan à Tlemcen. Cordon de
Salem-ben-Ichou, à Tlemcen. Bracelets de femme.

PEAUX PRÉPARÉES.

Hadj-Mohammed-Bakhisl, à Tlemcen. Peaux de chèvres teintes.
Mohammed-ben-Bakhtar, à Tlemcen. Peaux préparées pour sellerie et cordonnerie.

POTERIE.

Hadj-Mohammed, à Tlemcen. Poterie.
Ville de Nédroma. Vases en poterie.

SELLERIE, ÉQUIPEMENT DE CAVALERIE.

Hadj-Seq-Zart, à Oran. Bottes et cartouchières arabes.
Mohammed-ben-Bouriad, à Tlemcen. Selle complète; ceinture de combat, sabretache, cartouchières.
Mohammed-ben-Kroura, à Mascara. Selle brodée en or avec cachuachière et porte-pistolets.

SPARTERIE, VANNERIE.

Les Beni-Snous, cercle de Sebdou. Nattes en alfa et en laine.
Hadj-Cadu, à Oulhassa. Chapeaux, paniers en sparterie.

USTENSILES ET MEUBLES DE MÉNAGE.

Mohammed-ben-Si-Hossaïn, à Tlemcen. Table arabe. [en bois.
Les Beni-Ouarsons, c. de Tlemcen. Cuillers
Dumont, à Aïn-Nouissy. Moulin arabe.
Samuel Solto, à Tlemcen. Lanternes peintes à l'orientale.

Province de Constantine.

ARMES.

Amor-Mohammed-ben-Bouselta, tr. des Ould-Dreieta, c. de Bordj-bou-Arérij. Platine de fusil sans argent.
Rachid-Amar-ben-Bouselta, même tribu. Platine de fusil avec argent.
Ferhat-ben-bou-Abdallah, caïd de Mansou-

rish. Un pistolet kabyle.
Ahmed-ben-Ahmed, caïd de Massaouiah.
Poudrière kabyle.
Mohammed-Aliba, tr. des Beni-Abbès, c.
de Bordj-bou-Arérdj. Platine de fusil.
Mohammed-Arab-ben-Boucetta. Platine de
fusil avec argenterie.
Tahar-ben-Boucetta, tr. des Ouled-Bessen.
Platine de fusil en argent.
Saïd-ben-Boucetta. Bois de fusil brut et
prêt à être monté.
Saïd-ben-Khaled, c. de Bordj-bou-Arérdj.
Platine de fusil.
Si-Ahmed-ben-lay-Chemoul, caïd de Zab-
Chergui. Poudrières kabyles.
Saïd-ben-Ferrali, tr. des Beni-Abbès. Pla-
tine de fusil.

CHAUSSURES.

El-Hadj-ben-Mangar, tr. de Méila. Souliers
de femme.   Bottes pour femme.
Ahmed-ben-Kabella, tr. de Méila. Sou-
Si-Arbi-ben-Saïour, à Tougourt. Pantou-
fles d'homme et de femme.
Mohammed-ben-Barbouch, tr. des Bam-
cier, c. de Bordj-bou-Arérdj. Deux pai-
res de souliers pour femme.
Kerep-ben-el-Hadj-Abdallah, de Zamcela.
Souliers pour femme.
Mohammed-ben-Chabau, tr. des Méila. Sou-
liers pour femme.

ÉTOFFES EN LAINE, EN SOIE ET LAINE, TISSUS,
TAPIS.

Aïchaoui-bent-Moussou, c. de Bordj-bou-
Arérdj, à Zamcour. Haïk
Alaa-bent-Goudian-Oulai-Si-Ahmed-ben-
Bouzid-Zerina, près Eafsa. Tapis en laine.
Ben-Debah, tr. des Barrania. Matelas en
laine.
Et-arbi-ben-Ahmed-ben-Youssef ou Madaïa,
c. de Bordj-bou-Arérdj. Traversin arabe
(moussala).
El-Aroul, tr. de la Medjana. Tapis.
El-Hadj-Bakir, à Cotia, c. de Bordj-bou-Aré-
rdj. Un burnous blanc.
Lakdar-ben-Ahmed, tr. de Dréat, c. de
Bordj-bou-Arérdj. Sac en laine.
El-Madani-ben-Embark, tr. des Abd-el-
Nour, c. de Constantine. Couvertures
placée sous la selle.
Fatma-bent-Embark, tr. des Ouled-Cam-
bata, c. de Sétif. Une gandoura en poil
de chèvre.   laine.
Bekira, fabr. indigène. Haïks en laine, en
Arab-bent-Salir, tr. des Maatlas. Sac de
laine.
Ahmed-ben-Abdallah, tr. des Dréat, c. de
Bordj-bou-Arérdj. Mosette.
Ahmed-ben-Seddig, c. de Bordj-bou-Aré-
rdj. Burnous gris.
Ahmed-ben-Youssef. Oreiller arabe.
Alaa-bent-Ouman, tr. des Smacta, c. de
Constantine. Corde en poil de chameau.
Ali-ben-Arbi, c. d'Aïn-Beïda. Oussadé
(tissu en laine)
Ali-Tunsi, tr. des Djaoul, c. de Bordj-bou-
Arérdj. Burnous blanc

Ali-Tunsi, tr. des Beni-Yadel, c. de Bordj-
bou-Arérdj. Burnous blanc.
Aoun-ben-Saari, à Souf. Haïk en laine.
bel-Kassen-ben-Mohammed, tr. des Snoul.
Corde en poil de chameau.
Beïaha-bent-Ahmed, tr. de O.-Bouchen,
c. de Constantine. Couverture de cheval
en laine.
Igammaout-ben-Bel-Kassem, à Kletma, c.
de Biskara. Tapis en laine.
El-Beïno-ben-Ahmed, tr. des Kletma, c. de
Biskara. Tapis en laine.   [pose blanc.
El-Hadj-Bakir, tr. des Beni-Yadhel. Bur-
ri-Madani-ben-Hammida, tr. des Beni-Abd-
el-Nour, c. de Constantine. Couvertures
de cheval.
Belbaoui-ben-Messaoud, tr. des Beni-Abd-
el-Nour. Couvertures de cheval.
Embarka-bent-Ahmed, tr. de l'O.-Bousse-
lam. Couverture de cheval.
Ennoual, à Feja-Guebala, c. de Sétif.
Haïk en laine.
Fathma-bent-Embark, tr. des Sellaoua, c.
de Constantine. Sac en laine.
Halima-bent-Messaoud, tr. des O.-Bousse-
lam. Couvertures en laine pour chevaux.
Khadidja-bent-Si-Raïah, tr. de l'O.-Bous-
selam. Couverture de cheval.
Lakdar-ben-Ahmed, tr. des O.-Rabah, c.
de Constantine. Tellis, sacs en laine.
Larbi-bent-Ahmed-ben-Youssef, tr. de
Dréat. Oreiller arabe; tissu de tente.
La sœur des Ouled-Si-Ahmed-ben-bou-
Zid, à Bafsa. Tapis.   [oreiller arabe.
Mohammed-ben-Abbou, tr. de Dréat.
Mohammed-ben-Abdallah, à Bou-Thaleb.
Un haïk.
Mohammed-ben-Amar, tr. des Aïn-Beïda,
c. de Constantine. Tapis en laine.
Mohammed-ben-Bouzid, tr. de Dréat. Mo-
sette; tapis mortlis.
Mohammed-ben-Braïm, tr. des Ouled-
Rabah. Sacs en laine.
Mohammed-ben-Hamoun, tr. des Beni-
Abbès. Burnous blanc.
Mohammed-ben-Hussein, tr. des Tiagh-
nine, c. de Constantine. Tapis en laine.
Mohammed-ben-Toaki, de la Medjana. Ta-
pis.
Si-Mohammed-Sghir-ben-Ali-bel-Gaïdoum-
ben-Canah, à Biskra. Corde en poil de
chameau; haïk en laine rayée bleue et
rouge.   [de chameau.
Tahar-ben-Ali, tr. des Znoub. Corde en poil
Tahar-el-Sellaoui, tr. des Sellaouas, c. de
Constantine. Gandoura.
Si-Mohammed-bel-Kassem-ben-Bakeli,
caïd des Ouled-Djellal, Biskara. Laine fi-
lée; autre prête à être.
Si-Mohammed-Sghir-ben-Abd-er-Rahman,
hakem de Biskara. Haïk en laine.
Si-Mohammed-Sghir-ben-Canah, caïd de
Biskara. Haïks pour hommes et femmes.
La sœur des Ouled-Si-Ahmed-ben-Bouzid,
à Ratya. Un tapis.
Mohammed-Salah, tr. des Znoub. Corde
en poil de chameau.   [Gandoura.
Mohammed-ben-Embark, à Constantine.

SECTION V.

BEAUX-ARTS.

SECTION VI.

SCIENCES, LETTRES.

Pont (Hippolyte). Annales de la colonisation algérienne, rue de Provence, 3, à Paris. Sept volumes reliés; publication commencée en 1852, et paraissant par livraisons mensuelles (14 fr. par an).

Machuel, directeur de l'école arabe-française à Mostaganem. Méthode pour l'enseignement simultané de l'histoire, de la chronologie et de la géographie. Méthode complémentaire de lecture et un tableau.

Antard-ben-Ayad, à Tlemcen. Manuscrit arabe.

Mohammed-ben-Merabet, à Tlemcen. Manuscrit arabe.

Lindsey, à Constantine. Manuscrits historiques.

Le présent Catalogue a été rédigé d'après les documents officiels, par M. Jules Duval, auteur du *Tableau-Manuel de l'Algérie.*

Paris. — Typographie de Firmin Didot frères, rue Jacob, 56.